短视频

内容创作、账号运营与11个盈利途径

雷波◎编著

化学工业出版社

·北京·

内 容 简 介

本书分为两部分。第一部分帮助创作者了解抖音的各项基本规则,包括短视频推荐算法与变现方式、如何定位与认证短视频账号、如何创作短视频、如何运营短视频账号以快速涨粉、分析账号数据及查找爆款选题、如何投放DOU+等。第二部分详细讲解了对新手来说实操性比较强的11种变现方式,如短视频带货、直播带货、书单号、同城号与探店号、星图广告、游戏发行人、中视频伙伴计划、拍车达人、影视解说号、全民任务等。

本书不仅讲解了如何通过实操实现变现,还针对不同的变现方式,分析了成功案例,理论与实操相结合。

通过学习本书内容,可以让准备在抖音创业的读者,全局式了解当前抖音主流变现方式,并分析出自己适合将时间与成本投入到哪个方向,最终掌握相应变现能力。

图书在版编目(CIP)数据

短视频内容创作、账号运营与11个盈利途径 / 雷波编著.
—北京:化学工业出版社,2022.12
ISBN 978-7-122-42248-4

Ⅰ.①短… Ⅱ.①雷… Ⅲ.①网络营销 Ⅳ.①F713.365.2

中国版本图书馆CIP数据核字(2022)第177171号

责任编辑:李 辰 孙 炜　　　　　　封面设计:异一设计
责任校对:边 涛　　　　　　　　　　装帧设计:盟诺文化

出版发行:化学工业出版社 (北京市东城区青年湖南街 13 号 邮政编码 100011)
印　　装:天津图文方嘉印刷有限公司
710mm×1000mm 1/16 印张19¼ 字数458千字 2023年1月北京第1版第1次印刷

购书咨询:010-64518888　　　　　　售后服务:010-64518899
网　址:http://www.cip.com.cn
凡购买本书,如有缺损质量问题,本社销售中心负责调换。

定　价:118.00元　　　　　　　　　　版权所有　违者必究

前 言
PREFACE

"在抖音上做什么能赚钱？"这是很多抖音创作者非常关心的问题。

虽然在抖音上搜索"变现"或"赚钱"，能够获得海量相关短视频。但这些短视频中的信息限于时长往往非常片面，因此，对初学者来说，即使花费了大量时间，很多人仍然找不到方向，不知道该做什么才更适合自己。

笔者基于实践，总结出了对普通创作者来说，在抖音中比较容易变现的 11 种变现方式，力图通过详细的讲解与分析，使每一位抖音创作者，通过阅读本书，能够全局式了解抖音变现的现状，掌握不同的变现方式，从而找到适合自己的创作方向，并且具备变现的能力。

本书共 17 章，分为两部分。

第一部分帮助创作者了解抖音的各项基本规则，包括短视频推荐算法与变现方式、如何定位与认证短视频账号、如何创作短视频、如何运营短视频账号以快速涨粉、分析账号数据及查找爆款选题、如何投放 DOU+ 等。第二部分详细讲解了对新手来说实操性比较强的 11 种变现方式，如短视频带货、直播带货、书单号、同城号与探店号、星图广告、游戏发行人、中视频伙伴计划、拍车达人、影视解说号、全民任务等。

本书不仅讲解了如何通过实操实现变现，以及怎样做更容易成功，还针对不同的变现方式，分析了成功案例，理论与实操相结合。

在学习本书内容时，需要注意以下两点：

第一，抖音的变现方法绝对不止本书提到的这 11 种，笔者希望这 11 种变现方式可以起到抛砖引玉的作用，帮助读者拓宽思路，开发出更多的变现方式。

第二，抖音平台功能的迭代、更新很快，并且网络上的信息流通速度极快，导致有关于抖音的知识有效周期变短，因此每个创作者都必须有终生学习的能力与态度，这样才能跟上抖音的变化。在实践操作时，如果发现抖音的某些界面与书中展示的不同，也不必惊慌，要懂得按书中所讲述的操作逻辑略加变通。

最后，在这个高速发展的社会，很多人变得浮躁，急于求成，但真正挣到钱的永远是能够静下心专心做事的一小部分人。通过学习本书内容，掌握方法、明确方向后，如果还有一颗能够沉下来打磨内容的心，那么你在抖音上挣不到钱，谁又能挣到钱呢？

如果希望与笔者交流与沟通，可以添加本书专属微信 hjysysp，与作者团队在线沟通交流，还可以关注我们的抖音号"好机友摄影、视频""北极光摄影、视频、运营"。

编著者

目 录
CONTENTS

第 1 章 了解短视频推荐算法与变现方式

第 2 章 掌握短视频账号定位及认证方法

第3章 掌握短视频7大构成要素创作方法

第4章 掌握运营技巧快速涨粉

第5章 用巨量算数分析账号数据、查找爆款选题

第6章 利用DOU+快速放量成长

第7章 适合所有人的视频带货变现

第8章 适合企业及个体户的抖音小店变现

第9章 适合所有人的直播卖货变现

第10章 适合于技术范文青的电影解说账号变现

第 11 章 适合于喜爱阅读人士的书单号变现

第 12 章 适合于城市达人的同城号探店号变现

第13章 适合于游戏玩家的游戏发行人计划变现

第1章

了解短视频推荐
算法与变现方式

抖音对"好内容"的定义

很多内容创作者都有这样的疑惑："明明自己制作的短视频质量很高，即便与同领域的头部账号相比也不遑多让，但无论是播放量还是点赞量、评论数，都少得可怜，这是为什么呢？是因为内容不够'好'吗？"

抖音的"好内容"

在抖音中，"好内容"就是指那些播放多、点赞多、评论多的短视频。而"不好的内容"，自然就是这3个指标相对较低的短视频。

抖音对内容好坏的定义，其实不是针对内容本身的质量及实用程度来确定的，而是根据用户的"反馈"来确定的。

一些短视频虽然内容本身非常优秀，但观众并不买账，喜欢这条短视频的人比较少，因此在抖音中这就不能算作"好内容"，如图1所示。

这就导致一些非常小众但内容质量很高的短视频，进入一个由于喜欢的人少，导致播放量少，而播放量少就更难被人看到的死循环。也正因如此，如果不特意搜索相关内容，抖音自动为人们推送的永远是那些大众的、通俗的内容。

比如图1所示的与水处理的知识讲解相关短视频，虽然内容全面、详细，讲解清晰，内容质量很高，但就是因为受众太少，而且短视频时长太长，与抖音短视频的定位和受众所需的、适合碎片时间观看的需求不符，导致播放量、点赞量和评论数都比较低。

图 1

学会适应平台的内容算法

要在抖音做出能够获得较大流量的核心要点，要学会适应平台的内容算法，优先做平台喜欢的内容，再考虑用户喜欢的内容，最后才是自己喜欢的内容。

比如，对一个知识博主来说，要把一个知识点完全讲明白，大多数情况下短视频需要5分钟甚至更长的时间，但这样的短视频不适合抖音平台，所以应该重新组织话言，放弃一些内容，直至内容在1分半以内可以讲完，甚至将短视频切分成为1分钟时长的。

每一个希望通过抖音获得收益的创作者，都必须不断调整内容算法，使自己的内容更符合平台的调性，才更容易成功。

抖音上"好内容"的 4 大特点

每个时代都存在着相对统一的"普遍审美",也就是说,绝大多数人喜欢的事物是有共同特点的。

由于抖音中的"好内容"是指"大多数观众爱看的内容",因此只要观看了足够多播放量、点赞量、评论数多的视频,一定可以总结出抖音受众的"普遍审美",继而作为视频创作的"方向标"。

观众看得懂的才是"好内容"

由于绝大多数人刷抖音都是为了放松,因此那些晦涩难懂的内容通常会被观众排斥。一旦发现自己看不懂或者觉得费脑子,就会直接滑到下一条视频。

对于搞笑类视频而言,创作者要考虑到"笑点"是否直白,甚至要为表现笑点的人或物进行特写拍摄,让观众一眼就能看到、看懂。

对于科普类的视频,则务必注意语言是否通俗易懂、举例是否接近生活,尽量让观众容易理解。

比如,科普类抖音号"空间一号"在制作介绍"量子物理"这种晦涩难懂的知识时,就采用了从"站队"开始引入的方法。先说明人在每种事物面前都会站队,比如有的人喜欢猫,有的人喜欢狗,如图 2 所示。然后进一步讲解科学史上人们对某种观念的站队。这种由浅入深的做法,就是为了吸引观众继续看下去,让其感觉"看得懂",从而不至于立刻跳转到其他视频。

图 2

节奏快的才是"好内容"

抖音平台主打"短视频",那么来抖音平台的观众大多是冲着"短视频"来的。所以"长视频"在抖音平台相对而言更难获得高流量。

而为了让视频既"短"又有一定的内容,就要求节奏比较快。这也是为什么抖音上大多数视频的画面节奏变化快,语速也很快。

比较典型的当属教学视频,比如在笔者运营的抖音号中,为了将每条视频的时长控制在两分钟以内,无论是操作画面,还是讲解时的语速,都刻意加快了,从而给观众一种信息量大,很快就能学会的感觉。

图 3 所示的讲解单反相机原理的视频内容干货十足,但也在考虑短视频的特性后,加快了语速,并对画面进行了优化,从而获得了 6283 个点赞,播放量将近 60 万。

图 3

不需要思考的才是"好内容"

大多数在抖音平台刷视频的观众，是为了放松一下，所以那些需要思考的内容，要想获得更多的流量是比较困难的。而一些让观众或开心、或惊喜、或兴奋的内容，则往往会成为爆款，如换装类、搞笑类、剧情类短视频等。

其中，最典型的是换装类短视频。此类短视频几乎没有任何学习价值，但就是因为其在短时间内不需要观众做任何思考，就能产生强烈的视觉冲击力，所以会出现大量点赞量在百万级的视频。比如，换装类头部账号"刀小刀 sama"的创作者发布的短视频点赞量平均为几十万，部分短视频甚至会达到 600 万的点赞量，如图 4 所示。

能调动情绪的就是"好内容"

有学者将抖音称为情绪播放器，这一点与《乌合之众》这本书描述的群体心理学很吻合。在这本书中描述了群体心理的一般特征，即"盲目""冲动""狂热""轻信"。

由于网络时代人们的情绪更加饱满、复杂、纯粹，传递更为方便、直接、快速，因此只要这条视频中的内容能够调动观者的情绪，就很容易在全网传播，这一点在许多新闻事件上已经得到证明。

例如，"鸿星尔克事件"曝光后，不仅相关视频均得到了巨量传播，如图 5 所示，而且大量被调动了爱国情怀的网友，在线上与线下同时购买鸿星尔克的产品，以至于品牌方出面喊话网友要理性消费。

图 4

图 5

理解短视频平台的推荐算法

短视频平台的推荐算法

理解短视频平台的推荐算法，有助于创作者从各个环节调整自己的创作思路，创作出"适销对路"的作品。

在发布一条视频以后，首先各个平台会按照这条视频的分类，将其推送给可能对这条视频感兴趣的一部分人。

例如，某创作者发布了一条搞笑视频，此时平台的第一步是找到可能观看这条视频的用户。

选择用户方法通常是，先从创作者的粉丝里随机找到300个左右对搞笑视频感兴趣的人，再随机找到100个左右同城观众与100个左右由于点赞过搞笑视频或长时间看过搞笑视频而被系统判定为对搞笑视频感兴趣的用户。

第二步是将这条视频推送给这些用户，即这些用户刷抖音时下一条刷到的就是这条搞笑视频，如图6所示。

第三步是系统通过分析这500个用户观看视频后的互动数据，来判断视频是否优质。

互动数据包括有多少用户看完了视频、是否在讨论区进行评论，以及是否点赞和转发，如图7所示。

如果互动数据比同类视频优秀，平台就会认为这是一条优质的视频，从而把视频推送到下一个流量池，在这个流量池中可能就是3000个对搞笑视频感兴趣的人。

反之，如果互动数据较差，则此视频将不会被再次推送，最终的播放数据基本上就是500左右。

如果被推送给3000人的视频仍然保持非常好的互动数据，则此视频将会被推荐到下一个更大的流量池，比如可能是5万这样一个级别，并按照同样的逻辑进行下一次的推送分发，最终可能出现一条播放达到数千万级别的爆款视频。

反之，如果在3000人的流量池中，互动数据与同类视频相比较差，则其播放量也就止步于3000左右了。

当然，这里只是简单地模拟了各个视频平台的推荐流程。实际上，在这个推荐流程中，还涉及很多技术性参数。

但从这个流程中也基本上可以看出，一条视频在刚刚发布的初期，每一批被推送的用户，直接决定着视频能否成为爆款，所以，视频成为爆款也存在一定的偶然性。

比如，精心制作了一条视频，在发布这条视频时，由于时间点选择得不太好，大家都在忙于别的事情，那么这条视频即

图6

图7

使被发布出来，大家也可能没有时间去仔细观看，通常会匆匆滑过，因此这条视频也就不可能成为爆款。

因此，早期抖音创作者都流传着发第二遍会火的说法，其实就是在赌概率。有些创作者甚至会隐藏数据不佳的视频，然后对其做小修改再次发布。如果仍然不火，再次修改，再次发布，这种操作可能重复 3 ~ 4 次，甚至 4 ~ 5 次。

其实从娱乐圈的事件也能够看出，发布时间节点对于视频是否火爆会产生怎样的影响。汪某作为一个知名歌手，名气不可谓不大。但很多次关于他的新闻都没有办法获得娱乐头条，就是因为每次他在发布新闻时，总是被一些更有爆点的新闻盖过风头，大家的关注度直接会转向那个更大的新闻，因此他多次抢头条都失败。

所以，即便创作的视频各个方面都没有问题，能够成为爆款也属于概率问题。

视频偶然性爆火的实战案例

基于视频火爆的偶然性，笔者在发布视频时，通常会将一个内容创建成为 16:9 与 9:16 两种画幅，分别在不同的时间发布在两个类型相同的账号上。

实践证明，这个举措的确挽救了多条爆款视频。

如图 8 所示为笔者于 2021 年 9 月 27 日发布的一条讲解慢门的视频，数据非常一般，播放量不到 2200。

但此视频内容质量过硬，所以笔者调整画幅，于 2021 年 9 月 30 日重新发布在另一个账号上，获得了 19 万播放量、6729 个赞，如图 9 所示。

如图 10 所示为另一个案例，第一次发布后只获得 23 个赞，所以直接将其隐藏。在修改画幅后发布于另一个账号，但数据仍较低，只获得 25 个赞，如图 11 所示。

由于笔者坚信视频质量，因此再次对视频做了微调，并第三次发布于第一个账号上，终于获得 1569 个赞，如图 12 所示。

类似的案例还有很多，这充分证明了视频火爆的偶然性，值得各位读者思考。

图 8

图 9

图 10

图 11

图 12

了解内容审核机制

短视频平台的内容审核包括机器审核和人工审核两部分。

由于每个平台每天都有大量视频被上传，因此基本上所有平台都在很大程度上先依靠计算机进行初审，再依靠人工进行复审。

计算机审核包括视频的画面内容、标题关键词、视频配音与背景音乐。

审核的硬性标准是上述内容没有明显违法内容，没有明显违反我国的著作权法，没有明显搬运抄袭他人作品的情况。

当这些要素均没有明显违规后，才会被推送并获得初始播放量，如图13所示。

当视频达到3万左右的播放量时，会由审核人员介入进行审核，以确保视频内容安全可靠。

当视频播放量达到10万或更多时，则由更高级别的审核工作人员介入进行审核。

因此，有些视频内容在违规不明显的情况下，很容易在获得较高的播放量后，由于人工介入被检查出违规，而直接被断流。

此外，特别需要提醒新手注意的是，初始审核时视频的画面是由计算机执行的，因此，即便有些画面并不低俗，但只要看上去有些像低俗画面，也会由于误判而导致视频被限流。

同样，视频中的画面不能出现商家广告，如果视频中的某一段画面由于形似某个商家的LOGO而被误判为广告视频，也会导致视频被限流。

以上情况，笔者都曾经遇到过。

另外，所有视频除非违规非常明显，否则均会得到200 ~ 500的初始播放量，并在被边推送的同时检测，因此，有些违规视频可能在300左右的播放量时被检测出违规，并被停止推送；有些视频有可能达到数千播放量时被检测出违规，并被停止推送，如图14所示。对于违规视频，建议将其删除。

图 13

图 14

理解抖音电商与普通电商的本质区别

理解抖音电商与普通电商两者之间本质区别的意义在于，当抖音的规则发生变化的时候，创作者将会知道如何去改变自己的经营策略，以迎合或跟上抖音的发展节奏。

需求区别

抖音上的大部分人不是因为要买商品才刷抖音的，而是想要在这个平台上通过娱乐打发时间，所以无论是通过直播还是通过视频销售产品，一个非常重要的点就是要通过视频去激发用户的需求。

传统电商通常都是搜索类电商，也就是绝大部分用户都是有明确的购买需求以后，通过搜索锁定需要购买的商品，所以对于购买的商品有明确的预期。

两者在需求方式上的区别，导致在抖音销售商品难度高于传统电商，需要在商品表现形式上更有创新性。

这样的区别导致抖音的直播间需要更热闹，卖场的气氛更足，从而刺激消费者从众下单，如图 15 所示。

图 15

流量匹配区别

在抖音中，只要拍摄的视频精美，能够获得更多的推荐、更多的曝光，就有可能产生大量的购买订单。

而在传统的淘宝、京东类型的电商平台上，当消费者以关键词搜索商品时，被推荐的商品会依据关键词及商铺的评分等各个维度来进行排序。

由于这两个类型的平台流量匹配原则完全不同，所以对普通人来说，抖音机会更多。

从目前在抖音上已经获得较好成绩的用户群体来看，其中不乏小镇青年、宝妈、农民，这些以前在商业上无法获得较多资源的群体，这也再次证明了抖音乃至整个短视频平台，是没有太多背景与资源的普通人翻身的比较好的机会。

决策方式区别

在抖音里，无论消费者是在直播间买商品，还是通过短视频的小黄车购物链接购买商品，大多数都属于是冲动型消费。决策的时间比较短，所以特别适合销售低价标品。首先，因为这样的东西即使购买有问题，也不会有太大的损失；其次，由于产品是标品，因此质量通常是可靠的。

图 16

如图 16 所示的是销售助眠保健品的带货视频，定位于易失眠人群，只要视频中的商品介绍详细丰富、口播真实自然，就能够打动消费者，获得不错的销量。

点开该商品查看销量，也的确证明这是一个小爆款，如图 17 所示。

另外，虽然抖音平台上的大部分商品属于低价标品，但并不意味着高价值的商品在这个平台上无法销售，只要人设树立成功，销售价格高一些商品也并非难事。例如，在罗永浩的直播间就经常大量销售价格在几千甚至上万的产品，如图 18 所示。

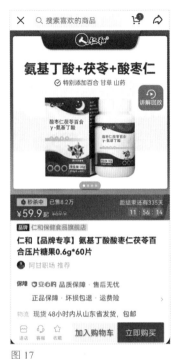

图 17

图 18

比价区别

消费者在抖音中购买商品时的页面类似于图 19 所示的图片，由于在抖音中搜索同款商品较为麻烦，因此很少有用户进行比价，极大地提高了成交转化率。

而在传统的电商渠道中，消费者购买时通常会货比三家，因此销售方需要在商品的呈现效果、价格方面优于同行才可能获得不错的销售量。

虽然，仍然有部分消费者在抖音看到商品后，转向传统电商进行搜索比价或下单，但比例较小。

图 19

短视频的这 8 大误区要避免

设备使用误区

新入行的读者一定要明白，拍摄短视频并不需要过于专业的设备，尤其是刚开始创作时，由于还没有看到收益，可以将它作为一个副业，或者自己的职场 B 计划。

一开始无须采购昂贵的单反相机、微单相机和镜头，以及专业的收音或灯光设备。

已经有无数短视频创业者都通过实践证明，只需一台运行流畅的手机和一个后期剪辑 App 就可以动手拍摄了，剩下的就只需创意与激情。

创意脚本使用误区

当有了一个非常好的脚本或创意时，如果要把它拍成短视频，就要充分利用好这个创意，也就是说一个创意要反复多次利用。

例如摄影类教学视频，如果要讲解拍摄花朵的技巧，可以分别用桃花、梅花、荷花等不同的花来讲解同一个拍摄手法。

这个道理其实也很简单，没有人有把握自己拍摄的视频一定能够成为爆款，因此必须通过一定的量去提高这个概率，提高自己所拍的视频成为爆款的可能性。

同样，当拍摄带货视频时，该视频中的场景道具及人物都可以做不同的替换，从而用一个创意拍摄出多条不同的视频，如图 20~图 22 所示。

然后将这些视频分别安排在不同的时段、不同的账号进行发布，从而提高成为爆款的可能性。

图 20

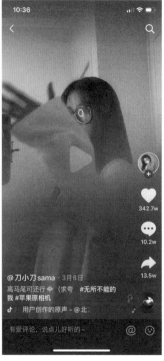

图 21

图 22

视频类型混淆误区

长视频是指经常在网络上看到的一些网剧或微电影。对于这类视频，大家对其视觉美感还有一定的要求。

短视频则不同，短视频是一种快餐性的文化产品，大家基本上都是在茶余饭后、等人等车，甚至是在上厕所的间隙去观看，对其要求及期望本身并不是很高。

因此短视频的核心要点其实是剧情和干货，所以才会出现一些从长视频转行到短视频的团队，仍然采用了长视频的人员搭配或操作方法，结果导致转行失败的情况。

其实，即使是当前比较有规模的短视频制作团队，非常主流的短视频拍摄方法仍然是采用短、平、快的方式，在一天内生产出十几条。制作短视频时，一定不要把它当成一部精品网剧，这种成功的概率及投入产出往往并不理想。

IP 人设的法律风险

现在大部分人都知道 IP 的重要性，一个易于辨识的、独特的 IP，能够让自己的视频账号从众多账号中脱颖而出，并且让自己的粉丝记住自己。

这里其实涉及一个问题，是将自己的主播打造成为账号的标志性 IP 人物，还是将自己塑造成 IP 人物。

每一个火爆账号的背后都有非常鲜明且独特的人设，让用户一眼就能认出来是他，让人一看到类似的剧情就能想到他，如图 23 所示。

比如，"多余和毛毛姐"这个账号，橙红色卷曲的头发、红色的连衣裙、一口贵阳普通话，让这个有点疯疯癫癫的毛毛姐一下就被人识别出来了。

"破产姐弟"这个账号的主人公是一对开店的姐弟，弟弟心直口快，姐姐擅长销售，如图 24 所示。

"阿纯是打假测评家"这个账号的 IP 形象就是号称"全网男女通用脸"的阿纯，如图 25 所示。

图 23

图 24

图 25

有些团队由于资源所限，将团队内颜值较高的小哥哥或小姐姐打造成了账号 IP 人物。但如果两者之间没有严谨的合同或协议，当彼此产生纠纷、矛盾后，很容易造成主播离开团队，从而带走了整个团队投入重金、时间及精力所打造的无形资产。

因此，笔者的建议是，如果有可能，最好将自己塑造成为一个有辨识度的 IP 人物。如果自己的条件有限，一定要依靠他人，则双方一定要签一份正式合同。

真人出镜误区

毫无疑问，真人出境能够帮助视频获得更多人的认可，让视频更具亲和力，这种视频也是各平台比较喜欢的，因此能够获得更多的推荐流量。

但国内大部分人的性格都比较内敛，或者说是内向、不善于表现，还有一部分人对自己的颜值及在镜头前的表现能力没有信心，因此对于真人出境这件事情始终有一定的忧虑。

其实这种问题可以利用一些技术手段来化解，比如利用卡通人像或面具，或者在取景时多展示身体的局部，少出现有面部的全景，如图 26 和图 27 所示。

但最终的解决方法是，自己在心理上接受自己的颜值并不高这个事实，并坦然地在镜头前表现自己。

实际上，各大平台上的确有许多颜值并不高但变现能力极强的个人账号，如账号"忠哥"就是一个很好的例子，如图 28 所示。

图 26

图 27

图 28

刷粉刷赞误区

很多刚开始做抖音的人希望通过刷一些粉丝和刷一些赞，对自己的相关数据进行装修，但其实这是一个非常大的误区。

以刷粉丝为例，如果账号只有 1000 粉丝，刷了 9000 粉丝，虽然看上去有近 1 万粉丝，"门面"好看不少，但殊不知这会对今后的视频发布造成很大的影响。

比如，当发布一条视频后，平台会从这近 1 万粉丝里面抽取一部分粉丝，将视频推送给他们，但是由于这些粉丝几乎都是购买来的假粉丝，也就是所谓的"僵尸粉"。

所以，当发布视频后，即使能够在他们的手机上呈现这条视频，他们也绝不会去点赞、转发。那么前期平台给予我们的流量就被浪费了。因此，即使视频内容非常好，也不可能获得太多点赞，也没有办法进入下一级更大的流量推荐池，被推送给更多用户。

同样，如果去刷一些评论或刷赞，当发布一条新视频时，平台会从那些已经对我们的视频评论或点赞过的用户群体里，随机抽取一部分推送这些视频。

但由于这些点赞或发评论的都是一些营销账号，如图 29 所示，因此绝不可能与这条新的视频产生互动，这样就导致视频的完播率、点赞率和转发率数据非常低，所以也没有爆起来的可能。

刷赞这种行为通常是向专业刷赞机构购买了相关服务，因此刷赞时机构是通过视频链接或抖音二维码找到相关视频，然后再批量点赞的。

这与陌生用户刷抖音点赞的路径有很大区别，因此极易被抖音算法识别出来，从而被判定为作弊，这就导致虽然刷赞让"门面"好看了，但却有可能被判定为低质量账号，结果得不偿失。

图 29

互粉互赞误区

很多刚开始做抖音的新手，会在一些直播间或视频下面看到"互粉""互赞""抱一抱""领回家"这样的评论，其目的与刷粉、刷赞基本类似，理解了上面所讲述的原理后也应该明白，这样互粉、互赞是没有意义的。

熟人看到的误区

许多人做抖音，过不了熟人那一关，总感觉自己的视频被熟人看到会很尴尬，以至于白白浪费了许多机会。

其实，完全可以通过设置，防止视频被推送给熟人。

具体操作方法如下。

（1）在抖音 App 中点击右下角的"我"选项，再点击右上角的三道杠。

（2）点击"设置"选项，如图 30 所示，点击"隐私设置"选项，如图 31 所示。

（3）点击"把我推荐可能认识的人"选项，如图 32 所示，在弹出的页面下方关闭该选项即可，如图 33 所示。

再发布视频时，账号与视频就不会被推荐给可能认识的人，可以放心大胆地创作了。

此外，还可以通过设置屏蔽特定的人，不让他看自己的账号。方法是找到要屏蔽的账号，然后点击其头像进入其主页，点击右上角的三个点，如图 34 所示。

点击下方的"不让 Ta 看"选项，如图 35 所示，开启后，使用此账号登录抖音时，该账号就刷不到你的作品了。

图 30

图 31

图 32

图 33

图 34

图 35

抖音上的这 7 个谣言不要相信

抖音上流行一些伪知识博主传播一些虚假知识，甚至是谣言，下面列举几个常见的。

发视频前要养号

抖音上一直流传着养号的说法，意思是发作品之前先关注同行，然后多点赞，以增加账号的权重。

上面的说法是错误的，关于养号的说法，抖音安全中心还专门拍过视频来专门辟谣，如图 36 和图 37 所示。

开通企业号播放量会变低

有一些开通蓝 V 账号的创作者，发现在开通蓝 V 后视频的播放量、转粉率变低，因此推论账号开通企业号后会被限流，播放量会变低。

其实，播放量变低并不是因为限流，而是之前有一部分粉丝可能是抱着娱乐的心态来看内容的，当账号转成蓝 V 后，发布的视频有较强的营销属性，因此粉丝看视频的预期发生了变化，同样的道理，有些人也不愿意关注一个公司账号，所以转粉率会下降。

图 36

不能说钱要说米

有些卖场直播间，主播把"钱"说成"米"，甚至流传说钱是价值观有问题，这样的视频会限流。

这也是典型的谣言，"钱""死""赚钱"都是正常表达，不违反安全规则，不会被限流。

刷礼物能够增加账号权重

任何告诉你在直播间刷礼物、加粉丝团，能够增加账号权重、活跃账号的言论，均是谣言。

这些操作只会增加直播间的权重，不会增加观众的账号权重，所以有些不良主播才会在直播间不遗余力地进行宣传。

图 37

发作品不能点 + 号上传

截至 2022 年 1 月，抖音上还没有推出过发布视频即获得额外流量的功能。

因此，教授不点 + 号上传视频，换个发布渠道的视频就能上热门的方法全是谣言，如图 38 所示。

任何发布入口，只能起到把视频发出去的作用，关于这一点，抖音官方培训机构"巨量课堂"也拍过相关视频，如图 39 所示。

上传视频要关闭下载功能

视频的互动数据很重要，关闭了下载功能，就等于牺牲了一个能够提升视频数据的重要途径，所以简单分析一下就知道这是典型的谣言。

打开隐藏功能能上热门

其实，任何人注册抖音后，所有的功能都是默认开启的，只要准备好内容进行发布就可以了，没有什么隐藏功能与按钮需要打开。

宣传这种谣言的创作者，无非是想以唬人的噱头为自己的账号增加粉丝，如图 40 和图 41 所示。

类似于上面的谣言还有很多，识别这些谣言的方法只有一个，就是要明白一点，抖音创作没有捷径。

图 38

图 39

图 40

图 41

远离搬运内容让账号健康成长

很多人认为做内容搬运是"小号"快速成长的一条"捷径"，但事实上这是一条"死路"。

基本上抖音每周都会发布由于搬运而被处罚的账号的公告，如图 42 所示。

处理措施包括下架违规视频、临时封禁账号与永久封禁账号，被处理的账号中不乏数百万粉丝的大号。

什么是内容搬运

如果一条视频属于以下 5 种情况的任意一种，则将被视为内容搬运。

（1）未经他人允许，下载他人作品，发布至自己的账号上。

（2）无版权 / 无授权转载平台内或平台外的内容。

（3）录屏电视 / 电影正在播放的内容，未经任何加工上传至自己的账号上。

（4）搬运影视、综艺、体育赛事、外网视频片段，并且只进行简单的二次创作的内容。

（5）出现抖音平台之外的水印 / 特效等元素。

（6）冒充公众人物，假扮账号是公众人物本人、公众人物工作室工作人员、经纪人等。

随着抖音管理规则越来越完善，灰色地带越来越少，以前依靠"打擦边球"获得非常规流量的创作者，一定要重新走上创作的正道。

平台如何判定视频是否为搬运

判定视频是否为搬运主要在于判定二次创作的工作量。

对于一些二次创作很少的视频，比如只是在原视频的基础上增加了一些文字、贴纸、背景等，同样会被判定为搬运。

但如果在二次创作中包含了对多个原视频片段的重新剪辑、混剪，并加入了自己的解说、背景音乐等，则不会被判定为搬运。

最稳妥的方法还是在学习别人的文案之后，完全自己重新拍摄、剪辑、配音。

图 42

4 个常见账号问题解决方法

在抖音运营过程中，难免会遇到账号登录不上、账号被处罚等问题。这时不要慌张，其实大部分情况下，通过抖音的相关功能即可解决问题。

账号登录不上怎么办

由于抖音有很多种登录方式，一一介绍其登录不上的原因会过于烦琐，此处只讨论无法通过手机号登录的情况。

如果使用手机号无法登录抖音，建议将抖音升级到最新版本，再次尝试登录。需要注意的是，如果收不到验证码，则在确定手机号输入无误的情况下，检查手机是否已经停机或是否有信号。然后看一下垃圾短信箱，也许是因为该信息被屏蔽了；或者点击"语音验证码"获取语音验证码来登录，如图 43 所示。

图 43

账号被处罚怎么办

如果账号发布了违规内容，就会被处罚，并收到通知。遇到这种情况，要先搞清楚具体是视频中的哪部分内容违反了相关规定，从而在今后制作视频时不再犯相同的错误。

在了解了处罚原因后，如果认为不合理，则可以进行申诉。需要注意的是，在选择其中一种申诉理由后，一定要完整提供其要求的申诉材料，否则申诉一定不会成功。

另外，如果是因为涉及广告内容而被申诉，并且自身是企业用户，则可以申请蓝 V 认证，一旦通过，则可以免除处罚。

新买的手机号显示已被注册过怎么办

如果使用新购买的手机号登录抖音发现已经注册过一个账号，则可能是因为这个手机号是被运营商回收并二次放出的，而且手机号原来的主人并没有解绑抖音。

遇到这种问题，可以进行申诉。一旦申诉通过，即可在重新登录时，生成一个新的账号。需要注意的是，申诉时务必使该手机号处于登录抖音的状态。

在"设置"→"账号与安全"→"抖音安全中心"→"常见问题"中找到相应的问题，在进入的界面中点击红色的"点击这里"字样进行申诉即可，如图 44 所示。

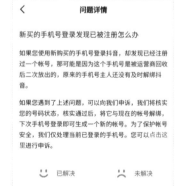

图 44

如何判断账号是否被限流、降权

作为新手账号运营者，一旦发现视频流量比较低，大多数会怀疑自己的账号是不是被降权或限流。对于曾经受到处罚的账号，运营者更容易产生这种忧虑。

其实通过抖音后台的账号检测工具，就可以确定账号当前的状态。

具体操作方法如下。

（1）进入"创作者服务中心"界面，点击"全部分类"按钮，如图45所示。

（2）点击"账号检测"按钮，如图46所示。

（3）点击红色的"开始检测"按钮。

（4）抖音会对账号的多项功能进行检测，其中包括登录功能、投稿功能、评论功能、点赞功能、直播功能、用户资料修改功能、私信功能等，如图47所示。

（5）此外还会对最近发布的30条视频进行检测，如图48所示。

（6）如果检测后发现视频或账号有问题，就会在最后给出检测报告，如图49所示。

（7）根据提示对视频进行优化即可。

图45

图46

图47

图48

图49

第 2 章

掌握短视频账号
定位及认证方法

对账号进行定位

俗话说"先谋而后动"，抖音是一个需要持续投入时间与精力的创业领域，为了避免长期投入成为沉没成本，每一个抖音创作者都必须在着手前期，做好详细的账号定位规划。

商业定位

与线下商业的创业原则一样，每一种生意的开端都起始于对消费者的洞察，更通俗一点的说法就是要明白"自己的生意，是赚哪类消费者的钱"。在考虑商业定位时，可以从两个角度分析。

第一个角度是从自己擅长的技能出发。

比如，健身教练擅长讲解与健身、减肥、调节亚健康为主的内容，那么主要目标群体就是久坐办公室的男性与女性。账号的商业定位可以是销售与上述内容相关的课程及代餐、营养类商品，账号的主要内容可以是讲解自己的健身理念、心得、经验、误区，解读相关食品的配方，晒自己学员的变化，展示自己的健身器械等。

如果创业者的技能不突出，但是自身颜值出众、才艺有特色，也可以从这方面出发，将自己定位于才艺主播，以直播打赏作为主要的收入来源。

如果创业者的技能与才艺都不突出，则需要找到自己热爱的领域，以边干边学的态度来做账号。例如，许多宝妈以小白的身份进入分享家居好物、书单带货等领域，也取得了相当

不错的成绩，但前提仍然是找准了要持续发力的商业定位，即家居好物分享视频带货、书单视频推广图书。

这种定位方法适合打造个人 IP 账号的个人创业者。

第二个角度是从市场空白出发。

比如，创业者通过分析，发现当前儿童感觉统合练习是一个竞争并不充分的领域，也就是通常所说的蓝海。此时，可以通过招人、自播等多种形式，边干边学边做账号。

这种方式比较适合有一定资金，需要通过团队合作运营账号的创业者。

第三个角度是从自身产品出发。

对许多已经有线下实体店、实体工厂的创业者来说，抖音是一个线上营销渠道。由于变现的主体与商业模式非常清晰，因此账号的定位就是为线下引流，或者为线下工厂产品打开知名度，或者通过抖音的小店找到更多的分销达人，扩大自己产品的销量。

这类创作者通常需要做矩阵账号，以海量抖音的流量使自己的商业变现规模迅速放大。

如果希望深入学习与研究商业定位，建议大家阅读学习杰克·特劳特撰写的《定位》。

垂直定位

需要注意的是，即使在多个领域都比较专业，也不要尝试在一个账号中发布不同领域的内容。

从观众角度来看，当你想去迎合所有用户，利用不同的领域来吸引更多的用户时，就会发现可能所有用户对此账号的黏性都不强。观众

会更倾向于关注多个垂直账号来获得内容，因为在观众心中，总有一种"术业有专攻"的观念。

从平台角度来看，当一个账号的内容比较杂乱时，则会影响内容推送精准度，进而导致视频的流量受限。

所以，账号的内容垂直比分散更好。

用户定位

无论是抖音上的哪一类创作者，都应该对以下几个问题了然于心。用户是谁？在哪个行业？消费需求是什么？谁是产品使用者，谁是产品购买者？用户的性别、年龄、地域是怎样的？

这其实就是目标用户画像，因为即便是同一领域的账号，当用户不同时，不仅产品不同，最基础的视频风格也会截然不同。所以明确用户定位，是确定内容呈现方式的重要前提。

比如，做健身类的抖音账号，如果受众是年轻女性，那么视频内容中就要有女性健身方面的需求，比如美腿、美臀、美背等。如图1所示即典型的以年轻女性为目标群体的健身类账号。如果受众定位是男性健身群体，那么视频内容就要着重突出各种肌肉的训练方法，如图2所示即典型的以男性为主要受众的健身类账号。即便不看内容，只通过封面就可以看出受众对内容的影响是非常明显的。

图1

图2

对标账号分析及查找方法

可以说在抖音上搞创作是一场开卷考试，对新手来说，最好的学习方法就是借鉴，最好的老师就是有成果的同行。因此一定要学会如何寻找与自己同一赛道的对标账号，通过分析学习经过验证的创作手法与思路。

更重要的是可以通过分析这些账号的变现方式与规模，来预判自己的收益，并根据对这些账号的分析来不断微调自己账号的定位。

查找对标账号的方法如下。

（1）在抖音顶部搜索框中输入要创建的视频主题词，例如"电焊"话题。

（2）点击"视频"右侧的筛选按钮▽。

（3）选择"最多点赞""一周内""不限"3个选项，以筛选出近期的爆款视频，如图3所示。

（4）观看视频时通过点击头像进入账号主页，进一步了解对标信息。

（5）也可以点击"用户""直播""话题"等标题，以更多的方式找到对标账号，进行分析与学习，如图4所示。

还可以在抖音搜索"创作灵感"，点击进入热度高的创作灵感主题，然后点击"相关用户"，找到大量对标账号。

图3

图4

为账号确立人设

一个账号有了人设，就有了灵魂。人设的确立会吸引更多的观众，进而为之后进行视频带货打下基础。

什么是账号的人设

人设并不是指一张脸，而是一个人展示出来的外显特征，包括性格、兴趣、谈吐、修养、身份、外貌、行为、价值观等。由于短视频的内容是经过设计的，所以可以通过固定的角度和脚本来塑造一个有可能与现实生活不完全相同的人设。

好的人设可以让自己的账号与其他账号相比具有明显的差异，从而提高粉丝黏性。比如抖音号"美石在北京"，如图5所示，主人公是土生土长的北京姑娘，一口老北京方言加上大大咧咧的性格，给人一种爽快劲儿。这种"爽快劲儿"其实就是该人设的核心点。那么凡是热爱美食，又喜欢和爽快人打交道的观众，就更容易成为其粉丝，这就是人设的重要作用。

在人设打造方面，罗永浩无疑是非常成功的。

图 5

先立人设再带货

对于带货视频，想通过商品吸引用户、黏住用户几乎是不现实的。只有靠"人"才能吸引住观众，拴住观众，进而促进带货转化。

"先人设、后带货"这种方式其实也是在短视频、直播时代特有的。正是因为短视频与直播的兴起，人们的购物方式除了"人找货""货找人"，又多了一种"人找人"。

人们购买产品是因为他们相信这个主播，因此主播对推荐的商品信得过。

因此逐渐形成一种"等着这个人什么时候推荐这种商品，然后再购买的"新型消费理念，简称"人找人"，也被称为"信任经济"。

在这种情况下，如果想在短视频带货领域有长远的发展，并且获得可观的收益，就必须通过建立人设，争取到观众的信任。一些短视频创作者在运营前期不卖货，为的就是"信任"二字。

比如，美妆类头部账号"广式老吴"，如图6所示，就是以鲜明的人设深得粉丝喜爱，再加上其推荐的所有产品都是自己觉得好用的，所以口碑非常好。

图 6

寻找适合自己的人设

通过上文大家已经了解了确立人设的重要作用——可以为视频带货带来很多优势。而人设一旦倒塌，就会让一个账号瞬间跌落低谷，几乎没有再次得到关注的可能。为了让人设能够长久地存在下去，就要根据自身情况寻找适合自己的人设。

根据自身的社会角色

根据自身的社会角色确立人设是最简单、可靠的一种方式，因为在社会中，每个人都有自己的角色。

在工作中的角色，有可能是职员，有可能是领导；在家庭中的角色，可能是爸爸、妈妈，同时也可能是儿子或女儿。

因为人们对这些角色再熟悉不过了，所以将其呈现在视频中的角色就会特别自然，并且很容易维持，很难倒塌。

比如，育儿类头部账号"育儿女神蜜丝懂"，其本身就是一位年轻的母亲，所以在视频中将自己塑造成一个温柔、善解人意的妈妈形象时，就非常自然，并且深入人心，如图7所示。

对于大多数希望在育儿的同时，通过抖音赚取一定收益的宝妈群体来说，成功的或失败的育儿专家、情感顾问、整理收纳师、餐饮顾问、美食专家等，都是很好的人设。

图 7

根据个人喜好

抖音短视频账号的运营是一个长期的过程，而为了在这个过程中可以更轻松地坚持下来，兴趣爱好起到了关键作用。

比如图8所示的"铭哥说美食"抖音号，在视频中，"铭哥"介绍美食做法时的语气分外"带感"，表现出了那种"这么就倍儿香""这么做准没错"的自信。

这种自信的语气与其对美食的热爱定然分不开。这种情绪会感染到观众，进而形成其在观众心中的人设。

根据带货产品的特点

一些短视频内容创作者由于具有某些商品的资源，所以在创建账号时就已经确定了自己带货商品的种类。比如茶类抖音号"茶七七"，由于视频带货的商品是茶叶，而茶作为中国传统饮品之一，具备很深厚的文化底蕴。

为了让视频内容与商品的调性一致，其中的人物自然也要温文尔雅，穿着传统服饰，并且每一个动作都非常讲究且专业，人物稳重大方，这样才能让观众更容易领悟到茶之韵，也更容易形成转化。

图 8

创建抖音账号的学问

确定账号的定位后就需要开始创建账号,比起早期的无厘头与随意,现在的抖音由于竞争激烈,因此创建账号之初就需要在各个方面精心设计,下面是关于抖音账号的设计要点。

为账号取名的 6 个要点

字数不要太多

简短的名字可以让观众一眼就知道这个抖音号或快手号叫什么,让观众哪怕是无意中看到了你的视频,也可以在脑海中形成一个模糊的印象。当你的视频第二次被看到时,其被记住的概率将大大提高。

另外,简短的名字比复杂的名字更容易记忆,建议将名字的长度控制在 8 个字以内。比如,目前抖音上的头部账号疯狂小杨哥、刀小刀 sama、我是田姥姥等,其账号名称长度均在 8 个字以内,如图 9 所示。

不要用生僻字

如果观众不认识账号名,则对宣传推广是非常不利的,所以尽量使用常用字作为名字,可以让账号的受众更广泛,也有利于运营时的宣传。

在此特别强调一下账号名中带有英文的情况。如果账号发布的视频,其主要受众是年轻人,在名字中加入英文可能显得更时尚;如果主要受众是中老年人,则建议不要加入英文,因为这部分人群对自己不熟悉的领域往往会有排斥心理,当看到不认识的英文时,则很可能不会关注该账号。

体现账号所属垂直领域

如果账号主要发布某一个垂直领域的视频,那么在名字中最好能够有所体现。

比如"央视新闻",一看名字就知道是分享新闻视频的账号;而"51 美术班",一看名字就知道是分享绘画相关视频的账号,如图 10 所示。

这样取名的优点在于,当观众需要搜索特定类型的短视频账号时,将大大提高你的账号被发现的概率。同时,也可以通过名字给账号打上一个标签,精准定位视频受众。当账号具有一定的流量后,变现也会更容易。

图 9

图 10

使用品牌名称

如果在创建账号之前就已经拥有自己的品牌，那么直接使用品牌名称即可。这样不仅可以对品牌进行一定的宣传，在今后的线上和线下联动运营时也更方便，如图11所示。

图11

使用与微博、微信相同的名字

使用与微博、微信相同的名字可以让周围的人快速找到你，并有效利用其他平台积攒的流量，作为在新平台起步的资本。

让名字更具亲和力

一个好名字一定是具有亲和力的，这可以让观众更想了解博主，更希望与博主进行互动。而一个非常酷、很有个性却冷冰冰的名字，则会让观众产生疏远感。即便很快记住了这个名字，也会因为心理的隔阂而不愿意去关注或与之互动。

所以无论是在抖音还是在快手平台，都会看到很多比较萌、比较温和的名字，比如"韩国媳妇大璐璐""韩饭饭""会说话的刘二豆"等，如图12 ~ 图14所示。

图12

图13

图14

为账号设置头像的 4 个要点

头像要与视频内容相符

一个主打搞笑视频的账号，其头像自然也要诙谐幽默，如"贝贝兔来搞笑"，如图15所示。一个主打真人出境、打造大众偶像的视频账号，其头像当然要选个人形象照，如"李佳琦Austin"，如图16所示。

而一个主打萌宠视频的账号，其头像最好是宠物照片，如"金毛～路虎"，如图17所示。

如果说账号名是招牌，那么头像就是店铺的橱窗，需要通过头像来直观地表现出视频主打的内容。

图15

图16

图17

头像要尽量简洁

头像也是一张图片，而所有宣传性质的图片，其共同特点就是简洁。只有简洁的画面才能让观众一目了然，并且迅速对视频账号产生基本了解。

如果是文字类的头像，则字数尽量不要超过 3 个字，否则很容易显得杂乱。

另外，为了让头像更明显、更突出，尽量使用对比色进行搭配，如黄色与蓝色、青色与紫色、黑色与白色等，如图 18 所示。

图 18

头像应与视频风格相吻合

即便属于同一个垂直领域的账号，其风格也会有很大区别。而为了让账号特点更突出，在头像上就应该有所体现。

比如，同样是科普类账号的"笑笑科普"与"昕知科技"，前者的科普内容更偏向于生活中的冷门小知识，而后者则更偏向于对高新技术的科普。两者的风格不同，使得"笑笑科普"的头像显得比较诙谐幽默，如图 19 所示。

图 19

使用品牌 LOGO 作为头像

如果是运营品牌的视频账号，与使用品牌名称作为名字类似，使用品牌 LOGO 作为头像既可以起到宣传作用，又可以通过品牌积累的资源让短视频账号更快速地发展，如图 20 所示。

图 20

编写简介的 4 个要点

通过个性化的头像和名字可以快速吸引观众的注意力，但显然无法让人对账号内容产生进一步了解。而简介就是让观众在看到头像和名字的下一秒继续了解账号的关键。绝大多数关注行为，通常是在看完简介后出现的，下面介绍简介撰写的 4 个关键点。

语言简洁

观众决定是否关注一个账号所用的时间大多在 5 秒以内。在这么短的时间内，几乎不可能去阅读大量的介绍性文字，因此简介撰写的第一个要点就是务必简洁，并且要通过简洁的文字尽可能多地向观众输出信息。比如图 21 所示的健身类头部账号"健身 BOSS 老胡"，短短 3 行，不到 40 个字，就介绍了自己、账号内容和联系方式。

图 21

每句话要有明确的目的

正是由于简介的语言必须简洁，所以要让每一句话都有明确的意义，防止观众在看到一句不知所云的简介后就转而去看其他的视频。

这里举一个反例，比如某个抖音号简介的第一句话是"元气少女能量满满"。这句话看似介绍了自己，但仔细想想，观众仍然不能从这句话中认识你，也不知道你能提供什么内容，所以相当于是一句毫无意义的话。

优秀的简介应该是每一句话、每一个字都有明确的目的，都在向观众传达必要的信息。

比如图 22 所示的抖音号"随手做美食"，一共 4 行字，第 1 行指出商品购买方式；第 2 行表明账号定位和内容；第 3 行给出联系方式；第 4 行宣传星图有利于做广告。言简意赅，目的明确，让观众在很短的时间内就获得了大量的信息。

图 22

简介排版要美观

简介作为在主页上占比较大的区域，如果是密密麻麻的一大片直接显示在界面上，势必会影响整体给人的观感。建议在每句话写完之后，换行再写下一句，并且尽量让每一句话的长度基本相同，从而让简介看起来更整齐。

如果在文字内容上确实无法做到规律而统一，可以像图 23 所示那样，加一些有趣的图案，让简介看起来更加活泼、可爱一些。

图 23

可以表现一些自己的小个性

目前，在各个领域都已经存在大量的短视频内容。而要想突出自己制作的内容，就要营造差异化，简介也不例外。除了按部就班、一板一眼地介绍自己、账号定位与内容，部分表明自己独特观点或体现自己个性的文字同样可以在简介中出现。

比如图 24 所示的"小马达逛吃北京"的简介中，就有一条"干啥啥不行 吃喝玩乐第一名"的文字。

其中"干啥啥不行"这种话，一般是不会出现在简介中的，这就与其他抖音号形成了一定的差异。而且，这种语言也让观众感受到了一种玩世不恭与随性自在，体现出了内容创作者的个性，拉近了与观众的距离，从而对粉丝转化起到一定的促进作用。

图 24

简介应该包含的 3 大内容

所谓简介，就是简单地介绍自己。那么，在尽量简短的情况下，该介绍哪些内容呢？以下内容是笔者建议通过简介来体现的。

我是谁

作为内容创作者，在简介中介绍"我是谁"，可以增加观众对内容的认同感。

比如图 25 所示的抖音号"徒手健身干货 - 豪哥"的简介中，就有一句"2017 中国街头极限健身争霸赛冠军"的介绍。这句话既让观众更了解内容创作者，又表明了其专业性，让观众更愿意关注该账号。

图 25

能提供什么价值

观众之所以会关注某个抖音号，是因为其可以提供价值，如搞笑类账号能够让观众开心，科普类账号能够让观众长知识，美食类账号可以教观众做菜等。所以，在简介中要通过一句话表明账号能够提供给观众的价值。

这里依旧以"徒手健身干货 - 豪哥"抖音号的简介为例进行分析。其第一句话"线上一对一指导收学员（提升引体次数、俄挺、街健神技、卷身上次数）"就是在表明其价值，那么希望在这方面有所提高的观众，大概率会关注该账号。

账号定位是什么

所谓账号定位，其实就是告诉观众账号主要做哪方面的内容，从而达到不用观众去翻之前的视频，尽量保证在 5 秒内打动观众，使其关注账号的目的。

比如图 26 所示的抖音号"谷子美食"，在该简介中"每天更新一道家常菜，总有一道适合您"就向观众表明了账号内容属于美食类，定位是家常菜，更新频率是每天，从而让想学习做一些不太难且美味的菜品的观众更愿意关注该账号。

图 26

背景图的 4 大作用

通过背景图引导关注

通过背景图引导关注是最常见的发挥背景图作用的方式。因为背景图位于画面的最上方，相对比较容易被观众看到。再加上图片可以带给观众更强的视觉冲击力，所以往往会被用来通过引导的方式直接提高粉丝转化率，如图 27 所示。

但对还没有形成影响力与号召力的新手来说，不建议采用这种背景图。

图 27

展现个人的专业性

如果通过自己在某个领域的专业性进行内容输出，进而通过带货进行变现，那么背景图可以用来展现自己的专业性，从而增强观众对内容的认同感。

比如图 28 所示的健身抖音号，就是通过展现自己的身材，间接证明自己在健身领域的专业性的，进而提高粉丝转化率。

图 28

充分表现偶像气质

对于具有一定颜值的内容创作者，可以将自己的照片作为背景图使用，充分展现自己的偶像气质，也能够让主页更加个人化，拉近与观众的距离。

比如图 29 所示的剧情类抖音号，就是通过将视频中的男女主角作为背景图，通过形象来增强账号吸引力的。

图 29

宣传商品

如果带货的商品集中在一个领域，那么可以利用背景图为售卖的产品做广告。比如"好机友摄影、视频"抖音号的一部分商品是图书，就可以通过背景图进行展示，如图 30 所示。

这里需要注意的是，所展示的商品最好是个人创作的，如教学课程、手工艺品等，这样除了能起到宣传商品的作用，还是一种专业性的表现。

图 30

认识账号标签

账号标签是抖音推荐视频时的重要依据，标签越明确的账号，看到其视频的观众与内容的关联性越高，越会有更多真正对你的内容感兴趣的观众看到这些视频，点赞、转发或评论量自然更高。

每个抖音账号都有 3 个标签，分别是内容标签、账号标签和兴趣标签。

内容标签

所谓内容标签，即作为视频创作者，每发布一条视频，抖音就会为其打上一个标签。随着发布相同标签的内容越来越多，其视频推送会越精准。这也是建议各位读者在垂直领域做内容的原因。连续发布相同标签内容的账号，与经常发送不同标签内容的账号相比，其权重也会更高。高权重的账号可以获得抖音更多的资源倾斜。

账号标签

正如上文所述，当一个账号的内容标签基本相同，或者说内容垂直度很高时，抖音就会为这个账号打上账号标签。一旦拥有了账号标签，就证明该账号在垂直分类下已经具备一定的权重，可以说是运营阶段性成功的表现。

要想获得账号标签，除了所发布视频的内容标签要一致，还要让头像、名字、简介、背景图等都与标签相关，从而提高获得账号标签的概率。

比如图 31 所示的具有"美食"账号标签的"杰仔美食"抖音号，其头像是杰仔，名字中带有"美食"二字，背景图也与美食相关，再加上言简意赅的简介，账号整体性很强。

兴趣标签

所谓兴趣标签，即该账号经常浏览哪些类型的视频，就会被打上相应的标签。比如一位

抖音用户经常观看美食类视频，那么就会为其贴上相应的兴趣标签，抖音就会更多地为其推送与美食相关的视频。

因为一个人的兴趣可以有很多种，所以兴趣标签并不唯一。抖音会自动根据观看不同类视频的时长及点赞等操作，将兴趣标签按优先级排序，并分配不同数量的推荐视频。

正是因为抖音账号有上述几个标签，而不像以前只有一个标签，所以"养号"操作已经不复存在。各位内容创作者再也不需要通过大量浏览与所发视频同类的内容来为账号打上标签了。

总结起来，在以上 3 种标签中，内容标签是视频维度的，账号标签是账号维度的，兴趣标签是创作者本身浏览行为维度的。

内容标签会对账号标签产生影响，但是兴趣标签不会影响内容标签和账号标签。

图 31

手动为账号打标签

鉴于账号标签的重要性，抖音推出了手动为账号打标签的功能，具体操作步骤如下。

（1）点击抖音 App 右下角的"我"选项，点击右上角的三条杠，点击"创作者服务中心"选项，显示如图 32 所示的界面。

（2）在头像下方点击"添加标签"选项，显示如图 33 所示的标签选择界面。

（3）选择与自己相关的领域标签，点击"下一步"按钮。

（4）选择更细分的内容类型，如图 34 所示，点击"完成"按钮。

（5）显示保存标签的界面，如图 35 所示，提示创作者每间隔 30 天才可以修改一次。

需要注意的是，截至 2022 年 2 月，此功能仍然属于内测阶段，也就是说并不是所有创作者都可以在后台按上述方法操作成功。

图 32　　　　　　　图 33

图 34

图 35

如何查看账号标签

账号是否有正确的标签，是每一个新手创作者在第一阶段都需要特别关心的，用于判断自己的操作是否正确、有效的指标。

通过下面的方法，可以判断自己的账号是否有正确的内容标签。

（1）关注并进入"创作灵感小助手"主页，点击主页上的官方网站链接，如图 36 所示。

（2）查看推荐的创作话题，如果推荐的话题与自己创作的内容方向一致，就代表已被打上了相关内容标签，如图 37 所示为某账号的推荐话题。

图 36

图 37

一定要实施的账号矩阵化策略

什么是账号矩阵

简单地说，账号矩阵就是将一个账号重复做若干个。

例如，笔者不仅运营了"好机友摄影"抖音号，还运营了"北极光摄影"抖音号，这就是一个低配版本的账号矩阵。

这个其实比较容易理解，例如，如果已经在线下成功开了一间包子铺，要想让生意的规模及利益最大化，不是把100平方米的包子铺扩大成为10000平方米，而是通过直营或加盟的方法，把这个100平方米的包子铺，在不同地段开设100家。

所以，无论是线上还是线下，当一个账号或店铺的商业模式被验证后，则可以通过矩阵化的形式快速扩展，以获得更多的收益。

例如，罗永浩的大号直播间简介里，介绍了他的直播间矩阵，如图38和图39所示。

账号矩阵化的益处

账号矩阵化的价值在于效益翻倍、风险打折，并且可以探索新的商业模式。

例如，对于同样一个选题，用不同的拍摄手法或素材制作后，可以分别发布在不同的多个账号上，以获得更多流量。

由于短视频流量具有一定的随机性，有时同样的选题，在这个号没有获得很高的推荐量，在另一个号却获得了更多的推荐，这样就可以最大化选题及视频制作的投产比。

这种情况在笔者运营的不同账号中均有体现，非常相近甚至相同的选题，在一个账号上的展现量仅500左右，但在另一个账号上的展现量却达到了数万甚至过十万，成为小爆款。

账号矩阵化的3种思路

做账号矩阵化时，可以从以下3个层面进行考虑。

简单重复

简单重复即账号矩阵里的若干个账号发布的内容基本相同，但拍摄手法及发布时间节点、视频标题不同，从而降低账号视频的制作成本，提高曝光率。

此外，可以通过矩阵化账号的名称来实现品牌影响力的倍增。

图 38

图 39

虽然不同的账号内容不尽相同，但由于账号名称基本相同，所以很容易打造出一个极具影响力的品牌，从而通过线上引流到线下成交的方式获得较大的收益。

这些账号是利益相关人员以共同维护一个品牌的目的去打造的，也可以是一个公司的若干人员以扩大影响力的目的来运营的，如图 40 所示的账号均是巨量课堂的运营人员创建的，数量加起来也非常庞大，具有很好的宣传效应。

依据不同的群体打造账号

众所周知，一个账号是无法覆盖所有用户的。

举一个简单的例子，笔者的粉丝中有一部分活跃的时间是晚上 9 点左右，这部分粉丝群体基本上是在职的年轻人。而另一部分粉丝活跃的时间是下午 3 点左右，这部分粉丝群体基本上是离退休人员。因此，在矩阵化运营账号时，就会根据这些不同的粉丝活跃时间来发布视频。

在实际运营时，还需要根据粉丝的性别、审美倾向、信息接受度等方面来规划不同账号的内容。

依据变现模式打造账号

抖音变现的形式灵活多样，可以销售百货、图书，还可以提供知识类课程，甚至可以通过视频获得客户资料，然后提供一对一的服务。

所以，不同的账号可以选择不同的变现模式，并根据变现模式来规划视频内容。例如，如果要通过零售图书来进行变现，无须真人出镜，可考虑"方案＋配音"的方式来制作视频；要销售农产品，则最好体现农产品的原产地、生产过程；要销售知识课程，最好采用真人出镜的方式进行拍摄，从而塑造 IP 形象，增强可信度。

图 40

了解抖音实名认证

随着抖音的体系越来越完善，账号也新增了很多认证。很多朋友都不太了解这些认证有什么作用，要如何进行认证，以及认证需要满足哪些要求，导致认证不及时，浪费了很多资源。

实名认证账号操作方法

如果要在抖音中带货或直播，都需要做实名认证，下面是具体步骤。

（1）打开抖音，点击右下角的"我"选项，再点击右上角的三道杠图标。

（2）点击"设置"选项，再点击"账号与安全"选项，如图41所示。

（3）点击"实名认证"选项，如图42所示。

（4）按要求填写姓名和身份证号后，点击"同意协议并认证"按钮即可。

图 41

图 42

实名认证账号的其他优势

增强账号可信度

账号通过实名认证后，更有利于抖音官方对个人身份的识别，在进行流量分配或人群推荐时也更智能。作为观众，可以让你更有机会看到适合自己或自己想看的内容；作为内容发布者，可以在账号运营初期，使所创作的视频被更多的同龄人看到。

获得被推荐的机会

没有经过实名认证的账号，在进入流量池后，即便完播率、点赞量、评论量等数据都不错，也不会进入下一级流量池。因此，只有经过实名认证的账号发布的视频，才具有成为热门视频的机会。

另外，由于实名认证的账号相对更安全，其所发布的内容也更容易受到系统筛选的重视，更容易获得较高的流量。

更容易找回账号

如果账号出现被盗的情况，经过实名认证的账号可以更容易、更快地被找回，从而避免产生更多的损失。因此，强烈建议打算长期运营抖音账号的用户，进行实名认证，以提高安全性。

黄 V 认证的门槛和操作方法

黄 V 认证其实就是抖音的"专家认证"，可以在一定程度上表现出内容创作者在某一领域的专业性或权威性，可以起到增加账号权重、提高观众认同感的作用。

黄 V 认证的操作方法

（1）打开抖音后，点击右下角的"我"选项，接着点击右上角的≡图标。

（2）在打开的列表中点击"创作者服务中心"选项。

（3）点击"通用能力"分类下的"官方认证"选项，如图 43 所示。

（4）选择"个人认证"选项，如图 44 所示。

图 43

图 44

黄 V 认证账号的优势

黄 V 标志作为"专业"和"优质"的象征，自然会为账号带来一定的优势，也是抖音重点扶持的一类账号。

确保账号的唯一性

黄 V 认证具有昵称搜索置顶权益，并且在搜索时，其头像上会出现明显的"黄 V"标志，如图 45 所示，从而可以防止一些人通过高仿号欺骗观众。

提高观众认同感

黄 V 认证账号代表在该领域具有一定的专业性、权威性，并且受到了抖音官方的认可，属于优质账号。因此观众更信赖此类账号所发布的内容，对其有较高的认同感，更容易产生点赞、转发、评论等行为，进而提高视频的流量。

内容豁免权

随着抖音平台的内容越来越多，其监管力度也越来越大。对于一些涉及医疗、科普等领域的内容，更是稍不注意就会被判违规，进而限流甚至不被推送。而进行了相关领域黄 V 认证的账号，比如医疗领域的黄 V 认证，在发布医疗类内容时，就可以正常进入流量池并被推荐给观众。

图 45

蓝 V 认证的门槛和操作方法

蓝 V 认证其实就是企业号认证。与黄 V 认证账号相比，蓝 V 认证账号的权益要多很多。

蓝 V 认证的门槛

蓝 V 认证不存在门槛这一概念，凡是正常经营的企业或个体工商户，均可申请蓝 V 认证，并且只要提交的材料真实有效，信息符合要求，抖音均会予以通过。但如果出现以下情况，则大概率不能通过认证。

» 昵称拟人化、宽泛化不予通过。比如"某公司董事长""小神童"等则属于昵称拟人化；而"学英语""旅游"等则属于昵称宽泛化。

» 昵称违反广告法不予通过。比如昵称中存在"最""第一"等词语。

» 企业账号认证信息与营业执照上的企业主体名称不一致不予通过。

» 申请认证企业属于抖音号禁入行业不予通过。禁入行业包括：高危安防、涉军涉政、违法违规、危险物品、医疗健康、手工加工、文化艺术收藏品、古董古玩、招商加盟、两性类、赌博类、侵犯隐私等行业。

蓝 V 认证的操作方法

（1）打开抖音后，点击右下角的"我"选项，接着点击右上角的 ☰ 图标，如图 46 所示。

（2）在打开的列表中点击"创作者服务中心"选项，如图 47 所示。

（3）点击"免费开企业号"选项，如图 48 所示。

图 46　　　　　　　　图 47　　　　　　　　图 48

由于目前抖音正在大力推广蓝 V 认证，所以可以免费申请（之前需要 600 元申请费），选中"同意并遵守《抖音试用及普通企业号服务协议》"复选框后，点击"0 元试用企业号"按钮即可。

接下来按照界面中显示的要求，提供相关资料并完善信息，即可完成认证申请。

蓝 V 认证账号的优势

为了吸引更多的企业入驻抖音，蓝 V 认证账号拥有许多专属权益，从而满足企业的多种推广诉求，快速在抖音获得可观的变现。

品牌保护

蓝 V 认证账号在搜索页、关注页、粉丝页、私信页及转发二维码页面都会出现"蓝 V"标识，从而展现专业性和权威性，树立良好的品牌形象。

比如，在如图 49 所示的关注页面中，具有蓝 V 标识的账号明显更突出。

昵称唯一

蓝 V 认证账号的昵称是唯一的，并且采用先到先得的方式进行锁定。也就是认证成功后，该昵称的账号将不可以再被创建。即便有个人用户注册了该昵称，蓝 V 账号也会在搜索列表的第一个栏位出现，从而起到全方位的保护品牌的作用。

图 49

营销功能极其丰富

蓝 V 认证账号可以正常发布营销内容，也就是说，即便打广告，也能够正常进入流量池并被推荐。只要视频热度足够高，成为热门视频也是有可能的。

此外，开通小店后，可以获得非常丰富的电商管理功能，包括抖音精选营销案例库、商家主页、卡券功能、关键用户管理，除了上述功能，还可以设置关键词自动回复、优惠团购功能、设置门店地址、多人企业号直播、在线预约、设置官网主页等。

因此，可以说抖音电商的昨天就是京东与天猫的今天，会成为一个超级大的流量聚集电商平台，每一个希望在这个平台上销售自己商品的企业，都应该立即开通自己的蓝 V 账号，如图 50 所示。

图 50

第 3 章

掌握短视频 7 大
构成要素创作方法

全面认识短视频的 7 大构成要素

虽然大多数创作者每天都会观看几十甚至数百条短视频，但仍然有不少创作者对短视频的构成要素缺乏了解。下面对短视频的构成要素——拆解。

选题

选题即每一条短视频的主题。确定选题是进行短视频创作的第一步，好的选题不必使用太多技巧就能够获得大量推荐，而平庸的选题即便投放大量 DOU+ 广告进行推广，也可能不会火爆。

因此，对于创作者来说，"选题定生死"这种说法也不算夸张。

内容

确定选题方向后，还要确定其表现形式。同样的一个选题，可以通过真人口述，也可以图文的形式展示；可以实场拍摄，也可以漫画的形式表现。当前丰富的创作手段给了人们无限的创作空间。

在选题相似的情况下，谁的内容创作技巧更高超，表现手法更新颖，谁的短视频就更可能火爆。

也正因如此，抖音中的技术流短视频一直拥有较高的播放量与认可度。图 1 所示为变身短视频。

图 1

标题

标题是整条短视频主体内容的概括，好的标题能够让人对内容一目了然。

此外，对于短视频中无法表现出来的情绪或升华的主题，也可以在标题中表达出来，如图 2 所示。

图 2

音乐

抖音短视频之所以能够给人沉浸的观看体验，背景音乐可以说功不可没。

大家可以试一下将短视频静音，这时就会发现很多短视频变得索然无味。

所以，每一个创作者对背景音乐都要有足够的重视，养成保存同类火爆短视频背景音乐的好习惯，如图 3 所示。

图 3

字幕

为了便于听障人士及在嘈杂的环境下观看短视频，抖音中的大部分短视频都添加了字幕。但需要注意避免字幕位置不当、文字过小、色彩与背景色混融、字体过于纤细等问题，如图4和图5所示的短视频，其字幕的辨识度较差。

但这个不是强制性要求，对于新手来说，如果考虑成本，也可以不用添加。

封面

封面不仅是短视频的重要组成元素，也是粉丝进入主页后判断创作者是否专业的依据。

如图6和图7所示的整齐的封面不仅能够给人以专业、认真的印象，而且使主页更加美观。

话题

在标题中添加话题的作用是告诉抖音如何归类短视频。当话题被搜索或从标题处点击查看时，同类短视频可依据时间、热度进行排名，如图8和图9所示。

因此，为短视频增加话题有助于提高展现概率，获得更多的流量。

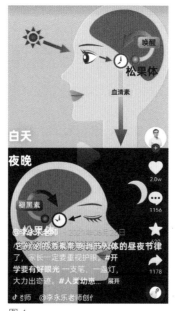

图4

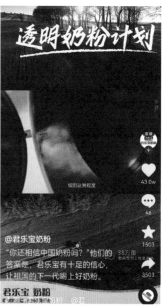

图5

图6

图7

图8

图9

让选题灵感源源不断的 3 个方法

下面介绍 3 个常用的方法，帮助读者找到源源不断的选题灵感。

蹭节日

观察日历，注意是要包括中外各国及阳历、阴历各种节日的日历。另外，也不要忘记电商们"自创"的节日。

以 5 月为例，有劳动节和母亲节两个节日，以及立夏和小满两个节气，这些都是很好的切入点，如图 10 所示。

围绕这些时间点找到自己的垂直领域与它的相关性。例如，美食领域可以出一期短视频，以"母亲节，我们应该给她做一道什么样的美食"为选题；数码领域可以出一期节目，围绕着"母亲节，送她一个高科技'护身符'"这个主题进行创作；美妆领域可以出一期节目，以"这款面霜大胆送母上，便宜量又足，性能不输 XXX"为选题，这里的 XXX 可以是一个竞品的名称。

图 10

蹭热点

此处的热点是指社会上的突发事件。这些热点通常自带话题性和争议性，利用这些热点作为主题进行创作，很容易获得关注。

蹭热点既有一定的技术含量，又要有一定的道德底线，否则，反而会适得其反。例如，主持人王某芬曾经就创业者茅侃侃自杀事件发布过一条微博，并在第二条欢呼该微博阅读破 10W。这是典型的"吃人血馒头"，因此受到许多网民的抵制，如图 11 所示，最终不得不以道歉收场。

蹭同行

这里所说的同行，不仅包括短视频媒体同行，还泛指与短视频创作方向相同的所有类型的媒体。例如，不仅要在抖音上关注同类账号，尤其是相同领域的头部账号，还要在其他短视频平台找相同领域的大号。短视频同行的内容能够帮助新入行的小白快速了解围绕着一个主题，如何用短视频画面、声音（或音乐）来表现选题主旨，也便于自己在同行的基础上进行创新。

图 11

另外，还应该关注图文领域的同类账号，如头条号、公众号、百家号、大鱼号和网易号、知乎、小红书等。在这些媒体上寻找阅读量比较高或者热度比较高的文章。

因为这些爆文可以直接转化成为短视频选题，只需按文章的逻辑重新制作成短视频即可。

反向挖掘选题的方法

绝大多数创作者在策划选题时，方向都是由内及外的，即从创作者本身的知识储备去考虑，应该带给粉丝什么样的内容。这种方法的弊端是很容易由于自己的认知范围，导致自己的短视频内容限于窠臼。

如果已经有一定的粉丝量，不妨以粉丝为切入点，将自己为粉丝解决的问题制作成为选题，即反向从粉丝那里挖掘选题。

首先，这些问题有可能是共性的，不是一个粉丝的问题，而是一群粉丝的问题，所以受众较广。

其次，这些问题是真实发生的，甚至有聊天记录，所以可信度很高。

这样的选题思路，在抖音中已经有大V用得非常好了。比如"猴哥说车"，创作者就将为粉丝解决一个又一个问题过程创作成为短视频，最终使自己成为4000万粉丝大号，如图12所示。

图12

跳出知识茧房挖掘选题

众所周知，抖音采用的是个性化推荐方式，因此一个对美食、旅游内容感兴趣的用户，就总是能够刷到这两类短视频。但这样的个性化推荐，对于一个内容创作者来说无疑是思想的知识茧房。因为无法看到其他领域的短视频，自然也没办法举一反三，从其他领域的短视频中吸取灵感，从而突破自己甚至行业的创作瓶颈。

对于一个想要不断突破、创新的创作者来说，一定要跳出抖音的知识茧房。

操作方法如下：

（1）在抖音App中点击"我"点，再击右上角的三道杠。

（2）点击"设置"选项，再点击"通用设置"。

（3）点击"管理个性化内容推荐"选项。

（4）点击"个性化内容推荐"开关，如图13所示。

在这种情况下，抖音推送的都是各个领域较为热门的内容，对于许多创作者来说犹如打开了一个新世界。

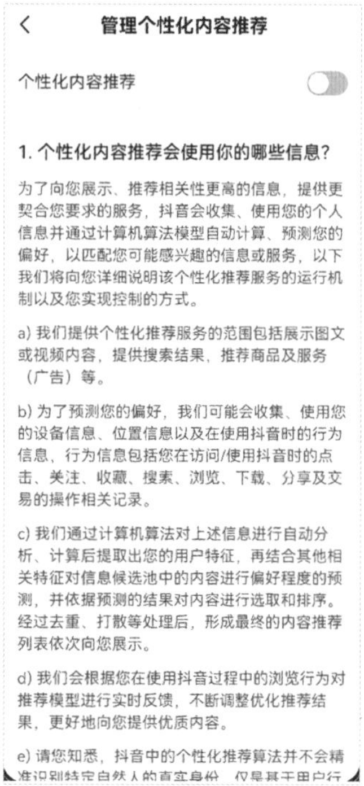

图13

使用创作灵感批量寻找优质选题

创作灵感是抖音官方推出的帮助创作者寻找选题的工具，这些选题基于大数据筛选，所以不仅数量多，而且范围广，能够突破创作者的认知范围。

下面介绍一下具体的使用方法。

（1）在抖音 App 中搜索"创作灵感"，如图 14 所示，点击某个话题进入该话题。

（2）点击"点我找热门选题"，如图 15 所示。

（3）在顶部搜索栏中输入要创作的短视频话题关键词，如"麻将"，再点击"搜索"，如图 16 所示。

（4）找到一个适合自己创作的、热度较高的话题，例如"麻将口诀大全"，进入该话题。

（5）查看与此话题相关的短视频，分析学习相关短视频的创作思路，如图 17 所示。如果查看相关用户，还可以找到大量对标账号。

（6）按此方法找到多个值得拍摄的话题后，点击"稍后拍摄"按钮，将创作灵感保存在自己的灵感库中。

（7）以后要创建此类话题的短视频，只需点击右上角的图标，打开自己的创作灵感库进行自由创作即可。

图 14

图 15

图 16

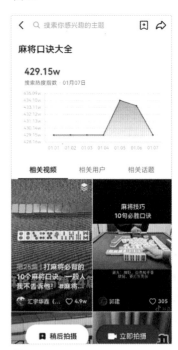

图 17

用抖音热点宝寻找热点选题

什么是抖音热点宝

抖音热点宝是抖音官方推出的热点分析平台，基于全方位的抖音热点数据解读，帮助创作者更好地洞察热点趋势，参与热点选题创作，获取更多优质流量，而且完全免费。

要开启热点宝功能，先进入抖音创作者服务平台，点击"服务市场"选项，如图18所示。

图 18

在服务列表中点击"抖音热点宝"，显示如图19所示的页面，点击红色的"立即订购"按钮，再点击"提交订单"按钮。

图 19

点击"立即使用"按钮，则会进入如图20所示的使用页面。

如果感觉使用页面较小，可以通过网址 https://douhot.douyin.com/welcome 进入抖音热点宝的独立网站。

图 20

使用热点榜单跟热点

抖音热点榜可以给出某一事件的热度，而且有更明显的即时热度趋势图，如图21所示，将光标放在某一个热点事件的"热度趋势"图形线条上，可以查看某一时刻的事件热度。

使用抖音热点宝，可以按领域进行区分，但可以通过点击"查看数量分布"按钮，来查看哪一个领域热点更多，如图22所示。

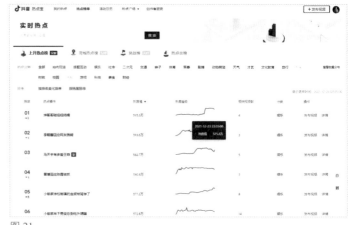

图 21

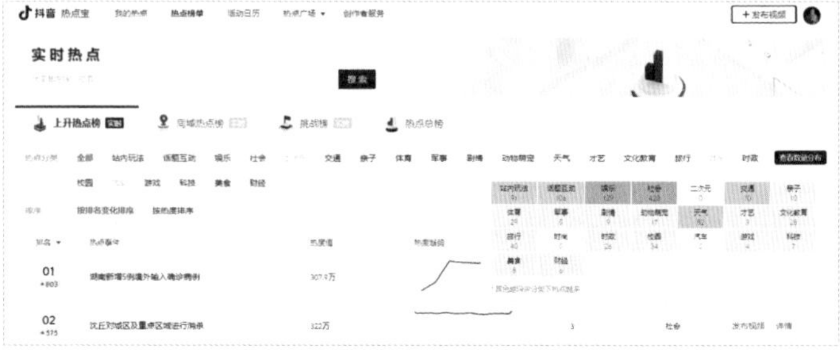

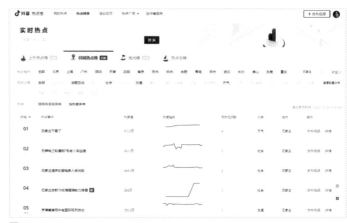

图 22

利用同城热单推广线下门店

如果在创作短视频时，有获取同城流量、推广线下门店的需求，一定要使用"同城热点榜"功能，在榜单上一共列出了17个城市。

如果创作者所在的城市没有被列出，可以在右上方的搜索框中搜索城市的名称。例如，搜索"石家庄"，则可以查看石家庄的城市热点事件，如图23所示。

图 23

利用热点广场查找热点

利用热点宝的"热点广场"功能可以从低粉爆款、高完播率、高涨粉率、高点赞率等不同维度，了解当前在抖音上什么样的短视频更值得借鉴与参考学习，从而打开创作思路。点击"热点广场"下拉列表中的"热榜聚合"选项，显示如图24所示的页面。

在这些榜单下方的"垂类筛选"下拉列表中，可按不同的细分领域进行筛选。

如图25所示就是针对摄影细分领域进行筛选后的榜单，只要每天分析这些榜单中的短视频，相信不用太长时间，努力勤奋的创作者就能够发现自己的各项数据有长足进步。

图 24

图 25

只显示细分领域热点

在按上述方法查看热点榜时，如果只希望显示自己关注的一个或多个细分领域的短视频，可以在"垂类筛选"下拉列表中选择细分领域后，点击"订阅"按钮。

这样以后查看热点短视频，只需点击进入"我的订阅"栏目即可，如图26所示。

注意：在查看榜单时，可以依据近1小时、近1天、近3天、近7天等不同的时间周期，来判断当下与近期的热点趋势。

图 26

抖音短视频的 9 种呈现方式

短视频的呈现方式多种多样，有的呈现方式门槛较高，适合团队拍摄、制作；而有的呈现方式则相对简单，一个人也能轻松完成。这里总结了当前常见的 9 种短视频呈现方式，读者可以根据自己的内容特点，从中选择适合自己的方式。

固定机位真人实拍

在抖音中，大量口播类短视频都采用定点录制的方式——录制时通过在人物面前固定手机或相机拍摄完成。这种方式的好处在于一个人就可以操作，并且几乎不需要什么后期处理。

只需准备好文案，就可以快速制作出大量短视频，如图 27 所示。

图 27

绿幕抠像变化场景

与前一种方式相比，这种方式由于采用了绿幕抠像的方式，因此人物的背景可以随着主题发生变化，适合需要不断变换背景，以匹配短视频讲解内容的创作者。但对场地空间与布光、抠像技术有一定的要求，如图 28 所示为录制环境。

图 28

携特色道具出镜

对于不希望真人出镜的创作者，可以使用一些道具，如图 29 中的超大"面具"，既可以起到不真人出镜的目的，又提高了辨识度。但需要强调的是，道具一定不能大众化，最好是自己设计并定制的。

图 29

录屏视频

录屏视频即用手机或平板录制的视频，这种视频创作门槛很低，适合讲解手机游戏或教学类内容，如图30和图31所示。前者为手机实录，后者是使用手机自带的录屏功能，或者计算机中的OBS、抖音直播伴侣等软件录制完成的。

如果可以人物出镜，结合"人物出镜定点录制"这种方式，并通过后期剪辑将录制的片段结合在一起，可以丰富画面的表现。

图30

图31

素材解读式视频

此类短视频采用网上下载视频素材、添加背景音乐与AI配音的方式创作而成。影视解说、动漫混剪等类型的账号多用此方式呈现，如图32所示。

此外，一些动物类短视频也通常以"解读"作为主要看点。创作者从网络上下载或自行拍摄关于动物的视频，然后配上有趣的"解读"，如图33所示，也可获得较高的播放量。

图32

图33

"多镜头"视频录制

这种短视频往往需要团队协作才能完成，拍摄前需要专业的脚本，拍摄过程中需要专业的灯光、收音设备及相机，拍摄后还需要对视频进行剪辑、配音、配乐。

通过调整拍摄角度、景别，多镜头、多画面呈现内容。

大多数剧情类、美食类、萌宠类短视频，都可以采用此种方式拍摄，如图34所示。

当然，如果创作者本身具有较强的脚本策划、内容创意与后期剪辑技能，也可以独自完成，3个月涨粉千万的大号"张同学"就属于此类。

图34

文字类呈现方式

在短视频中只出现文字，也是抖音上很常见的一种内容呈现方式。无论是如图35所示的为文字加一些动画和排版进行展示的效果，还是如图36所示的仅通过静态画面进行展现的效果，只要内容被观众接受，同样可以获得较高的流量。

图 35

图 36

图文类呈现方式

"图文短视频"是抖音目前正在大力推广的一种内容表现方式。

通过多张图片和相应的文字介绍，即可形成一条短视频。这种方式大大降低了创作的技术难度，按照顺序排列图片即可，如图37所示。由于是抖音力推的表现形式，因此还有流量扶持，如图38所示。

图 37

图 38

漫画、动画呈现方式

漫画、动画呈现方式即以漫画或动画的形式来表现内容，如图39和图40所示。

其中，漫画类短视频由于有成熟的制作工具，如美册，难度不算太高。但动画类短视频的制作成本与难度相当高。

需要注意的是，这类短视频由于没有明确的人设，所以要想变现存在一定的困难。

图 39

图 40

在抖音中发布图文内容

什么是抖音图文

抖音图文是一种只需发图并编写配图文字，即可获得与短视频相同推荐流量的内容创作形式，这类短视觉的效果类似于自动翻页的PPT。对于不擅于制作短视频的内容创作者来说，抖音图文大大降低了创作门槛。

在抖音中搜索"抖音图文来了"，即可找到相关话题，如图41所示。

点击话题后，可以查看官方认可的示范短视频，按同样的方式进行创作即可，如图42所示。

图 41

图 42

抖音图文的创作要点

抖音图文的形式特别适合表现总结、展示类内容，如菜谱、拍摄技巧、常用化妆眉笔色号等内容，因此在创作时要注意以下几个要点。

（1）图片精美，并且不少于6张，否则内容会略显单薄。

（2）一定要配上合适的背景音乐，以弥补画面动感不足的缺点。

（3）短视频的标题要尽量将内容干货写全，如图43所示的图文讲解的饼干制作配方，标题中用大量文字讲解了配方与制作方法。

（4）发布内容时，一定要加上话题#抖音图文来了。因为在前期推广阶段，此类内容有流量扶持政策。

（5）如果想在图片上添加文字，一定要考虑阅读时的辨识度，如图44所示的图片上，文字就略显多了。

图 43

图 44

利用 4U 原则创作短视频标题及文案

什么是 4U 原则

4U 原则是由罗伯特·布莱在他的畅销书《文案创作完全手册》里提出的，网络上许多"10 万 +"的标题及爆火的短视频脚本、话术，都是依据此原则创作出来的。

下面是以标题创作为例进行讲解，学习之后，也可以应用在短视频文案、直播话术方面。

4U 其实是 4 个以字母 U 开头的单词，下面分别介绍其意义。

Unique（独特）

猎奇是人类的天性，无论是在脚本还是写标题，如果能够有意无意地透露出与众不同的特点，就很容易引起观众的好奇心，如图 45 所示。

例如，下面的标题。

» 尘封 50 年的档案，首次独家曝光，XXX 事件的起因。

» 很少开讲的阿里云首席设计师开发心得。

Ultra-specific（明确具体）

在信息大爆炸时代，无论是脚本还是标题，最好能够在短时间内就让受众明确所能获得的益处，从而减少他们的决策时间，降低他们的决策成本。

列数字就是一个很好的方法，无论是脚本还是标题，都建议有明确的数字，如图 46 所示。

例如，下面的标题。

» 这样存定期，每年能多得 15% 的收益。

» 视频打工人必须收藏的 25 个免费视频素材站。

» 小心，这 9 个口头禅，被多数人认为不礼貌。

此外，"明确具体"还指无论是脚本还是标题，最好明确受众，即使目标群体明确感受到标题指的就是他们，这些短视频就是专门为解决他们的实际问题拍摄的，如图 47 所示。

例如，下面的标题。

» 饭后总是肚子胀，这样自测，就能准确知道原因。

» 半年还没有找到合适的工作？不如学自媒体创业吧。

» 还在喝自来水，没购买净水器吗？三年以后你会后悔。

图 45

图 46

图 47

Useful（实际益处）

如果能够在脚本或标题中呈现能够带给观众的确定性收益，就能够大幅提高短视频完播率，如图48所示。

例如，下面的标题。

» 转发文章，价值398元的课程，限时免费领取。

» 从打工人到打工皇帝，他的职场心法全写在这本书里了。

» 不必花钱提升带宽，一键加快Windows上网速度。

图 48

Urgent（紧迫性）

与获得相比，绝大多数人对失去更加恐惧，因此能够在脚本或标题上表达出优惠、利益是限时限量的，就会让许多人产生紧迫性，从而打开短视频或下单购买。

例如，下面的标题。

» 2021年北京积分落户，只有10天窗口期，一定要做对这几件事。

» 本年度清库换季，只在今天直播间。

4U原则创作实战技巧

懂得4U原则后，就可以灵活组合，创作出更容易打动人的短视频标题及脚本。例如，可以考虑下面的组合方式。

» 明确具体目标人群 + 问题场景化 + 解决方案实际益处。

» 明确具体时间 + 目标人群 + 实际益处。

» 稀缺性 + 紧迫性。

下面以第一种组合为例，通过带货除螨仪来展示一个口播型脚本的主体内容。

家里有过敏性鼻炎小朋友的宝妈一定要看过来（明确具体目标人群）。

小朋友一旦有过敏性鼻炎可真是不好受，鼻涕一把一把流，晚上还总是睡不好，即便睡着，也都是用嘴巴呼吸。（问题场景化）

怎么办呢？只好辛苦当妈的经常晒被子、换床单，不过到了天气不好的季节，可就麻烦了，没有太阳啊。（问题场景化）

其实，大家真的可以试一下我们家这款刚获得×××认证的×××牌除螨仪，采用便携式设计，颜值高不说，还特别方便移动，最重要的是采用吸附的方式进行除螨，效果杠杠的。一张1.8m×2m的大床，只要花3分钟就能够搞定。（解决方案实际益处）

因为我们的仪器功率有400W，口径大、吸力强，还配有振动式拍打效果，可以将被褥深处的螨虫也拍出来，使螨虫被吸入尘盒，如图49所示。

图 49

用 SCQA 结构理论让文案更有逻辑性

什么是"结构化表达"

麦肯锡咨询顾问芭芭拉·明托在《金字塔原理》一书中，提出了"结构化表达"理论——SCQA 结构。利用这个结构，可以轻松地以清晰的逻辑把一件事说得更明白，如图 50 所示。

图 50

SCQA 其实是 4 个英文单词的缩写。

» S 即情境（Situation）。

» C 即冲突（Complication）。

» Q 即问题（Question）。

» A 即答案（Answer）。

利用这种结构说明一件事，语言表现顺序通常是下面这样的：

（1）情景陈述（S），代入大家都熟悉的事，让对方产生共鸣。

（2）引出目前没有解决的冲突（C）。

（3）抛出问题（Q），而且是根据前面的冲突，从对方的角度提出关切的问题。

（4）最后总结出答案（A），给出解决文案，从而达到说服对方的目的。

如何使用 SCQA 结构理论组织语言

SCQA 结构既可以用于撰写脚本文字，也可以用于主播在直播间介绍某款产品，应用场景可谓非常广泛。

在具体使用时，既可以按 SCQA 结构进行表达，也可以按 CSA 或 QSCA 结构进行表达，但无论是哪种结构，都应该以 A 为结尾，从而达到宣传的目的。

下面列举几个使用 SCQA 结构撰写的文案。

案例一：配音课程

情境（S）：经济下行，是不是突然发现身边的朋友都开始着手通过副业挣钱了？

冲突（C）：不过，大多数人可能都一样，没什么启动资金，没有整块的时间，也没有副业项目。

答案（A）：不妨来学习一下配音，可以接到不少有声书录制、短视频配音等小的任务。

问题（Q）：你可能担心自己的音色不够好，又没有什么基础。

答案（A）：其实不用担心，我的学员之前都是普通人，学习配音与你一样是零基础，现在也有不少人每个月副业收入过万了。我有 15 年配音教学经验，能够确保大家通过练习掌握配音技巧，赶紧点击头像来找我吧。

这个文案既可用于视频广告，如图 51 所示，也可以在修改后应用在直播间。

图 51

案例二：防脱发洗发水

冲突（C）：哎哟，你脱发挺严重啊，再不注意一点，估计35 岁就要成秃头了！

问题（Q）：你是打算要面子，还是存票子啊？

情境（S）：其实，防脱发并不需要花多少钱，以后出门不用再这么麻烦戴假发了。

答案（A）：我们这里有刚刚发布的最新研究成果，通过了国家认证，能有效抑制脱发。

这个文案既可用于视频广告，也可以在修改后应用在直播间，如图 52 所示。

图 52

一键获得多个标题的技巧

无论是文字类媒体，还是视频类媒体，标题的重要性都是不言而喻的，对于创作新手来说，除了模仿其他优秀标题，还必须培养自己的标题创作感觉。要培养这样的能力，除了大量撰写标题，还可以利用下面讲述的方法，一键生成若干个标题，然后从中选择合适的。

（1）进入巨量创意网站 https://cc.oceanengine.com/，单击"工具箱"选项卡。再单击"脚本工具"选项，如图 53 所示。

图 53

（2）在打开的页面中选择"行业"选项，在"关键词"文本框中输入标题关键词，单击"生成"按钮即可一键生成多条标题，如图 54 所示。

图 54

用软件快速生成标题

"逆象提词"是一款专门用于帮助视频创作者，生成标题和提取文本的付费 App。

下载逆象提词 App 后点击"智能标题生成"按钮，如图 55 所示。

选择行业，并且输入关键词，点击"生成"按钮，如图 56 所示。

点击"换一批"按钮，则可以生成不同的标题，如图 57、图 58 所示。

类似的付费 App 还有若干，值得大家尝试。

图 55

图 56

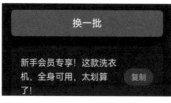
图 57

图 58

15 个拿来就能用的短视频标题模版

对许多新手来说，可能一时之间无法熟练地运用书中讲述的标题创作思路和技巧。因此，可以考虑以下列出来的 15 个模版为原型，修改其中的关键词，这样就能在短时间内创作出可用的标题，如果能够灵活地组合运用这些模版，当然能起到更好的效果。

模版 1：直击痛点型

例如，"女人太强势婚姻真的会不幸福吗？""特斯拉的制动是不是真的有问题？""儿童早熟父母应该如何自查自纠？"如图 59 所示。

图 59

模版 2：共情共鸣型

例如，"你的职场生涯是不是遇到了玻璃天花板？""不爱你的人一点都不在意这些细节？""你会对 10 年前的你说些什么？"

图 60

模版 3：年龄圈层型

例如，"80 后的回忆里的动画只有这几部？""90 后结婚率低是负责心更强了吗？""如果取消老师的寒暑假会怎样？"如图 60 所示。

模版 4：怀疑肯定型

例如，"为什么赢得世青杯的是他？""北京的房价是不是跌到要出手的阶段了？""码农的青春不会只配穿格子衫吧？"如图 61 所示。

图 61

模版 5：快速实现型

例如，"仅需一键，微信多占空间全部清空？""泡脚时只要放这两种药材就能去除湿气。""掌握这两种思路写作文案下笔如有神。"

图 62

模版 6：假设成立型

例如，"如果生命只剩 3 天你最想做的事是什么？""如果猫咪能说话你能说过它吗？"如图 62、图 63 所示。

模版 7：时间延续型

例如，"这是我流浪西藏的第 200 天。""这顿饭是我减肥以来吃下的第 86 顿。""这是我第 55 次唱起这首歌。"

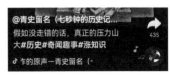

图 63

模版 8：必备技能型

例如，"看懂易经你必须知道的 8 个基础知识。""玩转带混麻将你最好会这 5 个技巧。""校招季面试一定要知道的必过心法。"

模版 9：解决问题型

例如，"解决面部油腻看此视频就会了。""不到 1 米 6 如何穿出大长腿？""厨房油烟排不出去的 3 个解决方法。"如图 64 所示。

图 64

模版 10：自我检测型

例如，"能回答上来这 10 个问题的都是人中龙凤"。"会这 5 个技巧你就是车行老司机。""智商过百都不一定能解对这个谜题。"

模版 11：独家揭秘型

例如，"亲测好用的快速入睡方法。""我家三世大厨的秘制酱料配方。""很老但很有用的老偏方。"

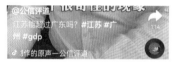

图 65

模版 12：征求答案型

例如，"你能接受的彩礼钱是多少？""年入 30 万应该买个什么车？""留学的性价比现在还高吗？"如图 65 所示。

模版 13：绝对肯定型

例如，"这个治疗鼻炎的小偏方特别管用。""如果再让你选择一次职业，一定不要忘记看看过来人的经验。""这个小玩具不大但真的减压。"如图 66 所示。

图 66

模版 14：羊群效应型

例如，"大部分油性皮肤的人都这样管理肤质。""30 岁以下创业者大部分都上过这个财务课程。"

模版 15：罗列数字型

例如，"中国 99 个 4A 级景区汇总。""这道小学数学题 99.9% 的人解题思路是错的。"如图 67 所示。

图 67

获取优秀短视频文案的两种方法

在手机端提取优秀文案的方法

如果希望快速获得大量的短视频文案，然后再统一进行研究，建议使用"轻抖"小程序的"文案提取"功能。具体操作方法如下。

（1）进入抖音，点击目标短视频右下角的➡图标。

（2）在打开的界面中点击"复制链接"按钮。

（3）进入微信，搜索并进入"轻抖"小程序，并点击"文案提取"选项。

（4）将复制的链接粘贴至地址栏，并点击"一键提取文案"按钮。

在计算机端获取 2 万条文案的技巧

目前在计算机端还没有专门通过链接提取视频文案的工具，但却有一个能够一次性获得海量文案的方法，具体操作步骤如下。

（1）进入巨量创意网站 https://cc.oceanengine.com/，单击"工具箱"选项卡，再单击"脚本工具"选项，如图 68 所示。

图 68

（2）在"脚本工具"页面中，通过选择或搜索不同的领域、关键词，即可找到大量可供借鉴学习的脚本，如图 69 所示。

图 69

截至 2021 年 12 月 23 日，在这个页面上总共可以搜索到共 225240 条脚本文案，相信一定能够满足绝大部分创作者的需求。

同质文案误区

虽然使用前面讲述的方法可以快速采集对标账号短视频的文案。但这些文案绝对不可以直接照搬照套，否则不仅不利于树立账号的形象与人设，而且也很容易被抖音的大数据算法捕获。

抖音安全中心在 2022 年 1 月上线了"粉丝抹除""同质化内容黑库"两项功能，如图 70 所示。

当检查到如图 71、图 72、图 73 所示的同质化抄袭文案短视频时，将通过这两项功能，从账号上自动减除此短视频吸引的粉丝，并对账号进行降权处理。

所以，如果感觉一个文案还不错，要对文案加以编辑润饰，最好在理解后利用自身的特色进行创新。

图 70

图 71

图 72

图 73

短视频音乐的两大类型

抖音短视频之所以让人着迷，一是因为内容新颖别致，一是由于有些短视频有非常好听的背景音乐，而有些短视频有奇趣搞笑的音效铺垫。想要理解音乐对抖音的重要作用，一个简单的测试方式就是，看抖音时把手机调成静音模式，相信那些平时让你会心一笑的短视频，瞬间会变得索然无味。所以提升音乐素养是每一个内容创作者的必修课。

抖音短视频的音乐可以分为两类，一类是背景音乐，另一类是音效。

背景音乐又称伴乐、配乐，是指短视频中用于调节气氛的一种音乐，能够增强情感的表达，让观众有身临其境的感受。原本普通平淡的视频素材，配上恰当的背景音乐，音乐中的情绪感染力就能让短视频给人不一样的感觉。例如，火爆的张同学的短视频风格粗犷简朴，但仍充满对生活的热爱。这一特点与其使用带有男性特点气质奔放的背景音乐 Aloha Heja He 契合度就很高。

使用剪映制作短视频时，可以直接选择各类音效，如图74 所示。

图 74

音效是指利用声音创作的效果，用于增进画面真实感、气氛或戏剧性效果，比如常见的快门声音、敲击声音，以及综艺节目中常用的爆笑声音等，都是常用的音效。

使用剪映制作短视频时，可以直接选择各类音效，如图75 所示。

图 75

让背景音乐与短视频匹配的 4 个关键点

情绪匹配

如果短视频的主题是气氛轻松愉快的朋友聚会，背景音乐显然不应该是比较悲伤或太过激昂的，而应该是轻松愉快的钢琴曲或流行音乐，如图 76 所示。在情绪匹配方面，大部分创作者其实都不会出现明显的失误。

当短视频选择匹配的音乐出现失误时，可能是因为有些音乐具有多重情绪，至于会激发听众哪一种情绪，取决于听众当时的心情。所以对于这一类音乐，如果没有较高的把握，应该避免使用，多使用那种情绪倾向非常明确的背景音乐。

节奏匹配

所有的音乐都有非常明显的节奏和旋律，在为短视频选择匹配的音乐时，最好通过后期剪辑技术，使音乐的节奏与短视频画面的运镜或镜头切换节奏相匹配。

这方面最典型的案例就是在抖音上火爆的卡点短视频，所有能够火爆的卡点短视频，都能够使短视频画面完美匹配音乐节奏，随着音乐变化切换短视频画面，如图 77 所示为可以直接使用的剪映卡点模板。

高潮匹配

几乎每首音乐在旋律上都有高潮，在选择背景音乐时，如果音乐时长远短超过视频的时长，那么从头播放音乐，则音乐还没有播放到最好听的高潮部分，短视频就结束了。这样显然就起不到用背景音乐为短视频增光添彩的作用，所以在这种情况下要对音乐进行截取，以使音乐最精华的高潮部分与短视频的转折部分相匹配。

风格匹配

简单来说，就是背景音乐的风格要匹配短视频的时代感。例如，一条无论是场景还是出镜人物都非常时尚的短视频，显然不应该用古风背景音乐。

古风类短视频与古风背景音乐搭配显然更加协调，如图 78 所示。

图 76

图 77

图 78

为短视频配音的 4 个方法

以电影解说为代表的许多短视频都需要专业的配音解说,这一工作可以由专业的配音员完成,也可以通过计算机、AI 技术利用专业的软件完成,尤其是后者具有价格实惠、音色多变、质量高的优点。下面讲解包括自己录制配音在内的常用配音方法。

用剪映"录音"功能配音

通过剪映的"录音"功能,可以通过录制人声为视频进行配音,具体方法如下:

(1)如果在前期录制视频时录下了一些杂音,那么在配音之前,需要先将原视频的声音关闭,否则会影响配音效果。

选中待配音的视频后,点击界面下方"音量"选项,并将其调整为 0,如图 79 所示。

(2)点击界面下方"音频"选项,并选择"录音"功能,如图 80 所示。

图 79

图 80

(3)按住界面下方的红色按钮,即可开始录音,如图 81 所示。

(4)松开红色按钮,即完成录音,其音轨如图 82 所示。

图 81

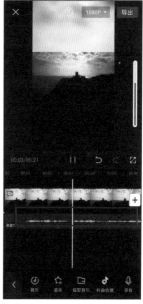

图 82

用剪映实现 AI 配音

许多人刷抖音教学类、搞笑类、影视解说类短视频时，总是会听到熟悉的女声或男声，这些声音其实就是通过前面所讲述的 AI 配音功能获得的。下面讲解如何使用剪映获得此类配音。

（1）选中已经添加的文本轨道，点击界面下方的"文本朗读"选项，如图 83 所示。

（2）在弹出的选项中，选择喜欢的音色，比如选择"小姐姐"音色，如图 84 所示。简单两步，视频中就会自动出现所选文本的语音。

（3）利用同样的方法，即可让其他文本轨道也自动生成语音。

（4）此时会出现一个问题，相互重叠的文本轨道导出的语音也会互相重叠。此时切记不要调节文本轨道，而是要点击界面下方的"音频"选项，可以看到已经导出的各条语音轨道，如图 85 所示。

图 83

图 84

图 85

（5）只需让语音轨道彼此错开，不要重叠，就可以解决语音相互重叠的问题，如图 86 所示。

（6）如果希望实现视频中没有文字，但依然有"小姐姐"音色的语音，可以在生成语音后，将相应的文本轨道删掉；或者生成语音后，选中文本轨道，点击"样式"选项，并将"透明度"设置为 0 即可，如图 87 所示。

图 86

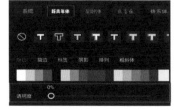

图 87

使用 AI 配音网站配音

进入讯飞配音、牛片网、百度语音开放平台等网站，也可以实现根据输入的文本内容，生成 AI 语音的功能，具体方法如下：

（1）以牛片网为例，进入该网站 https://www.6pian.cn/，单击"在线配音"菜单，如图 88 所示。

图 88

（2）设置所需配音的类型，如图 89 所示。此处设置得越详细，就越容易找到满足需求的语音。

图 89

（3）将鼠标悬停在某种配音效果上，点击 ▶ 图标即可进行试听。若要选择该配音，点击"做同款"按钮即可，如图 90 所示。

图 90

（4）输入配音文案后，可调整语速。

需要注意的是，语速提高过多可能导致声音出现变化，所以务必单击界面下方的 ▶ 图标进行试听。确认无误后，再单击"提交配音"按钮，如图 91 所示。

（5）配音完毕后，下载"干音 - MP3"即可得到配音音频文件。

（6）打开计算机端专业版剪映，依次单击"音频""音频提取""导入"选项，将刚下载的 MP3 文件导入即可。

图 91

使用 AI 配音程序配音

除了前面介绍的配音方式一些软件或小程序也可以实现配音的目的，下面介绍 3 款。

AI 配音专家

这款软件支持 Windows 和 Mac 双系统，目前包含 40 多种配音效果，如图 92 所示。同时，还内置了数十款背景音，可以让用户有更多的选择。

大家可前往脚本之家网站，搜索"AI 配音专家"进行下载。

图 92

智能识别

该款软件仅支持 Windows 系统，无须安装，解压后即可使用。

其中有小部分配音是免费的，其余则需要付费使用。该软件包含 100 多种发音，如图 93 所示。

图 93

配音神器 pro

微信搜索"配音神器 pro"小程序。打开后点击"制作配音"按钮，即可输入文本并选择近百种语音，如图 94 所示。

图 94

用抖音话题增加曝光率

什么是话题

在抖音短视频的标题中，#符号后面的文字被称为话题，其作用是便于抖音归类短视频，并且便于观众在点击话题后，快速浏览同类话题的短视频。如图95所示的标题中含有健身话题。

所以，话题的核心作用是分类。

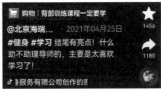

图95

为什么要添加话题

添加话题有两个好处。

（1）便于抖音精准推送短视频。由于话题是比较重要的关键词，因此抖音会依据短视频标题中的话题，将其推送给浏览过此类话题的人群。

（2）便于获得搜索浏览。当观众在抖音中搜索某一个话题时，添加此话题的短视频均会显示在短视频列表中，如图96所示。如果在这个话题下自己的短视频较为优质，就会出现在排名较靠前的位置，从而获得曝光机会。

图96

如何添加话题

在手机端与计算机端均可添加话题。两者的区别是，在计算机端添加话题时，系统推荐的话题更多、信息更全面，这与手机屏幕较小、显示太多信息会干扰发布短视频的操作有一定关系，所以下面以计算机端为主讲解发布短视频添加话题的相关操作。

在计算机端抖音创作服务平台上传一条短视频后，抖音会根据短视频中的字幕与声音自动推荐若干个标题，如图97所示。

图97

由于大多数情况下推荐的话题不够精准，因此可以输入短视频的关键词，以查看更多推荐话题，如图98所示。

图98

可以在标题中添加多个话题，但要注意每个话题均会占用标题文字数量。如图 99 所示的几个话题占用 58 个字符。

话题选择技巧

在添加话题时，不建议选择播放量已经十分巨大的话题。除非对自己的短视频质量有十足的信心。

图 99

播放量巨大的话题，意味着与此相关的短视频数量极为庞大。即使有观众通过搜索找到了话题，看到自己短视频的概率也比较小。因此，不如选择播放量级还在数十万或数万的话题，以增加曝光概率。

例如，"静物摄影"的播放量已达 1.3 亿，因此不如选择"静物拍摄"话题，如图 100 所示。

图 100

话题创建技巧

虽然抖音上的内容已经极其丰富，但仍然存在大量空白话题，因此可以创建与自己的短视频内容相关的话题。

例如，笔者创建了一个"相机视频说明书"话题，并在每次发布相关短视频时，都添加此话题，经过半个月的运营，话题播放量达到了近 140 万，如图 101 所示。

同理，还可以通过"地域＋行业"的形式创建话题，并通过不断发布短视频，使话题成为当地用户的一个搜索入口，如图 102 所示。

图 101

图 102

制作短视频封面的 4 个关键点

充分认识封面的作用

如前所述，一个典型粉丝的关注路径是看到视频→点击头像打开主页→查看账号简介→查看短视频列表→点击关注。

在这个操作路径中，主页装修质量在很大程度上决定了粉丝是否要关注此账号，因此每一个创作者都必须格外注意自己短视频的封面在主页上的呈现效果。

整洁、美观是最低要求，如图 103 所示，如果能够给人个性化的独特感受则更能加分。

抖音短视频封面的尺寸

如果短视频是横画幅画面，则对应的封面尺寸最好是 1920 像素 ×1080 像素。如果是竖画幅画面，则应该是 1080 像素 × 1920 像素。

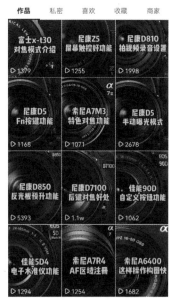

图 103

封面的动静类型

动态封面

如果在手机端发布短视频，点击"编辑封面"选项后，可以在短视频现有画面中进行选择，如图 104 所示，生成动态封面。

这种封面会使主页显得非常零乱，不推荐使用。

静止封面

如果通过计算机端的"抖音创作服务平台"上传短视频，则可以通过上传封面的方法制作出风格独特或有个人头像的封面。这样的封面有利于塑造个人 IP 形象，如图 105 所示。

图 104

封面的文字标题

在上面的示例中，封面均有整齐的文字标题，但实际上，并不是所有的抖音短视频都需要在封面上设计标题。对于一些记录生活搞笑片段的账号，或者以直播为主的抖音账号，如罗永浩，其主页的短视频大多没有文字标题。

如何制作个性封面

有设计能力的创作者，除了使用 Photoshop，还可以考虑使用类似搞定设计（https://www.gaoding.com/）、创客贴（https://www.chuangkit.com/）、包图网（https://ibaotu.com/）等可提供设计源文件的网站，通过修改设计源文件制作出个性的封面。

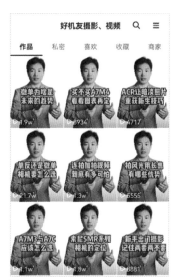

图 105

第 4 章

掌握运营技巧
快速涨粉

抖音考量短视频互动率的底层逻辑

什么是短视频互动率

短视频互动率是指一条短视频的完播率，以及评论、点赞和转发量。这些数据反映出了观众对短视频的喜爱程度，以及与短视频创作者的互动频次。

最直观的体现就是短视频播放界面显示的各项数字，如图1所示。

很显然，像这样点赞量达到223.5万的短视频，一定是播放量达到数千万的爆款短视频，而一条由新手发布的短视频，各项数据基本上都在200～500。

所以，通过分析短视频互动数据，各条短视频的质量高下立判。

图1

为什么要考量短视频互动率

抖音考量短视频完播率、评论及点赞量，从表面来看是为了以此为依据，给用户推荐更多的优质短视频。但从平台底层逻辑来看，其实考量的是这条短视频能为抖音拉住多少人，以及让这些用户留在抖音里多长时间。

在如图2所示的这些短视频平台中，竞争的焦点是国民总时间。简单地说，14亿中国人，每天上网的总时间就是24小时×14亿。每一个看短视频的用户不是看A平台，就是看B平台。A平台的创作达人能够把观众多留在A平台一分钟，B平台就少一分钟。

从商业角度来看，如果A平台想要做大、做强，就需要在不突破底线的情况下，使用各种方法激励内容创作者用各种内容把人留在平台内部。所以，无论平台考核规则如何变化，还是推出以前没有见过的新的考核指标，只要明白了这个底层逻辑，创作者就知道应该如何应对了。

图2

用4个方法提升短视频完播率

认识短视频完播率

一条短视频如果想获得更多的流量，必须关注"完播率"这个数据指标，那么，什么是"完播率"呢？

如果直接说"某条短视频的完播率"，就是指"看完"这条短视频的人占所有"看到"这条短视频的人的比值。但随着短视频运营的精细化，关注不同时间点的完播率其实更为重要，如"5秒完播率""10秒完播率"等。

将一条短视频所有时间点的完播率汇总起来后，就会形成一条曲线，即"完播率曲线"。点击曲线上的不同位置，就可以显示出当前时间点的完播率，即"看到该时间点的观众占所有观众的百分比"，如图3所示。比如，一条短视频到了30秒还有90%的人在看，30秒的完播率就是90%；到了60秒还有40%的人在看，那么60秒的完播率就是40%。

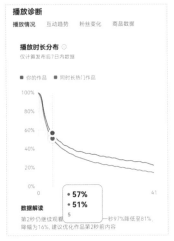

图3

如果短视频的完播率曲线（你的作品）整体处于"同时长热门作品"的完播率曲线（蓝色）上方，则证明这条短视频比大多数热门短视频都更受欢迎，自然也会获得更多的流量倾斜。相反，如果该曲线处于蓝色曲线下方，则证明完播率较低，需要找到完播率大幅降低的时间点，并对内容进行改良，争取留住观众，整体提升完播率曲线。

下面介绍4种提高短视频完播率的方法。

缩短视频时长

对于抖音而言，视频时间长短并不是判断视频是否优质的标准，长视频也可能是"注了水"的，而短视频也可能是满满的"干货"，所以视频长短对平台来说没有意义，完播率对平台来说才是比较重要的判断依据。

在创作短视频时，10秒钟能够讲清楚的事情，或者能够表现清楚的情节，绝对不要拖到12秒，哪怕多一秒钟，完播率数据也可能会下降1%。

抖音刚刚上线时，每条短视频最长只有15秒，但即使是15秒的时间，也成就了许多短视频大号，因此15秒其实就是许多短视频的最长时长，甚至很多爆款短视频的时长只有7~8秒。

如图4所示，这是一条通过吸引观众玩游戏来获得收益的短视频，其时长只有8秒，力求通过最短的时间展现游戏的趣味性。

图4

因果倒置

所谓因果倒置，其实就是倒叙。这种表述方法无论是在短视频创作中还是在大电影的创作过程中都十分常见。

例如，在很多电影中经常看到，刚开始就是一个看起来让人非常紧张的情节，比如某个人被袭击，然后采取字幕的方式将时间向回调几年或一段时间，再从头开始讲述这件事情的来龙去脉。

在创作短视频时，其实也是同样的道理。短视频刚开始时首先抛出结果，比如图 5 所示的"一条视频卖出快 200 万的货，抖音电商太强大了"。把这个结果（或效果）表述清楚以后，充分调动粉丝的好奇心，然后再从头讲述。

图 5

将标题写满

很多粉丝在观看短视频时，并不会只关注画面，也会阅读这条短视频的标题，从而了解这条短视频究竟讲了哪些内容。

标题越短，粉丝阅读标题所花费的时间就越少；反之，如果标题过长，那么粉丝阅读标题的时间就越多，粉丝留在此条短视频的时间就越长。此时，如果所制作的短视频本身就不长，只有几秒钟时间，那么当粉丝阅读完标题后，可能这条短视频就已经播完了，采用这种方法也能够大幅度提高完播率，如图 6 所示。

图 6

表现新颖

无论是现在正在听的故事还是看的电影，里面发生的事情可能在其他的地方已经看过或了解了，那么为什么人们还会去听或看呢？就是因为他们的画面表现风格是新颖的。

在创作一条短视频时，一定要思考是否能够运用更新鲜的表现手法，或者画面创意来提高短视频的完播率。比如图 7 所示就是通过一种新奇的方式来自拍的，自然会吸引观众。

图 7

用配角提升完播率的技巧

短视频的流量上不去，有可能就是缺了一个好的配角。正所谓"红花还要绿叶衬"，合适的配角能够为短视频增色不少，能够帮助你拉开与同类短视频的距离。

都是讲美食的知识类播主，大家的核心内容其实拉不开太大的差距，但如果某个创作者有一个好的配角，而别人没有，就能够拉开差距。

例如，在拍摄视频时，旁边有一只不太乖的萌宠，这个小家伙就有可能给你的视频带来偶发性的小喜剧。

例如，图 8 所示的短视频中拍摄的是时装秀 T 台，一只猫咪的加入，立刻使这条短视频有了讨论的话题点，如图 9 所示。

如图 9 所示的评论区，表明许多粉丝对于这样的配角表现出超出寻常的关心。

此外，在视频里面增加高颜值的配角，也是一个非常好的方法。如图 10 所示的短视频里面，前景被模糊处理的人物是主播，而背景非常清晰的颜值高的女生其实是视频配角。但是，毫无疑问，在看到这条短视频的时候，大多数人的第一眼都会被颜值高的女生所吸引，从而提高了短视频的完播率。

如果没有这样的高颜值配角，也可以采取在画面局部放小窗口的方法，如图 11 所示。

图 8

图 9

图 10

图 11

两句让短视频完播率翻倍的文案

有两句话几乎能在大部分口播类短视频中听见，因为这两句话能让短视频完播率翻倍：

"这件事有三个原因，最后一个最重要，一定要看完。"

"你一定要看到视频最后，我会告诉你答案。"

这两句话看起来很简单，但只要口播演讲者语气坚定，短视频文案结构设计得好，并且把有价值的答案放在短视频的后面，就能引导大家看到最后，从而提升短视频完播率。

在具体使用过程中，前半句话可以根据短视频的内容做适当变换，基本原理是前半句话圈定人群或给出具体场景，如图12所示。

图 12

除了这两句话，经常被用到的还有另外一句话：

"总结的表格在视频最后，请大家截图保存。"

这句话的要点跟前面的话其实是一样的，都是通过话术引导粉丝观看到最后，从而提升短视频的完播率，如图13所示。

使用这种方法一定要确保短视频的最后有非常棒的干货，否则上过当的粉丝下一次就会直接滑走。

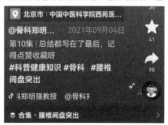

图 13

用 7 个技巧增加短视频评论量

用观点引发讨论

这种方法是指在短视频中提出观点，引导粉丝进行评论。比如，可以在短视频中这样说："关于×××问题，我的看法是这样子的，不知道大家有没有别的看法，欢迎在评论区与我互动交流。"

在这里，要衡量自己的观点或自己准备的那些评论是否能够引起观众讨论。比如，在摄影行业，大家经常会争论摄影前期和后期哪个更重要，那么以此为主题做一期视频，必定会有很多观众进行评论。又比如，佳能相机是否比尼康相机好，索尼的视频拍摄功能是否比佳能相机视频拍摄功能强大？去亲戚家拜访能否空着手？女方是否应该收彩礼钱？结婚是不是一定要先有房子？中美基础教育谁更强？首先，这些问题的关注度很高；其次，这些问题本身也没有什么特别标准的答案，因此能够引起大家的广泛讨论。

利用"神评论"引发讨论

自己先准备几条"神评论"，当短视频发布一段时间后，利用自己的小号发布这些"神评论"，引导其他观众在这些评论下进行跟帖交流。如图 14 所示的评论获得了 10.3 万的点赞量，如图 15 所示的评论获得了 58.4 万的点赞量。

图 14

图 15

在评论区开玩笑

在评论区开玩笑即在评论区通过故意说错或算错，引发观众在评论区进行追评。

如图 16 和图 17 所示的评论区，创作者发表了 $100 \times 500 = 50$ 万的评论，引发了大量粉丝追评。

图 16

图 17

留破绽诱发讨论

另外，也可以在短视频中故意留下一些破绽，比如故意拿错什么、故意说错什么，或者故意做错什么，从而留下一些能够让观众吐槽的点。

因为绝大部分粉丝都以能够为短视频纠错而感到自豪，这是证明他们能力的一个好机会。当然，这些破绽不能影响短视频主体的质量，包括人设。

如图18所示的视频，由于透视问题引起了很多观众在评论区讨论；如图19所示的短视频则是主播故意将"直播间"说成了"直间播"，引发观众在评论区讨论。

图 18

图 19

在视频里引导评论分享

在视频里引导分享即在短视频里通过语言或文字引导观众将视频分享给自己的好友观看。

如图20和图21所示为一个美容灯的短视频评论区，可以看到，大量观众@自己的好友。

而这条短视频也因此获得了高达4782条评论、19万点赞与4386次转发，数据可谓爆表。

图 20

图 21

在评论区发"暗号"

在评论区发"暗号"即在短视频里通过语言或文字引导观众在评论区留下暗号。如图22所示的短视频要求粉丝在评论区留下软件名称"暗号"。

如图23所示为粉丝在评论区发的"暗号"，使用此方法不仅获得了大量评论，而且还收集了后续可进行针对性精准营销相关课程的用户信息，可谓一举两得。

图22

图23

在评论区刷屏

创作者也可以在评论区发布多条评论，如图24所示。

这种方法有3个好处。

首先，自己发布多条评论后，在短视频浏览界面，评论数就不再是0，具有吸引观众点击评论区查看和发表评论的作用。

其次，发布评论时要针对不同的人群，以覆盖更广泛的人群。

最后，可以在评论区写下在短视频中不方便表达的销售或联系信息，如图25所示。

图24

图25

利用《疯传》中的 5 大原则提升转发率

什么是短视频流量的发动机

任何一个平台的任何自媒体内容，要获得巨量传播，观众的转发可以说是非常重要的助推因素，是内容流量的发动机。

例如，对于以文章为主要载体的公众号来说，阅读者是否会将文章转发到朋友圈，决定了这个公众号的文章是否能获得"10 万 +"的浏览量，以及涨粉速度是否快。

对于以短视频为载体的抖音平台来说，观众是否在短视频评论区 @ 好友来观看，是否下载这条短视频转发给朋友，决定了短视频是否能获得更多流量，被更多人看见。

所以，单纯从传播数据来看，自媒体内容优化标题、内容、封面的根本出发点之一就是获得更高的转发量。

什么决定了转发量

为什么有些短视频的转发量很高，而有些短视频没有几个人转发？这个问题的答案是媒体"内容"本身造成了转发量的天壤之别。

无论出于什么样的目的，被转发的永远是内容本身。每一个媒体创作者在构思内容、创作脚本时，无论是以短视频为载体，还是以文字为载体，都要先问自己一个问题："如果我是读者，是否会把这条短视频（这篇文章）转发到自己的朋友圈，推荐给自己的同事或亲朋好友呢？"只有在得到肯定的答案后，才值得花更多的时间去进行深度创作。

大众更愿意转发什么样的内容

除了抒发自己的所思所想，每一个创作者创作的内容都是希望被更多的人看到，因此必须考虑这些人是否会转发自己发布的内容，以及创作什么样的内容别人才更愿意转发。

关于这个问题的答案，在不同的时代及社会背景下可能有所不同，但却有一些基本的共同原则。沃顿商学院的教授乔纳·伯杰在他的图书《疯传》中进行了列举，依据这些原则来创作内容，大概率能获得更高的传播率。

让内容成为社交货币

如果将朋友圈当成社交货币交易市场，那么每个人分享的事、图片、文章、评论都会成为衡量这个社交货币价值的重要参数。朋友们能够通过这个参数，对这个人的教养、才识、财富、阶层进行评估，继而得出彼此之间的一种对比关系。

这也是为什么社会上有各种组团（AA 制），在各大酒店拍照、拍视频的"名媛"。

又例如，当你分享的短视频内容是"看看那些被塑料袋缠绕而变得畸形的海龟、锁住喉咙的海鸟，这都是人类一手造成的。从我做起，不用塑料袋。"大家就会认为你富有爱心，有环保意识。

当你不断分享豪车、名包时，大家在认为你有钱的同时，也会认为你的格调不高。

当观众看到你创作的内容，并判断在分享了这些内容后，能让别人觉得自己更优秀、与众不同，那么这类内容选题就是值得挖掘的。

让内容有情绪

有感染力的内容经常能够激发人们的即时情绪，这样的内容不仅会被大范围谈论，更会被大范围传播，所以在创作短视频时需要通过一些情绪事件来激发人们分享的欲望。

研究表明，如果短视频有以下5种强烈的情绪：惊奇、兴奋、幽默、愤怒、焦虑，都比较容易引起人们转发。

其中比较明显的是"幽默"情绪，在任何短视频平台，一条能让人会心一笑的幽默短视频，比其他类型的短视频至少高35%的转发率。所以在所有短视频平台，除了政府大号，幽默搞笑垂直细分类型的账号粉丝量最高。

但是，需要注意的是，这类账号的变现能力并不强。

让内容有正能量

国内所有短视频平台发布的短视频对人们的引导都是正向的。例如，抖音的宣传口号就是"记录美好生活"，所以正能量内容的短视频更容易获得平台的支持与粉丝的认可。

例如，2021年大量有关于鸿星尔克的短视频，轻松就能获得几十万甚至过百万的点赞与海量转发，如图26所示。就是因为这样的短视频具有积极的正能量。

图 26

让内容有实用价值

"这样教育出来的孩子，长大了也会成为巨婴。""如果重度失眠，不妨听听这三首歌，相信很快就会入睡。"看到这样的短视频内容，是不是也想马上转给身边的朋友？要想提高转发率，一个常用的方法就是短视频要讲干货。

让内容有普世价值

普世价值泛指那些不分地域，超越宗教、国家、民族，任何有良知与理性的人，都认同的理念。例如，爱、奉献、不能恃强凌弱等。

招商银行曾经发布一条名为"世界再大，大不过一盘番茄炒蛋"的短视频，获得过亿播放量与评审团大奖，如图27所示，就是因为这条短视频有普世价值。短视频的内容中是一位留学生初到美国，参加一个聚会，每个人都要做一个菜。他选了最简单的番茄炒蛋，但还是搞不定，于是向远在中国的父母求助。父母拍了做番茄炒蛋的视频指导他，下午的聚会很成功。他突然意识到，现在是中国的凌晨，父母为了自己，深夜起床，进厨房做菜。

很多人都被这条视频打动，留言区一片哭泣的表情符号。

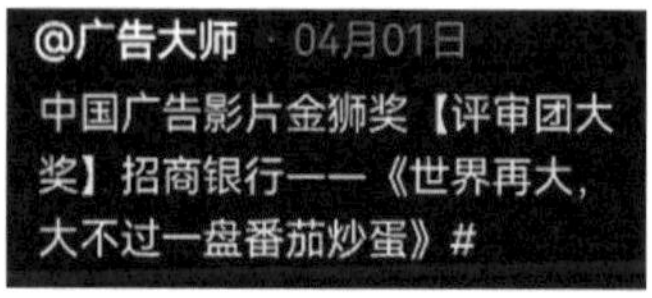

@广告大师 · 04月01日

中国广告影片金狮奖【评审团大奖】招商银行——《世界再大，大不过一盘番茄炒蛋》#

图 27

利用投票提升互动率

无论是在图文公众号领域，还是在视频媒体领域，投票都是一种可以反复使用，提升粉丝互动率的有效手段。

创作者可以在视频中引入争议性话题或需要选择的内容，引导粉丝投票，以提升视频的互动数据。

下面讲解具体操作方法。

（1）打开抖音 App，点击加号拍摄视频或选择成品视频，如图 28 所示。

（2）点击右侧的白色向下箭头，显示贴纸小图标，如图 29 所示。

（3）点击贴纸小图标，进入贴纸功能选择界面，如图 30 所示。

（4）选择投票，并输入投票问题及选项，如图 31 所示，点击视频右上方的"完成"按钮。

（5）将投票区拖到视频中合适的位置，如图 32 所示，点击"下一步"按钮。

（6）设置视频发布参数，点击"发布"按钮，则可完成带投票视频的发布，如图 33 所示。

图 28

图 29

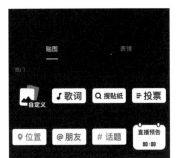

图 30

图 31

图 32

图 33

发布短视频的 4 大技巧

发布短视频的位置添加技巧

发布短视频时选择添加位置有两点好处。

第一，如果创作者本身有实体店，可以通过发布短视频为线下的实体店引流，增加同城频道的曝光机会。

第二，通过将位置定位到粉丝较多的地域，可以提高粉丝观看到该短视频的概率。例如，通过后台分析发现自己的粉丝多为广东省的粉丝，在发布短视频时，可以把位置定位到广东省某一个城市的某一个商业热点区域。

在手机端发布短视频时，可以单击"你在哪里"选项直接输入需要定位的位置。

在计算机后台发布短视频时，可以"添加标签"下选择"位置"选项，并且输入希望定位的新位置，如图34所示。

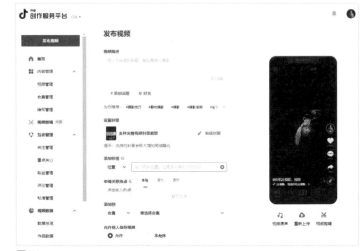

图 34

是否开启保存选项

如果没有特别的原因，不建议关闭"允许他人保存视频"选项，因为下载数量也是考量短视频是否优质的一个重要标准。计算机端设置如图35所示。

图 35

需要注意的是，在手机端发布短视频时没有此选项，需要在完成发布后选择短视频，点击右下角的"权限设置"选项，然后选择"高级设置"选项，如图36所示，再关闭"允许下载"选项，如图37所示。

图 36

图 37

同步发布短视频的技巧

如果已经开通了今日头条与西瓜视频账号，可以在抖音发布短视频时同步到这两个平台上，从而使一条短视频能够获得更多的流量。

尤其值得一提的是，如果发布的是横画幅的短视频，而且时长超过了一分钟，那么在发布短视频时，如果同步到了这两个平台，还可以获得额外的流量收益。

在手机端发布短视频时，可以在"高级设置"选项中开启"同步至今日头条和西瓜视频"开关，如图 38 所示。

在计算机后台发布短视频时，可以开启"同步至其他平台"开关，如图 39 所示。

图 38

图 39

定时发布短视频的技巧

如果运营的账号有每天发布短视频的要求，而且有大量可供使用的短视频，建议使用计算机端的定时发布短视频功能，如图 40 所示。

发布短视频的时间可以预定为 2 小时后至 7 天内。

需要注意的是，手机端不支持定时发布功能。

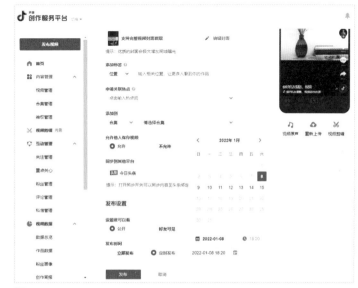

图 40

找到发布短视频的最佳时间

相信大家都发现了，同一类短视频，质量也差不多，然而在不同的时间发布，其播放量、点赞量、评论数等数据均会发生较大变化。这也从侧面证明了，发布时间对于一条短视频的流量是有较大影响的。那么，何时发布短视频才能获得更高的流量呢？下面将从周发布时间和日发布时间两方面进行分析。

对每周发布短视频的时间进行分析

如果可以保证稳定的视频输出，当然最好周一到周日，每天都能发布一条甚至两条短视频。但作为个人短视频创作者而言，这个制作量是很难实现的。因此就要在一周的时间中有所取舍，一周中流量较低的那一天可以选择不发或少发。

笔者研究了一下粉丝数量在百万以上的抖音号，其在一周中发布短视频的规律，总结出3点经验。

》周一发布短视频频率较低。究其原因是周一大多数人会开始准备一周的新工作，经过周末的放松后，对于娱乐消遣需求降低。这也是许多公园、博物馆在周一闭馆的原因。

》周六、周日发布短视频频率较高。这是由于大多数人在周末有更多的时间消遣，打开抖音概率较高。

》周三也适合发布短视频。经过对大量抖音号发布短视频的频率进行整理后，笔者意外发现很多大号也喜欢在周三发布短视频。这可能是因为周三作为工作日的中间点，很多人会觉得过了周三，离休息日就不远了，导致流量也会升高。

但需要特别指出的是，这一规律只适合大部分粉丝定位于上班族的账号。如果账号定位于退休人员、全职宝妈、务农人员，则需要按本章后面讲解的分析方法，具体分析自己在哪一天发布短视频会得到更多的播放量。

对每天发布短视频的时间进行分析

相比每周发布短视频的时间，每天发布的时间其实更为重要。因为在一天的不同时段，用手机刷短视频的人数会有很大区别。经过笔者对大量头部账号发布时间进行分析，总结了3点经验。

》发布短视频的时间主要集中在17点－19点，大多数头部抖音账号都集中在17点－19点这一时间段发布短视频。其原因在于，抖音中的大部分用户都是上班族。而上班族每天最放松的时间就是下班后坐在地铁上或公交车上的时间。此时，很多人都会刷一刷抖音上那些有趣的短视频，缓解一天的疲劳。

》11点－13点也是不错的发布时间。首先强调一点，抖音上大部分的短视频都在17点－19点发布的，所以相对来说，其他时间段短视频的发布量都比较少。但中午11点－13点这个时间段也算是一个小高峰，会有一些账号选择在这个时间段发布。这个时间段同样是上班族的休息时间，可能有一部分人利用碎片时间刷一刷短视频。

》20点－22点更适合教育类、情感类、美食类账号发布短视频，17点－19点虽然刷短视频的人多，但大多数人都是为了休闲放松一下。吃过晚饭后，一些上班族为了提升自己，就会花一些时间看一些教育类的内容，而且家中的环境也比较安静，更适合学习。晚上也是很好的个人情绪整理时间，因此对于情感类短视频的需求增加。至于美食类账号则特别适合在22点左右发布短视频，因为这是传统的消夜时间。

用合集功能提升播放量

可以将内容相关的短视频做成合集，这样无论用户从哪一条短视频进来，都会在短视频的下方看到合集的名称，从而进一步点开合集查看所有合集，如图 41 和图 42 所示。

这就意味着每发布一期短视频都有可能带动之前所有合集中短视频的播放量。

要创建合集，必须在计算机端进行操作，可以用下面介绍的两种方法实现。

手动创建合集

在计算机端抖音创作服务平台的后台，点击左侧"内容管理"中的"合集管理"，进入合集管理页面，点击右上角的"创建合集"按钮。

根据提示输入合集的名称及介绍，并且将短视频加入合集即可完成，如图 43 所示。

自动创建合集

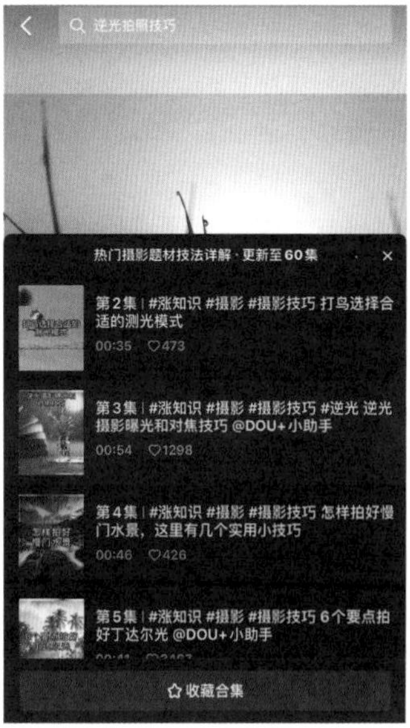

根据短视频的标题，抖音会自动生成不同短视频的合集，如图 44 所示。

点击进入这些合集后，可以按照提示为合集命名，并修改合集的封面。

所以，如果要按这种方法创建合集，一定要注意在发布短视频时标题要有规律。

图 41

图 42

图 43

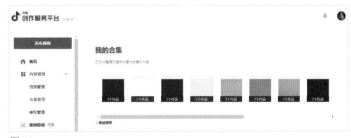

图 44

管理短视频提升整体数据的技巧

通过计算机端的后台不仅可以发布短视频，还可以点击右侧的"内容管理"选项对短视频进行管理，如图45所示，在其中进行恰当的操作也能提升账号或短视频的互动数据。

图45

置顶短视频

抖音可以同时置顶3条短视频，并且最后设置为"置顶"的短视频将成为主页的第一条短视频，另外两个则根据置顶顺序依次排列。

置顶的短视频一定要起到两个重要作用。

第一，彰显实力。通常将点赞、评论量高的作品置顶，可以让进入主页的观众第一时间看到该短视频，从而以最优质的内容吸引观众，进而使其关注账号，如图46所示。

第二，进一步增进观众对账号的认识，即通过3条置顶短视频解释以下3个问题："我是谁？""我能提供的产品与服务是什么？""我的产品与服务为什么更值得你信赖与选择？"如图47所示。

图46　　　　　　　　　　图47

设置权限

通过"设置权限"选项可以控制"哪些人能够看到此条短视频"，以及是否允许观众将该条短视频保存在自己的手机中。

如果发布的短视频数据不好或有其他问题，可以选择"仅自己可见"，以隐藏此条短视频。正是由于隐藏了大量数据不佳的短视频，因此很多大号主页的短视频普遍有上万点赞与评论。

删除短视频

对于一些在发布后引起了较大争议或确实有问题的短视频，可以将其删除。不建议大量删除已发布的短视频，取而代之的是应该采取隐藏操作。

关注管理与粉丝管理

互动管理包括关注管理、粉丝管理和评论管理。在"关注管理"界面中，可以查看该账号已关注的所有用户，并可直接在该页面中取消关注，如图 48 所示。

图 48

在"粉丝管理"界面中可以查看所有关注自己账号的粉丝，并且在该界面中可快速"回关"各个粉丝，如图 49 所示。

图 49

评论管理

要管理评论，首先要点击左侧功能列表中的"评论管理"选项，再点击右上角的"选择视频"按钮，查看某一条短视频下的评论。

在打开的列表中，不仅可以看到短视频的封面及标题，还可以直观地看到各条短视频的评论数量，方便选择有评论或评论数量较多的商品进行查看，如图 50 所示。

选择某条短视频后，评论即可显示在界面下方，创作者可以对其进行点赞、评论或删除等操作。

图 50

利用重复发布引爆账号的技巧

这里的重复发布不是指重复发布完全相同的短视频，而是指使用同样的脚本或拍摄思路，每天重复拍摄并大量发布的方法。

例如，账号"牛丸安口"每天发布的短视频只有两种，一种是边吃边介绍，另一种是边做边介绍，然后通过短视频进行带货销售，如图51所示。

这样的操作模式看起来比较机械、简单，也没有使用特别的运营技巧，但创作者硬是以这样的操作发布了15000多条短视频，创造了销售121万件的好成绩，如图52所示。

图 51

图 52

如图53所示的是另一个账号"@蓝BOX蹦床运动公园"，拍摄手法也属于简单重复的类型，甚至短视频都没有封面与标题，但也获得了133万粉丝，并成功地将这个运动公园推到了好评榜第5名的位置，如图54所示。

通过这两个案例可以看出，对于部分创作者来说，经过验证的脚本与拍摄手法是可以无限次使用的。

图 53

图 54

理解抖音的消重机制

什么是抖音的消重机制

抖音的消重机制是指当一个创作者发布短视频后,抖音通过一定的数据算法,判断这条短视频与平台现有的短视频是否存在重复。

如果这条短视频与平台中已经存在的某条短视频重复比例或相似度非常高,就容易被判定为搬运,这样的短视频得到的推荐播放量很低。

消重机制首先是为了保护短视频创作者的原创积极性与版权,其次是为了维护整个抖音生态的健康性。如果一个用户不断刷到内容重复的短视频,对这个平台的认可度就会大大降低。

抖音消重有几个维度,包括短视频的标题、画面、配音及文案。

其中比较重要的是短视频画面比对,即通过对比一定比例的两个或多个视频画面,来判断这些短视频是否是重复的,这其中涉及非常复杂的算法,不在本书的讨论范围之内,有兴趣的读者可以搜索短视频消重相关文章介绍。

如果一条短视频被判定为搬运,那么就会显示如图55所示的审核意见。

需要特别注意的是,由于是计算机通过算法来对比,因此有一定的误判概率,所以如果创作者确定短视频为原创,那么可以进行申诉,方法可以参考下面的内容。

图 55

应对抖音消重的两个实用技巧

虽然网络上有大量对短视频进行消重处理的软件,可以通过镜像视频、增加画面边框、更换背景音乐、叠加字幕、抽帧、改变视频码率、增加片头片尾、改变配音音色、缩放视频画面、改变视频画幅比例等技术手段,应对抖音的消重算法。

如果不是运营着大量的矩阵账号或通过搬运视频赚快钱,那么还是建议以原创为主。

对于新手来说,可能需要大量视频试错,培养抖音的运营经验。所以,这里提供两个能够应对抖音消重机制的视频制作思路。

第一,在录制视频时采用多机位。比如,用手机拍摄正面,用相机拍摄侧面。这样一次就可以得到两条画面完全不同的视频,注意在录制时要使用1拖2无线麦克风。

第二,绝大多数人在录制视频时,不可能一次成功,基本上都要反复录制多次。所以可以通过后期,将多次录制的素材视频混剪成为不同的视频片段。

抖音消重的实战检验

虽然从原理上与实践上来看，抖音的消重机制是客观存在的，但经过笔者多次实战检验，即便发布完全相同的视频，也有一些短视频仍然能够获得正常的播放量。

图 56

如图 56 所示的是笔者于2022 年 1 月 9 日发布在好机友摄影抖音号上的视频，1 天之内获得了 1.8 万观看与 248 个点赞。实际上，此视频曾于 2021 年 10 月 8 日发布于北极光摄影抖音号，并获得了 1.7 万观看与 335 点赞，如图 57 所示。

图 57

如图 58 所示的播放界面是笔者在北极光摄影抖音号计算机端管理后台，直接单击视频播放至第 30 秒时的界面。

如图 59 所示的播放界面是笔者在好机友摄影抖音号计算机端管理后台，直接单击视频播放至第 30 秒时的界面。

通过对比可见，两条视频的确完全相同。

图 58

笔者还曾进行过多次实验，结果表明，即便是完全相同的视频，有时也仍然能够获得正常推荐。

这个实验并不是鼓励大家多发重复的视频，而是说明只要是算法就有不可控因素，如果某条精心制作的视频没有火爆，不妨隐藏后再多拍几次。如果直播时急需引流而又没有新的视频，不妨发一些老视频，也能起到小数量级引流的作用。

图 59

掌握抖音官方后台视频数据分析方法

对于自己账号的情况,通过计算机端抖音官方后台即可查看详细数据,从而对目前视频的内容、宣传效果及目标受众具有一定的了解。同时还可以对账号进行管理,并通过官方课程提高运营水平。下面首先介绍登录抖音官方后台的基本方法。

（1）在百度中搜索"抖音"，单击带有"官方"标志的链接即可进入抖音官网，如图 60 所示。

图 60

（2）单击抖音首页上方的"创作服务平台"选项。

（3）登录个人账号后，即可直接进入计算机端后台，如图 61 所示。默认打开的界面为后台首页，通过左侧的选项栏即可选择各个项目进行查看。

图 61

了解账号的昨日数据

在首页的"数据总览"一栏，可以查看视频"昨日"的相关数据，包括播放总量、主页访问数、视频点赞数、新增粉丝数、视频评论数、视频分享数共六大数据。

通过这些数据，可以快速了解昨日发布的视频的质量。如果昨日没有新发布的视频，则可以了解已发布视频带来的持续播放与粉丝转化等情况。

从账号诊断找问题

在左侧的功能栏中点击"数据总览"选项，可以显示如图 62 所示的界面。从这里可以看到抖音官方给出的，基于创作者最近 7 天上传视频所得数据的分析诊断报告及提升建议。

由此可以看出，对笔者打开的这个账号而言，投稿数量虽然不算低，但互动与完播指数仍显不足。

所以，可根据抖音官方提出的建议"作品的开头和结尾的情节设计很关键，打造独特的'记忆点'，并且让观众多点赞、留言，另外记得多在评论区和观众互动哦"来优化视频。

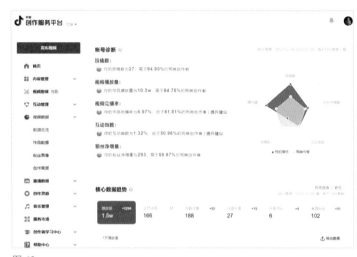

图 62

分析播放数据

在"核心数据趋势"模块，可以 7 天、15 天和 30 天为周期，查看账号的整体播放数据，如图 63 所示。

如果视频播放量曲线整体呈上升趋势，证明目前视频内容及形式符合部分观众的需求，保持这种状态即可。

如果视频播放量曲线整体呈下降趋势，则需要学习相似领域头部账号的内容制作方式，并在此基础上寻求自己的特点。

如果视频播放量平稳没有突破，表明创作者需要寻找另外的视频表现形式。

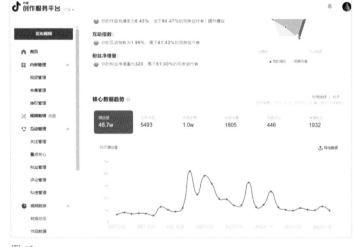

图 63

分析互动数据

在"核心数据趋势"模块，可以7天、15天和30天为周期，查看账号的"作品点赞""作品分享""作品评论"数据，如图64～图66所示，从而客观地了解观众对近期视频的评价。

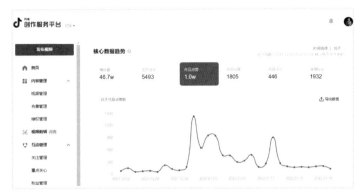

图 64

在这3个互动数据指标中，"作品分享"参考价值最高，"作品点赞"参考价值最低。

这是由于对粉丝来说，分享的参与度较高，能够被分享的视频通常是对粉丝有价值的。而点赞操作由于过于容易，所以从数据上来看，往往比其他两者高。从数据来看，粉丝净增量与分享量相近，而与点赞量相去较远。

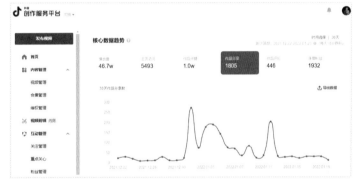

图 65

这也证明有价值的视频才更容易被分享，也更容易吸粉，所以本书中关于提升视频价值的内容值得每一位创作者深入研究。

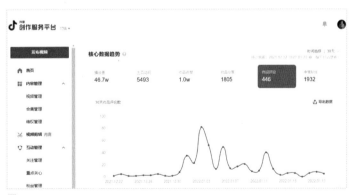

图 66

利用作品数据分析单一视频

如果说"数据总览"重在分析视频内容的整体趋势，那么"作品数据"就是用来对单一视频进行深度分析的。

在页面左侧点击"作品数据"选项，显示如图67所示的数据分析页面。

近期作品总结

在"作品总结"模块中，分别列出了近30天内,点赞量、评论数、完播率与吸粉量最高的4条视频。这有助于创作者分别从4个选题中总结不同的经验。

例如，对于点赞量最高的视频，是因为其画面唯美；完播率最高的视频是因为视频时长较短；播放量最高的视频是因为其选题与粉丝匹配度较高；吸粉量最高的视频是因为讲解的是非常有用的干货。

图 67

对作品进行排序

在"作品列表"模块中，可以对最近30天内发布的100条视频，按播放量、点赞量、吸粉量、完播率等数据进行排序，如图68所示，以便于创作者从中选择出优质的视频进行学习总结，或者作为抖音千川广告投放物料、DOU+ 广告投放吸粉视频。

因此，创作者应该每个月都对当月视频进行总结，因为相关数据仅能保留30天。

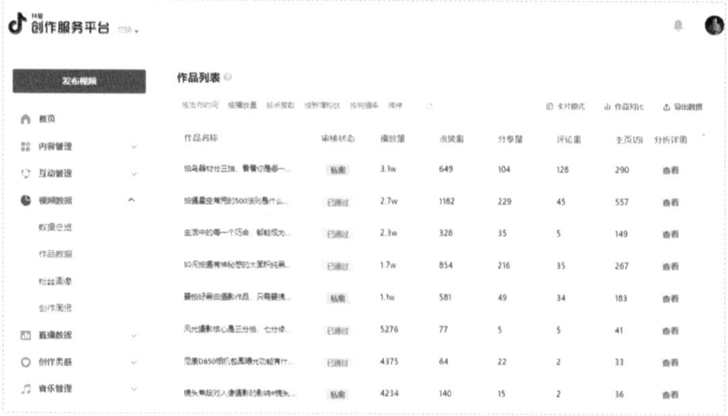

图 68

查看单一作品数据

在"作品列表"模块中，选择需要进一步分析的视频，然后点击右侧的红色"查看"按钮，显示如图69所示的界面。

在图69中可以进一步分析播放量、完播率、均播时长、点赞量、评论量、分享量、新增粉丝量等数据。

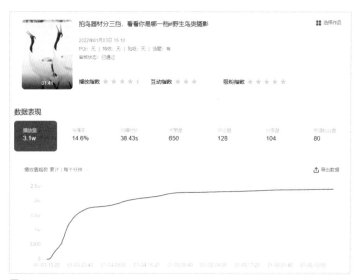

图69

在"播放量趋势"模块中，建议选择"新增"或"每天"选项，如图70所示，以直观地分析当前视频在最近一段时间的播放情况。多观察此类图表，有助于对视频的生命周期有更进一步的理解。

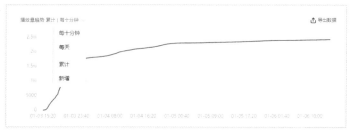

图70

向下拖动页面，可看到如图71所示的"观看分析"图表，分析当前视频观众的跳出情况。

需要指出的是，虽然系统提示"第2秒的跳出用户比例为15.01%，占比较高。建议优化第2秒的作品内容，优化作品质量"，但实际上，这个跳出率并不算高。这里显示的系统提示，只是一个以红色"秒数"为变量而自动生成的提示语句，实际参考意义不大。只有当第2秒的跳出用户比例超过50%，并且曲线起伏幅度较大时，此曲线才有一定的参考意义。

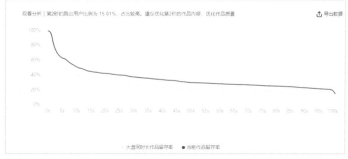

图71

通过"粉丝画像"更有针对性地进行创作

作为视频创作者，除了需要了解视频内容是否吸引人，还需要了解视频吸引到了哪些人，从而根据主要目标受众，有针对性地优化视频。

通过"创作服务平台"中的"粉丝画像"模块，可以对粉丝的性别、年龄、所在地域及观看设备等数据进行统计，便于创作者了解"粉丝"都是哪些人。

点击页面左侧的"粉丝画像"选项，显示如图 72 所示页面。

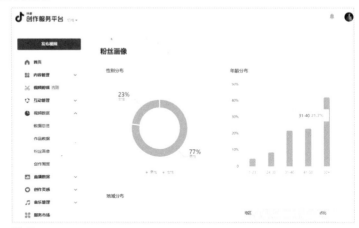

图 72

地域分布数据

通过"地域分布"数据，可以了解粉丝大多处于哪些省份，如图 73 所示，从而避免在视频中出现主要受众完全不了解或没兴趣的事物。

以图 73 为例，此账号的主要粉丝在沿海发达地区，如广东、山东、江苏、浙江等。因此，在发布视频时，首先要考虑地理定位可以在上述地区。其次，视频中涉及的内容要考虑上述地区的天气、人文等特点，如果创作者与主要粉丝聚集地有时差也要考虑。

图 73

性别与年龄数据

从图 72 中可以看出，此账号的受众主要为中老年男性。因为在性别分布中，男性观众占据了 67%。在年龄分布中，31 ~ 40 岁、41 ~ 50 岁及 50 岁以上的观众加在一起，其数量接近 70%。

因此，在拍摄视频进行创作时，就要避免过多使用流行、新潮的元素，因为中老年人往往对这些事物不感兴趣，甚至有些排斥。

通过手机端后台对视频进行数据分析

每一个优秀的内容创作者都应该是一个优秀的数据分析师，通过分析整体账号及单条视频的数据为下一步创作找准方向。

本节讲解如何通过手机查找单条视频的相关数据及分析方法。

找到手机端的视频数据

在手机端查看视频数据的方法非常简单，只需两步。

（1）浏览想要查看数据的视频，点击界面右下角的3个小点图标，如图74所示。

（2）在打开的界面中点击"数据分析"选项，即可查看相关数据，如图75所示。

图 74

图 75

查看视频概况

在此页面可以快速了解视频相关数据的概况，如图76和图77所示，可以明显地看出两条视频的区别。

在这里需要特别关注两个数据。第一个是5秒完播率，这个数据表明，无论视频有多长，5秒完播率都是抖音重点考核的数据之一，创作者一定要想尽各种方法确保自己的视频在5秒之内留住观众。

第二个是粉丝播放占比，这个数值越高，代表该视频吸引新粉丝的能力越弱。

图 76

图 77

找到与同类热门视频的差距

"数据分析"页面的下半部分是"播放情况"。在此首先需要关注的是如图 78 所示的"播放时长分布"曲线。

这两条曲线能够揭示当前视频与同领域相同时长的热门视频，在不同时间段的观众留存对比。

一般有以下 3 种情况。

» 如果红色曲线整体在蓝色曲线之上，则证明当前视频比同类热门视频更受欢迎，那么只要总结出该视频的优势，在接下来的视频中继续发扬，账号成长速度就会非常快，如图 78 所示。

» 如果红色曲线与蓝色曲线基本重合，则证明该视频与同类热门视频质量相当，如图 79 所示。接下来要做的就是继续精进作品。至于精进方法，可参考后面讲解的分析方法。

» 如果红色曲线在蓝色曲线之下，则证明该视频内容与热门视频有较大差距，同样需要对视频进行进一步打磨，如图 80 所示。

具体来说，根据曲线线形不同，产生差距的原因也有区别。如果像图 80 所示，则在视频开始的第 2 秒，观众留存率就已经低于热门视频，证明视频开头没有足够的吸引力。此时可以通过快速抛出视频能够解决的问题，指出观众痛点，或者优化视频开场画面来增强吸引力，进而提升观众留存率。

如果曲线在视频中段，或者中后段开始低于热门视频的观众留存率，则证明观众虽然对视频选择的话题挺感兴趣，但因为干货不足，或者没有击中问题核心，导致观众流失，如图 81 所示。

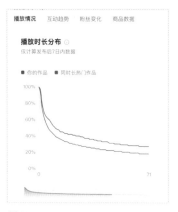

图 78

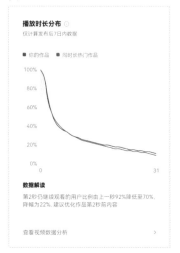

图 79

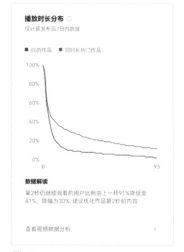

图 80

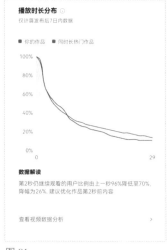

图 81

通过"视频数据分析"准确找到问题所在

分析前面所讲的曲线对比图,只能找到视频是在哪一方面出现了问题,导致其不如热门视频受欢迎,而要想明确视频中的具体问题,还要通过更多数据进行分析。

点击图81下方的"查看视频数据分析"选项,在打开的界面中,可以通过拖动下方的滑块,将"观众留存"及"观众点赞"与视频内容直观地联系起来,从而精确到哪个画面、哪句话更受欢迎,以及哪些内容不受欢迎。

通过"观看分析"找到问题内容

"观看分析"曲线,其实就是"观众留存"曲线。通过该曲线与视频内容的联系,可以准确找到让观众大量流失的内容。

通过查看图82中的"观看分析"曲线可知,观众在视频开始阶段便迅速流失。而同时长热门视频的曲线如图83所示,可以看到该视频观众的流失是比较平缓的。

图 82

接下来重点分析一下,为什么在视频开头观众就如此迅速流失?根据曲线走向,就可以将产生问题的内容定位到视频的前20秒,所以只需反复观看前20秒的内容,并找到导致观众流失的原因即可。

图 83

通过"视频数据分析"找到内容的闪光点

通过"视频数据分析"不仅能找到问题内容,还可以找到内容中的闪光点,进而发现观众喜欢什么内容。

下面以笔者曾发布的一条讲解"对焦追踪灵敏度设置"的短视频为例。虽然在开头有大量观众流失,但依然有部分观众继续观看了之后的内容,并且该视频也获得了155个点赞。通过如图84所示的"点赞分析",即可定位获得观众点赞更多的内容,进而为今后的视频创作提供指导。

图 84

将时间线移动到"点赞曲线"的第一个波峰位置,发现是在实景讲解部分,如图85所示。对此进行分析可知,相比相机功能讲解而言,观众更喜欢通过实拍进行讲解的形式。

可能有读者觉得,只靠一个"点赞波峰"就做出如此推断过于草率,所以笔者又将时间线移动到了第二个明显的"点赞波峰"上,发现同样为场景实拍部分,从而证明分析是可靠的。

图 85

分析 4 种不同类型的视频数据提高创作水平

根据前面介绍的方法查看各项数据后，通常可以看出有问题的数据大致有 4 种类型，下面分别讲解如何提高这类视频的创作水平。

播放量低、互动率低的视频

播放量低、互动率低的视频选题跑偏，与账号的粉丝定位契合度低，因此必须从选题入手进行修改，如图 86 所示。

图 86

播放量高、点赞量高、评论量低的视频

播放量高、点赞量高、评论量低表明粉丝对视频内容认可度较高，但由于视频的结尾是封闭式的，没有互动话题的引导，视频也缺乏"吐槽"的点，因此导致评论量较低，如图 87 所示。

图 87

要提升这类视频的创作水平，可以尝试使用问题式结尾，例如以下几种。

» 想要学习这样的效果，大家在评论区打 1，如果人数多，我就出教程。

» 如果你在现场，你是否有比我更好的方法？欢迎大家在评论区秀一下。

» 我在做这道菜时，一般会听爵士乐，感觉做菜更有滋味了，你们会听什么曲子呢？

播放量高、点赞量高、分享率低的视频

播放量高、点赞量高、分享率低表明粉丝对视频内容认可度较高，但分享这样的视频不能够为自己带来正面效应。例如，许多美女跳舞的视频虽然很好看，但这样的视频由于分享价值不高，因此分享率不高是意料中的，如图 88 所示。

图 88

要提升创作这类视频的创作水平，也需要从选题入手，视频里的内容要有分享价值，关于这一点可以本书在"利用疯传 5 大原则让短视频破圈传播"中讲解的内容。

播放量高、吸粉率低的视频

播放量高、吸粉率低表明账号的主页有问题。因为大多数人在关注一个账号时，通常会进入主页查看。如果主页介绍、视频列表杂乱无章，则表明视频爆火是一个偶然现象，账号没有持续输出优质视频的能力，不值得关注，如图 89 所示。

图 89

由此可以看出，主页搭建是每一个运营人员都必须重视的。

理解私域流量和公域流量

认识私域流量

所谓私域流量，是指沉淀在自己账号体系中能够一对一交流的粉丝，目前最主要的"私域流量"，还是指微信生态，比如公众号、微信好友都属于私域流量。

虽然抖音、小红书、百家号等媒体也有私域粉丝的概念，但是在一对一交流的方便度、后期变现的便利性方面，仍然无法与微信相提并论。

认识公域流量

所谓公域流量，就是不确定哪些群体可以接收到媒体内容的媒体平台，如抖音、快手、B站等短视频平台，是公域流量的主要集中地。

由于公域流量的不确定性，因此无论在哪一个平台上经营自己的账号，最好将公域流量导入私域流量，然后通过一对一精准营销，进行变现。

公域流量转私域流量的思路

虽然抖音本身也具备私域流量属性，但因为目前相关体系还不完善，并且没有建立起熟人社交圈，所以此处以微信作为私域流量的代表，以抖音作为公域流量的代表。将公域流量转化为私域流量其实就是将抖音流量转化为微信流量。

利益诱导

利益诱导是最常用的将公域流量转变为私域流量的方法。比如，在抖音上，可以看到一些账号的简介中写着"关注V，获取免费教学资源"等，其实就是通过为观众提供"免费午餐"来将抖音上大量的公域流量转变为微信体系中的私域流量。

需求转化

对于一些提供服务的抖音号而言，如提供摄影教学的"好机友摄影"，当账号中的内容无法满足观众的需求时，就可能与内容创作者联系，获取额外的服务。而"获取额外服务"的过程，其实就是从公域流量转化为私域流量的过程。除了教学类抖音号，其他的比如汽车类、健身类、旅游类等，都大量存在这种流量转化。

兴趣转化

对运动类、棋牌类或以其他兴趣爱好为主要内容输出的抖音号而言，可以将有相同爱好的观众聚集到一起，进而营造一个该爱好的小圈子。观众为了能够认识更多具有相同爱好的朋友，或者为了能够互相交流经验，就会欣然接受进入微信群等其他私域流量阵地。

类似的爱好群如果经营得好，还可以开展一些线下活动，对于提高粉丝黏性非常有帮助，而且同样会产生"一带多"的粉丝增量效果。比如，"好机友摄影"抖音号就聚集了很多摄影爱好者，并创建了两个粉丝群。

公域流量转私域的 3 个技巧

评论区

每条视频都有置顶评论的机会，虽然内容审核比较严格，但你 @ 的账号和其主页可以存入你想表达的信息，所以你完全可以再申请一个账号，该账号的不发布任何作品，只有名字与主页输入你要导流的私域信息，可以是微信、某群、某宝等，如图 90 所示。

图 90

视频合集

在电脑端创作者服务平台可以创建视频合集，目前合集名称审核并不十分严格，所以可以将转私域的操作方法分段写在合集中，成为合集的名称。

这个方法即便是抖音里的超级大 V，也一样在使用。如图 91 所示为海参哥的粉丝群名称，图 92 所示为搜索微信名称后，可以找到的微信号。

粉丝群

目前粉丝群的管理还不算太严格，因此可以通过其他渠道发布微信群的加入方法等信息，如图 93 所示。

图 91

图 92

图 93

主动出击，通过精准营销来涨粉

这算是一种比较笨的方法，但对于想起号的新手来说，却是一种非常有效的方法，即通过以下方法主动联系浏览者，并与其进行沟通邀请其关注自己。如果方法得当，一天涨100粉没有太大问题。

通过浏览列表

（1）进入自己的抖音作品列表后，点击任意一条视频。

（2）可以在左下方看到浏览数据，在图94中浏览数据为1152，表示有1152个人看过此视频。

（3）点击这个数据，则会显示浏览过此视频的观众，在头像右侧显示"关注"字样的均是还没有关注此账号的潜在粉丝。

（4）点击任意头像，进入其抖音主页，点击右上角的三个点，点击"发私信"按钮，如图95所示。

（5）在私信界面输入写好的自己的信息，然后邀请其关注自己。

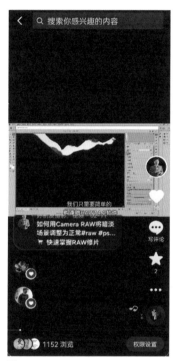

图94

图95

通过消息列表

（1）进入自己的抖音主页，点击下方的"消息"选项。

（2）点击页面上方的"赞与收藏"图标，在这里可以查看最近一段时间点赞的观众，如图96所示。

（3）点击名称后面没有"粉丝"字样的头像，进入其主页，按上面讲述过的方法操作，邀请其关注自己的账号。

图96

操作误区

使用这种方法时，一定要注意不能频繁给潜在粉丝发私信，否则会被系统判定成为营销号。频率控制在一分钟左右发一条，一天的私信量控制在200条以下为佳。

另外第一种方法仅适合于发布7天内的视频，超过7天的视频无法查看浏览者列表，所以可以按周为单位，每周单独用一天时间执行此操作。

第 5 章

用巨量算数分析
账号数据、查找
爆款选题

数据导向的重要性

每一个短视频创业或内容创作者，都应该在创作时使用一些数据辅助工具，找到更准确的对标账号，了解最新的创作动态，学习刚刚火起来的短视频创作手法。这样就可以在低头创作的同时，抬头观察行业的动向，以避免错过风口。

如果想要获得关于带货、商品销售、账号粉丝监测等偏商业及宏观的数据，可以使用蝉妈妈、飞瓜数据这样的平台，如图1、图2所示。

如果希望在短视频创作方面获得有力的数据支持，则可以要使用本章详细讲解的巨量算数与抖音热点宝了。

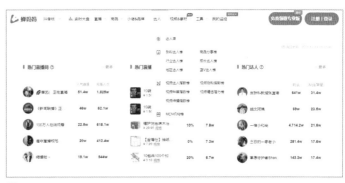

图 1

巨量算数是什么

巨量算数平台（https://trendinsight.oceanengine.com/）是字节跳动集团下属巨量引擎旗下的内容消费趋势洞察数据平台，能够基于今日头条、抖音、西瓜视频等平台的内容和数据，提供算数指数、算数榜单、垂类洞察等数据分析工具。

巨量算数不仅可以给内容创作者提供内容消费分析数据，还可以提供内容创作指导数据。

图 2

如果从事短视频运营岗位或相关工作，还可以从这个平台上获得市场趋势、热点内容洞察与营销相关决策数据。

巨量算数上的数据不仅是第一手的，而且还是完全免费的，因此值得每一个短视频从业者认真研究学习使用。

除了可以在电脑上使用巨量算数的各项功能，也可以在关注巨量算数抖音号后，点击其主页的"官方网站"链接在手机端使用，如图 3、图 4 所示。

手机端的功能与电脑端是一样的，因此下面讲解的内容虽然基于电脑端，但也完全适用于手机端。

图 3

图 4

洞察垂类赛道概况

在网站中单击"垂类洞察"菜单，可以了解希望进入的垂类赛道的基本情况，包括内容生产者数量与内容消费者数量对比、短视频的时长、内容创作者画像等数据。这样能够更好地判断该赛道是否适合自己进入。

例如，从图 5 中可以看出，亲子不是一个好的赛道。图中蓝色线条代表的内容生产者数据，远高于内容消费者，从图 6 可以看出科技赛道也有同样的问题。

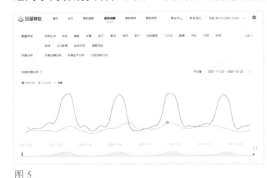

图 5

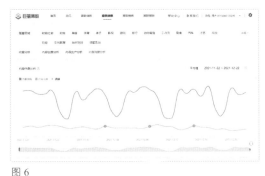

图 6

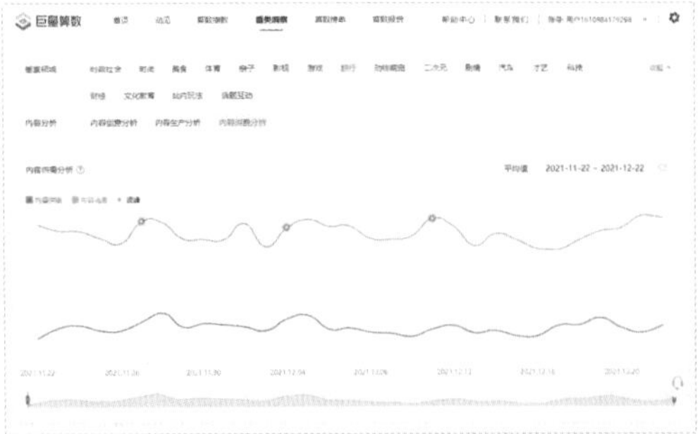

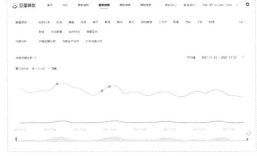

图 7

图 8

从图7及图8可以看出，旅行与体育就不存在这样内容创作严重"内卷"的情况。

所以，对于新手来说，如果能够同时做亲子、科技、旅行与体育等几个方向，亲子、科技就不是好的选择。

当然，需要注意的是，这个图标仅显示一个月的数据情况，如果希望查看最近6个月的数据，可以重新选择日期如图9所示。

此外，这些图标也仅代表过去的数据，至于未来是否会有大的变化，还需要每一个内容创作根据自己获得的信息综合判断。

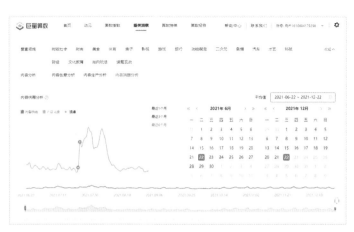

图9

了解消费者画像

在巨量算数页面中单击"垂直领域"中的某一个领域后，单击"内容消费分析"选项，向下拖动页面，可以查看此领域消费人数的大数据分析。

如图10所示的是汽车领域的消费者分析。从这些图表里可以看出来，关注此领域的性别比例几乎是1∶1，而不是想象中的男多女少。在三线城市中，31至40岁人群是主力消费群体，而不是脑袋一热就认为一线城市的男性是主力人群。

因此在创作内容时，必须研究三线城市31至40岁人群的喜好及流行文化，从而获得较高的播放数据。

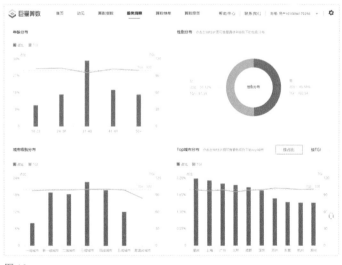

图10

了解竞争对手概况

《孙子·谋攻》有云："知彼知己；百战不殆。"这句千百年前的名言，放到网络时代依然是成立的。每一个短视频内容创作者都应该了解，自己的同行是什么样的一群人、哪些城市分布多、年龄分布是怎样的、每天平均产出多少条视频、创作的视频时长……而这些问题的答案，在巨量算数中都可以轻松获得。

在巨量算数页面中单击"垂直领域"中的某一个领域后，单击"内容生产分析"选项，向下拖动页面，可以查看此领域的生产创作者大数据分析，如图11、图12所示。

如果将鼠标指针放在放一个日期上，可以看到当日的内容生产比。这个比例由内容生产量除以内容生产者数量计算而得，代表在所选垂直领域下每天平均每人生产多少内容。

了解同行的相关数据有利于自己在创作内容时进行差异化定位，或者找到更好的对标账号。

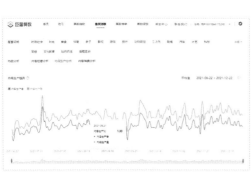

图 11

图 12

以数据为导向蹭热点

虽然可以使用微博、百度等不同的平台，查看当前一段时间的热点，但如果希望在抖音平台上蹭热点，还是要充分利用巨量算数平台给出的热点数据。

因为这些数据实时来源于抖音，所以如果能够在创作内容时成功地蹭热点，则很希望使作品成为爆款。

在巨量算数页面中单击"算数指数"选项，向下拖动页面，可以看到如图13所示的实时热点榜与飙升热点榜。

图 13

在两个榜单上，单击任何一条热点，都可以看到热点趋势图，如图 14 所示。

由于从选题策划到创作直至发布，至少需要几个小时甚至半天的时间，因此要通过这个图可以判断当前热点是否还值得跟。如果趋势上升则应该立即创作，如果趋势下降则应该考虑是不是要换热点方向了。

此外，如果希望借鉴别人的视频内容，可以向下拖动页面查看热门视频及发布视频的达人，如图 15 所示。

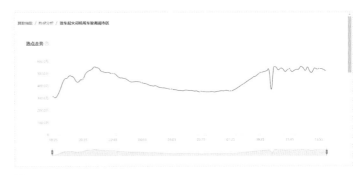

图 14

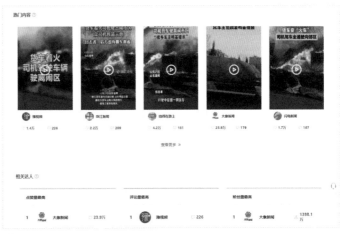

图 15

蹭热点误区

蹭热点的一大误区是"硬蹭"，即创作的内容与当前热点没有什么关系，但为了蹭上热点硬要在标题、封面、文案上向热点靠近。

这种创作行为基本上相当于没有理解抖音流量分发、账号定位的基本原理。

因为即便按这样的操作视频播放量有所增长，但如果不考虑这些的热点是哪些用户在观看，这些用户是否是自己账号的目标群体，这些粉丝反而有可能带歪了账号标签。

正确的做法是：在单击热点后，向下拖动页面，查看此热点的人群画像，如图 16 所示。只有人群画像与自己的画像高度匹配，才值得花功夫蹭热点，否则有可能适得其反。

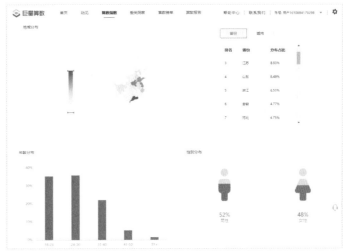

图 16

另外，有些创作者以为在发布视频时选择一个热点进行关联，有助于视频上热门，如图 17 所示。

实际上这种蹭热点操作基本无效。因为此时的视频是人工审核的，如果通过审核发现视频内容与热点无关，则关联会 100% 失败。

人工审核比机器审核更严格，如果视频有瑕疵，反而会造成无法过审或流量降低，得到一个"偷鸡不成蚀把米"的结果。

图 17

用好热门影视综艺数据创作爆款

热门的影视综艺其实是非常好的创作切入点，以笔者非常熟悉的摄影、视频创作领域为例，无论是哪一部剧大火，就一定会有若干篇《×××热门剧教你拍大片》《×××热门剧一直在使用的调色手法》《从 ××× 剧学习运镜技巧》这样的爆款文章。这就是典型的利用热门影视综艺进行创作的思路。

在巨量算数网站中，不仅可以查看当前火爆的影视综艺排行，如图 18 所示，而且还可以单击"更多"选项查看更加详细的数据，如图 19 所示。

各个指数的意义如下。

» 电影指数：电影 IP 在抖音上影响力综合衡量指标。

» 账号影响指数：依据电影 IP 在抖音官方账号发布的

图 18

图 19

视频内容产生的用户行为数据加权而得。

» 视频讨论指数：依据电影IP的相关视频内容产生的用户行为加权而得。

» 视频话题指数：依据电影IP在抖音上的相关话题产生的用户行为数据加权而得。

» 搜索指数：依据用户主动搜索电影IP相关内容的行为数据而得。

创作者可结合自身账号的运营阶段，选择相应的话题作品。例如，贴合视频讨论指数高的作品发布作品，可以带来更多的粉丝互动行为。

利用数据学习头部作品创作爆款

比起自己摸索，在抖音平台上创作，学习头部作品创作手法，是更快的成长方法。

对新手来说，要用好巨量算数的头部作品查找方法，给自己找到学习借鉴的目标。

在巨量算数页面中单击"垂直领域"中的某一个领域后，单击"内容消费分析"选项，将鼠标指针放在橙红色圆点上，如图20所示，则会显示当天头部作品和前一天相比，当日的内容消费量，这里显示提升超过5%。

图20

单击具体视频，可以跳转到抖音网页版本，如图21所示，以查看视频内容的话题及相关数据（播放量、评论量）。通过归纳视频的话题、关键字、"神评"（点赞最多的评论），为自身内容发布话题和关键字提供参考。

图21

查看不同领域视频完播率与互动数据

如果创作者不对比自己的视频与同类视频的数据，则无法找到差距。

虽然可以通过查看同类账号视频的点赞量与评论量，来评判自己的视频大致处于什么样的水平，但无法宏观了解整个赛道的视频数据。

要解决这个问题，可以在巨量算数页面中单击"垂直领域"中的某一个领域，单击"内容消费分析"选项，向下拖动页面，则可以看到如图22、图23所示的视频互动率与完播率数据。

图22、图23展示的财经领域相关数据，图24、图25所示为影视领域的数据。由此可以看出，不同领域的视频的数据完全不同。

得到业内平均数据后，在抖音后台选择"作品数据"选项，选择要查看数据的视频，具体数据如图26所示，由此即可了解自己的视频在哪一方面还需要加强。

图 22

图 23

图 24

图 25

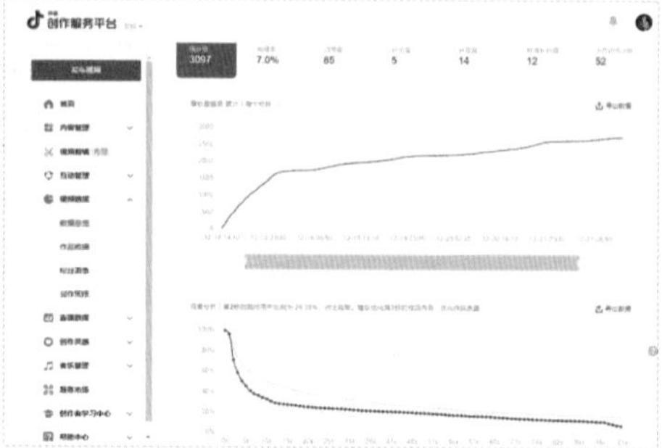

图 26

利用大数据找到关联关键词

巨量算数有一个重磅功能，可以帮助创作者在构思视频内容或写脚本时，更加精准地获知要创作的视频使用哪些关键词可以更好地触达目标观众，这个功能就是"关联分析"。

例如，要针对大码女装产品创作一条短视频，可以先在巨量算数页面中单击"算数指数"选项，在搜索框中输入"大码女装"，如图 27 所示。

再单击"关联分析"标签，则可以显示如图 28 所示的页面。

在图 28 中，所有绿色或红色小圆点下方的词语均与"大码女装"相关。

在创作短视频或撰写标题时，只要使用这些关键词，或者围绕这些关键词进行构思，就更有希望被推送给关心"大码女装"的抖音用户。

图 27

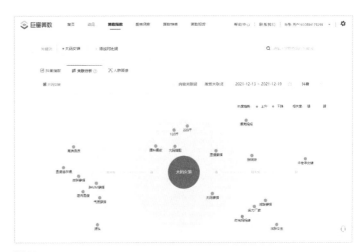

图 28

如果，希望学习同行的优质案例，可以单击这些圆点，显示如图 29 所示的视频列表，点击视频名称，可以显示如图 30 所示的抖音页面，以便创作者观摩学习相关视频。

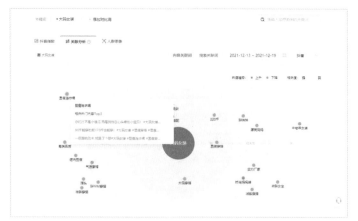

图 29

如果在这个页面中单击"搜索关联词"，则会显示如图 31 所示的页面。这里显示的所有圆点下方的词语均为关心"大码女装"的用户主动搜索的内容，因此可以精准地反映出这些用户的品牌偏好及希望解决的问题痛点。

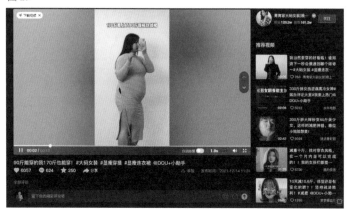

图 30

如果单击圆点，可以显示与此搜索词相关的搜索记录，如图 32 所示。

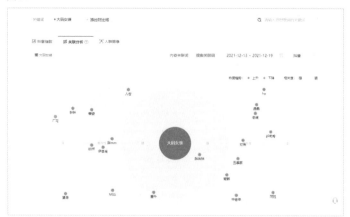

图 31

图 32

利用大数据找到垂类热点关键词

在巨量算数页面中单击"垂直领域"中的某一个领域后，单击"内容创意分析""热词榜单"选项，则会显示如图 33 所示的页面。从这个页面中可以看出，最近 7 天在美食领域，大家关注最多的是饺子。

单击热词"饺子"右侧的"热词分析"选项，再单击"关联分析""搜索关联词"选项，则显示如图 34 所示的页面。

如前所述，此页面中显示所有圆点关键词均是关注饺子这个热点的观众，创作者只要以饺子为主题，围绕着这些核心关键词进行创作，则不难获得较高的流量。

如果希望找到学习借鉴的视频，可以单击"饺子"右侧的"相关视频"，则显示如图 35 所示的页面，单击任意视频，会跳转至抖音网页版。

图 33

图 34

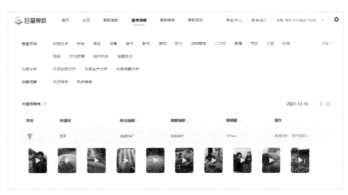

图 35

利用大数据精准地找到内容创作的方向

对于有能力创作多领域内容的创作者来说，一个比较大的困扰是，当下应该选择哪一个领域进行创作。

例如，如果是一个摄影爱好者，创作内容可以细分为佳能、尼康、索尼等不同厂商的器材，每次创作时都会面临一个问题：应该选择三个厂商里的哪一个进行创作？

这样的问题可以利用巨量算数得到准确答案。

解决方法是将佳能、尼康、索尼添加为关键词，并单击"抖音指数"标签，如图36所示。

通过这个综合指数，可以看出不同关键词的综合指数。这一数值是基于抖音热词指数模型，通过相关内容量、用户观看、搜索等行为数据加权求和得出的，可以大致理解为热度。

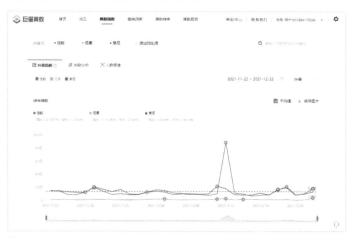

图 36

通过分析图可以看出，尼康热度一直徘徊在低位，而索尼有上升趋势，因此可以把近期创作方向定位在索尼上。

又例如，一个美食创作者，拿不准最近应该推出讲解哪道菜的视频，也不妨用这个方法查看一下相关数据，将三道菜添加为关键词，如图37所示。

在图37中可以清楚地看到，酸菜鱼的同比与环比数据更好，因此创作的大方向也就随之确定了。

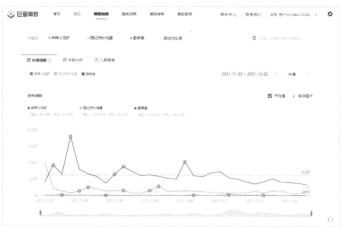

图 37

利用话题指数打造爆款

话题指数是巨量算数于 2022 年 1 月推出的基于抖音话题的分析功能，使用方法类似于前文讲过的"关键词"功能，分析界面如图 38 所示。

话题与关键词的区别在于,话题有很高的自创灵活度,例如,笔者曾经创建过一个"相机视频说明书"的话题。

利用话题功能就可以对这个话题的概况进行全面分析，包括话题的热度、在此话题下有哪些视频、有哪些创作者参与了这个话题、观看此话题的人群画像等，如图 39 所示。

图 38

通过话题指数分析，创作者可以了解到自己是否应该深度参与某一话题，哪些话题与自己的变现目标群体更吻合，从而在创作时更有目的性与针对性。

图 39

第 6 章

利用 DOU+ 快速
放量成长

DOU+ 的 8 大功能

DOU+ 是抖音推出的付费推广功能，下面简单介绍其功能。

内容测试

有时花费了大量人力、物力制作的视频，发布后却只有几百的播放量。这时创作者心中会充满疑问，不清楚是因为视频内容不被接受，还是因为播放量不够，导致评论数、点赞数太少，甚至会怀疑自己的账号被限流了。此时可以通过投放 DOU+，花钱购买稳定的流量，并通过点赞、关注的转化率来测试内容是否满足观众的口味。

商品测试

使用 DOU+ 进行商品测试的思路与进行内容测试的思路相似，都是通过稳定的播放量来获取目标观众的反馈。

带货推广

带货广告功能是 DOU+ 的主要功能之一，使用此功能可以在短时间内使带货视频获得巨量传播，此类广告视频的下方通常有广告二字。

助力直播带货

直播间有若干流量来源，其中比较稳定的是付费流量，只要通过 DOU+ 为直播间投放广告，就可以将直播间推送给目标受众。

快速涨粉

利用 DOU+ 可以直接购买粉丝，从而使账号粉丝量快速提升。

利用付费流量撬动自然流量

通过为优质视频精准投放 DOU+，可以快速获得大量点赞与评论，而这些点赞与评论，可以提高视频互动数据。当这个数据达到推送至下一级流量池的标准时，则可以带来较大的自然流量。

为线下店面引流

如果投放 DOU+ 时，将目标选择为"按商圈"或"按附近区域"，则可以使指定区域的人看到视频，从而通过视频将目标客户精准引流到线下实体店。

获得潜在客户线索

对于蓝 V 账号，如果在投放 DOU+ 时将目标选择为"线索量"，则可以通过精心设计的页面，引导潜在客户留下联系方式，然后通过一对一电话或微信沟通，保证交易转化。

投放 DOU+ 的方法

在开始投放之前，首先要找到 DOU+，并了解其基本投放模式。

从视频投放 DOU+

在观看视频时，点击界面右侧的三个点图标，如图 1 所示。

在打开的界面中点击"上热门"图标，即可进入 DOU+ 投放界面，如图 2 所示。

如果需要为其他账号的视频投放 DOU+，可以点击视频右下角的箭头分享按钮，如图 3 所示。

在打开的界面中点击"帮上热门"图标，即可进入 DOU+ 投放界面，如图 4 所示。

从创作中心投放 DOU+

（1）点击抖音 App 右下角的"我"选项，点击右上角的三条杠图标。

（2）选择"创作者服务中心"选项。如果是企业蓝 V 账号，此处显示的是"企业服务中心"。

（3）点击"上热门"按钮，如图 5 所示。如果要投放带有购物车的视频，点击"小店随心推"按钮。

（4）打开如图 6 所示的广告投放界面，在其中设置所需要的选项即可。

图 1

图 2

图 3

图 4

图 5

图 6

终止 DOU+ 投放的
方法

立即终止投放

在投放 DOU+ 后，对新手创作者来说，应每小时观测一次投放数据。如果投放数据非常不理想，在金额还没有完全消耗之前，都可以通过终止投放来挽回损失。

如图 7 所示的订单，金额消耗已经达到了 45.73 元，但是粉丝量只增长了 16 个，因此笔者立即终止了订单。

终止投放后如何退款

订单终止后，没有消耗的金额会在 4 ~ 48 小时内返回到创作者的 DOU+ 账户，可以在以后的订单中使用。

如果是使用微信进行支付的，可在微信钱包账单中看到退款金额，如图 8 所示。

单视频投放终止

只需将投放 DOU+ 的视频设置成私密状态，即可立即停止投放。DOU+ 投放停止后，可以再次将视频设置成公开状态。

批量视频投放终止

要批量终止投放了 DOU+ 的视频，可以直接联系 DOU+ 客服并提供订单号，由客服来快速终止。

注意，这里联系的是 DOU+ 客服，而不是抖音客服。

具体步骤：在"上热门"界面，点击右上角的小人图标，进入"我的 DOU+"界面，如图 9 所示，然后点击右上角的客服小图标。

图 7

图 8

图 9

单视频投放和批量投放

当按前文所述"从视频投放 DOU+"的方法进入 DOU+ 投放界面时，可以看到有两种投放方式供选择，即单视频投放及批量视频投放，下面分别讲解。

单视频投放 DOU+

单视频投放界面如图 10 所示，在此需要重点选择的是"投放目标""投放时长""把视频推荐给潜在兴趣用户"等选项。

这些选项的具体含义与选择思路，将会在后面的章节中一一讲解。

批量视频投放 DOU+

批量投放界面如图 11 所示，最多可以同时对 5 条视频进行 DOU+ 投放。此外，可以选择为其他账号投放DOU+，其他选项几乎与单视频投放完全相同。

两种投放方式的异同

单视频 DOU+ 投放的针对性明显更强。

批量视频 DOU+ 投放的优势，则在当不知道哪条视频更有潜力时，可以通过较低金额的 DOU+ 投放进行检验。

此外，如果经营着矩阵账号，可以非常方便地对其他账号内的视频进行投放。

另外，选择批量投放时，可以选择"直播加热"标签，通过投放 DOU+ 提升直播间人气，如图 12 所示。

图 10

图 12

图 11

如何选择投放 DOU+ 的视频

选择视频

投放 DOU+ 的根本目的是撬动自然流量,所以正确的选择方式是择优投放。只有优质短视频才能通过 DOU+ 获得更高的播放量,从而使账号的粉丝量及带货数据得到提升。

这里有一个非常关键的问题,即并不是创作者认为好的视频,通过投放 DOU+ 就能够获得很好的播放量。同理,有些创作者可能并不看好的视频通过投放 DOU+,反而有可能获得不错的播放量。这种"看走眼"挑错视频的情况,对于新手创作者来说尤其普遍。要解决这个问题,除了查看播放量和互动数据,一个比较好的方法是使用批量投放工具,对 5 条视频进行测试,从而找到对平台来说是优质的视频,然后进行单视频投放。如果对一次检测并不是很放心,还可以将第一次挑出来的优质视频与下一组的 4 条视频,组成一个新的批量投放订单进行测试。

如图 13 和图 14 所示为笔者分两次投放的订单,可以看出两次批量投放都是同一条视频取得最高播放量,这就意味着这条视频在下一次投放时应当成为重点。

图 13

选择什么时间内发布的视频

通常情况下,应该选择发布时间在一周内,最好是在 3 天内的视频。因为这样的视频有抖音推送的自然流量,广告投放应该在视频尚且有自然流量的情况下进行,从而使两种流量相互叠加。但这并不意味着旧的视频不值得投放 DOU+,只要视频质量好,没有自然流量的旧视频,也比有自然流量的劣质视频投放效果好。

选择投放几次

如果 DOU+ 投放效果不错,在预算允许的情况下,可以对视频进行第二轮、第三轮 DOU+ 投放,直至投放效果降低至投入产出平衡线以下。

选择什么时间进行投放

选择投放时间的思路与选择发布视频的时间是一样的,都应该在自己的粉丝活跃时间里。以笔者运营的账号为例,发布的时间通常是周一到周五晚上的八九点、中午午休时间,以及周末的白天。

图 14

深入了解投放目标

在确定 DOU+ 投放视频后，接下来需要进行各项参数的详细设置。首先要考虑的就是投放目标。

投放目标分类

对于不同的视频，在"投放目标"选项列表中提供的选择绝大部分是相同的，都有主页浏览量、点赞评论量、粉丝量等选项，但根据视频的内容也会有细微的区别。

例如，如果在发布视频界面选择了位置选项，那么在"投放目标"选项列表中就会出现"位置点击"选项，如图 15 所示。

如果视频中包含"购物车"，那么在"投放目标"选项列表中就会出现"商品购买"选项，如图 16 所示。

图 15

图 16

如果在发布视频界面选择了具体商家店址，那么在投放目标选项列表中就会出现"门店曝光"选项，如图 17 所示。

这些投放目标选项都非常容易理解，比如选择"位置点击"选项后，系统会将视频推送给链接位置附近的用户，以增加其点击位置链接，查看商户详细信息的概率。

当选择"主页浏览量"选项后，抖音会推送给喜欢在主页浏览不同视频的人群。

当选择"点赞评论量"选项后，系统会将视频推送给那些喜欢浏览此类视频，并且经常点赞或评论的观众。

图 17

如何选择投放目标

根据账号当前的状态，投放的目的不同，选择的选项也并不相同，下面一一分析。

商品购买

当选择推广的视频中有购物车，并且选择"小店随心推"后选择"商品购买"选项时，将打开相应的界面。由于该界面较为复杂，在后面的章节中将进行详细讲解。

粉丝量

新账号建议选择"粉丝量"选项。

一是通过不断增长的粉丝提高自己的信心，并让账号"门面"好看一些。

二是只有粉丝量增长到一定程度，自己的视频才有基础播放量。

主页浏览量

如果账号主页已经积累了很多优质内容，并且运营初期优质内容还没有完全体现其应有的价值，可以选择提高主页浏览量，让观众有机会发现该账号以前发布的优质内容，进一步成为账号的粉丝，或者进入账号的店铺产生购买行为。

点赞评论量

如果想让自己的视频被更多的人看到，比如制作的是带货视频，建议选择"点赞评论量"选项。这时有些朋友可能会有疑问，"投放 DOU+ 的播放量不是根据花钱多少决定的吗？为何还与选择哪一种投放目标有关呢？"

不要忘记，在花钱买流量的同时，如果这条视频的点赞和评论数量够多，系统则会将该视频放入播放次数更多的流量池中。

比如，投了 100 元 DOU+，增加 5000 次播放，如果在这 5000 次播放中获得了几百次点赞或几十条评论，那么系统就很有可能将这条视频放入下一级流量池，从而让播放量进一步增长。

对于带货类短视频，关键在于让更多的人看到，从而提高成交单数。至于看过视频的人会不会成为你的粉丝，其实并不重要。

投放目标与视频内容的关系

在投放 DOU+ 时，很多人会发现，不同的视频，其"投放目标"列表中的选项会有些许区别。那么期望提升选项与视频内容有何关系？不同的投放目标又有何作用？下面将进行详细讲解。

常规的投放目标

对任何视频投放 DOU+，点击"投放目标"选项，都会有"主页浏览量""点赞评论量""粉丝量"3 个选项。所以，这 3 个选项也被称为"投放目标"中的常规选项。

提高播放量选择"点赞评论量"

如果想提高视频的播放量，让更多的观众看到它，那么投"点赞评论量"是最有用的。因为当点赞和评论数量提高后，视频很有可能进入到一个更大的流量池，从而让播放量进一步提高。

"挂车"视频与"商品购买"

所谓"挂车"视频，其实是指包含购物车链接的视频。只有在对此类视频投放 DOU+ 时，点击"投放目标"才会出现"商品购买"选项，如图 18 所示。

"挂车"视频的考核与常规视频不同，常规视频只看点赞量和评论量来确定是否可以进入下一个流量池，而"挂车"视频还要看购物车的点击次数。因此，增加商品购买行为也就意味着可以提高视频中购物车链接的点击次数，从而间接提升视频进入下一个流量池的概率。

需要强调的是，在为"挂车"视频投放 DOU+ 时，会进入"小店随心推"界面。因此，即便没有开通小店，只要开通橱窗，并且在视频中加上了购物车，也可以进行商品推广。

提高关注度选择"粉丝量"

选择"粉丝量"选项后，系统会将视频推送给喜欢关注账号的观众，从而让视频创作者建立起粉丝群体，为将来的变现做好准备。

提高其他视频播放量选择"主页浏览量"

如果已经发布了很多视频，并且绝大多数的浏览量都比较一般。此时就可以为爆款视频投放"主页浏览量"DOU+，让更多的观众进入到主页中，从而有机会看到账号中的其他视频，全面带动视频播放量。

图 18

投放时长设置思路

了解起投金额

在"投放时长"选项列表中可选的投放时间最短为 2 小时，最长为 30 天，如图 19 和图 20 所示。

选择不同的时间，起投的金额也不相同。

如果投放时长选择的是 2 小时至 3 天，则最低投放金额为 100 元。如果选择的是 4 天或 5 天，则起投金额为 300 元。

如果选择的是 6 天至 10 天，则每天起投金额上涨 60 元，即选择 10 天，最低起投金额为 600 元。

从第 11 天开始，起投金额变化为 770 元，并且每天上涨 70 元，直至选择 30 天的话，最低起投金额上涨至 2100 元。

设置投放时间的思路

选择投放时长的主要思路与广告投放目的和视频类型有很大关系。

例如，一条新闻类的视频，自然要在短时间内大面积推送，这样才能获得最佳的推广效果，所以要选择较短的时间。

如果所做的视频主要面向的是上班族，而他们刷抖音的时间集中在下午 5 点至 7 点这段在公交或地铁上的时间，或者是晚上 9 点以后这段睡前时间，那么就要考虑所设置的投放时长能否覆盖这些高流量时间段。

如果要投放的视频是带货视频，则要考虑大家的下单购买习惯。例如，对宝妈来说，下午 2 点至 4 点、晚上 9 点后是宝宝睡觉的时间，也是宝妈集中采购的时间，投放广告时一定要覆盖这一时间段。

通常情况下，笔者建议至少将投放时间选择为 24 小时，以便于广告投放系统将广告视频精准地推送给目标人群。

时间设置得越短，流量越不精准，广告真实获益也越低。例如，如图 21 所示为笔者投放的一个定时为 2 小时的订单，虽然播放量超出预期，但投放目标并没有达到。

图 19

图 20

图 21

如何确定潜在兴趣用户

把视频推给潜在兴趣用户有两种模式，分别为"系统智能推荐"和"自定义定向推荐"。

系统智能推荐

若选择"系统智能推荐"选项，则系统会根据视频的画面、标题、字幕和账号标签等数据，查找并推送此视频给有可能对其感兴趣的用户，然后根据互动与观看数据反馈判断是否进行更大规模的推送。

这一选项适合新手，以及使用其他方式推广视频且粉丝增长缓慢的创作者。

选择此选项后，DOU+系统会根据"投放目标"和"投放时长"，以及投放金额，推测出一个预估转化数字，如图22所示，但此数据仅具有参考意义。

另外，如果没有升级DOU+账号，则显示"预计播放量提升"数值，如图23所示。

如果视频质量较好，则最终获得的转化数据及播放数据会比预计的高。如图24和图25所示为两个订单，可以看出最终获得的播放量均比预计的高。

超出的这一部分可以简单理解为DOU+对于优质视频的奖励。

这也印证了前文曾经讲过的，要选择优质视频投放DOU+。

图22

图23

图24

图25

自定义定向推荐

如果创作者对视频的目标观看人群有明确定义，可以选择"自定义定向推荐"选项，如图 26 所示，从而详细设置视频推送的目标人群类型。其中包含对性别、年龄、地域和兴趣标签共 4 种细分设置，基本可以满足精确推送视频的需求。

以美妆类带货视频为例，如果希望通过投放 DOU+ 获得更多的收益，可以将"性别"设置为"女"，将"年龄"设置在18~30 岁（可多选），将"地域"设置为"全国"，将"兴趣标签"设置为"美妆""娱乐""服饰"等。

此外，如果视频所售产品价格较高，还可以将"地域"设置为一线大城市。

图 26

如果对自己的粉丝有更充分的了解，知道他们经常去的一些地方，可以选择"按附近区域"进行投放。

例如，在图 27 所示的示例中，由于笔者投放的是高价格产品广告，因此选择的是一些比较高端的消费场所，如北京的SKP 商场附近、顺义别墅区的祥云小镇附近等。这些区域既可以是当地的，也可以是全国范围的，而且可以添加的数量能够达到几十个，这样可以避免锁定区域过小、人群过少的问题。

通过限定性别、年龄和地域，则可以较为精准地锁定目标人群。但也需要注意，由于人群非常精准，意味着人数也会减少很多，此时有可能出现在规定的投放时间内，预算无法全部花完的情况。

如果希望为自己的线下店面引流，也可以选择"按商圈"进行设置，或者将"按附近区域"设置为半径 10km 里内，就可以让附近的 5000 个潜在客户看到引流视频。

图 27

需要注意的是，增加限制条件后，流量的购买价格也会上升。

比如，所有选项均为"不限"，则 100 元可以获得 5000 次左右的播放量，如图 28 所示。

而在限制"性别"和"年龄"后，100 元只能获得 4000 次左右的播放量，如图 29 所示。

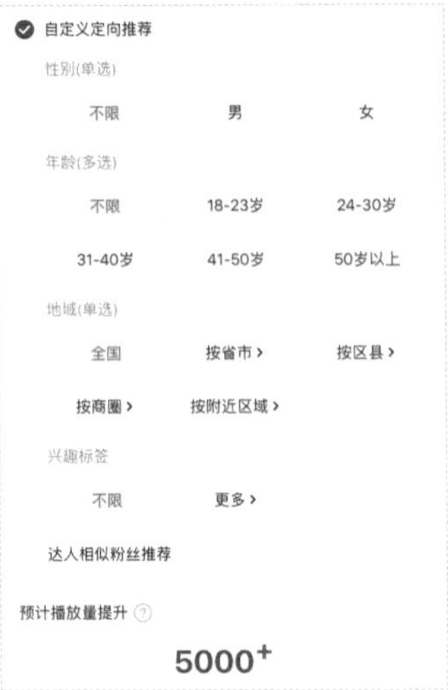

图 28 　　　　　　　　　　图 29

当对"兴趣标签"进行限制后，100 元就只能获得 2500 次播放量，如图 30 所示。

为了获得最高性价比，如果只是为了涨粉，不建议做过多限制。

如果是为了销售产品，而且对产品的潜在客户有充分了解，可以做各项限制，以追求更加精准的投放。

另外，读者也可以选择不同模式分别投 100 元，然后计算一下不同方式的回报率，即可确定最优设置。

包括 DOU+ 在内的抖音广告投放是一项相对专业的技能，因此许多公司会招聘专业 的投手来负责广告投放。

投手的投放经验与技巧，都是使用大量资金不断尝试、不断学习获得的，所以薪资待遇通常也不低。

图 30

用DOU+ 快速涨粉

账号速推

账号速推是 DOU+ 提供的一种更直接的付费涨粉功能，下面介绍剧具体操作。

（1）选择任意一条视频，点击界面右下角的三个点，然后点击"上热门"按钮，如图31所示。

（2）打开如图32所示的界面，点击右上方的账户管理小图标，显示如图33所示的界面。

图31

图32

（3）点击界面下方的"投放管理"图标，然后选择"投放工具"中的"账号速推"功能，如图34所示。

图33

图34

（4）选择某一"投放金额"，会显示预计涨粉量，如图35所示。

（5）点击"切换为高级版"选项，可以修改粉丝出价及粉丝筛选条件，如图36所示，出价的最低设置为0.8元。

图 35

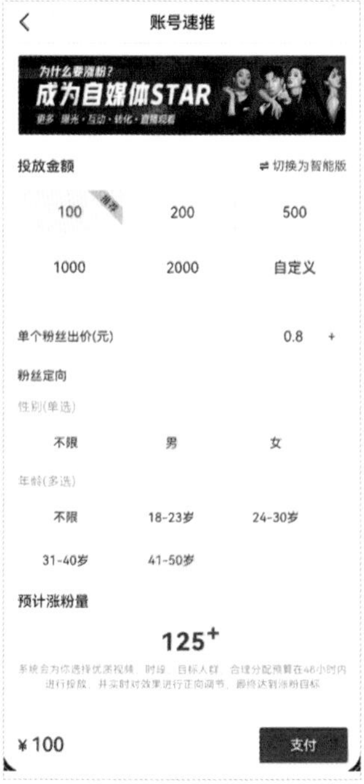

图 36

不同粉丝出价的区别

在前面的操作中，有一个非常关键的参数，即"单个粉丝出价"。很明显在总金额不变的情况下，出价越高获得的粉丝越少，所以创作者可以尝试填写最低出价。

例如，在如图37所示的推广订单中，笔者设置的是出价为1元/个，推广结束后获得100个粉丝。

在如图38所示的推广订单中出价为0.8元/个，推广结束后获得128个粉丝，充分证明了最低出价的可行性。

需要指出的是，在竞争激烈的领域，较低的出价会出现两种可能的情况，即在指定推广时间内，费用无法完全消耗或涨粉低于预期。

图 37

图 38

DOU+ 小店随心推广告投放

"DOU+ 小店随心推"与"DOU+ 上热门"都属于 DOU+ 广告投放体系，两者的区别是，当选择投放 DOU+ 的视频中有购物车时，则显示"DOU+ 小店随心推"，如图 39 所示，否则显示"DOU+ 上热门"。

图 39

DOU+ 小店的优化目标

"DOU+ 小店随心推"界面与前面介绍的"DOU+ 上热门"投放界面的区别在于"投放目标"选项变为了"优化目标"选项，并且增加了"商品购买"选项，如图 40 所示。

选择该选项后，系统会将该视频向更可能产生购买的观众推送。除此之外，选择"商品购买"优化目标后，界面下方相应地会变更为预计产生购买的数量，如图 41 所示。

图 40

需要注意的是，虽然选择"商品购买"优化目标选项可以增加成交量，实打实地增加收益。但如果视频的播放量较低，证明宣传效果较差，所以建议混合投放"商品购买""粉丝提升""点赞评论"，从而在促进成交的同时，进一步增强宣传效果。

图 41

达人相似粉丝推荐

"达人相似粉丝推荐"是"DOU+ 小店随心推"与"DOU+ 上热门"的第二个重要区别。

在"DOU+ 上热门"界面中"达人相似粉丝推荐"选项属于"自定义定向推荐"。而在"DOU+ 小店随心推"界面中，"达人相似粉丝推荐"是一个单独的选项，如图 42 所示，因此达人相似粉丝无法与性别、年龄、地域、爱好等选项相互配合使用。

图 42

推广效果

选择"DOU+ 小店随心推"时，界面中会显示预计下单量，但这个数值没有太大的参考价值，笔者投放过数次，没有任何一次数值与预付数值相近。

另外，由于这是一条带货视频，播放量与没有带货的视频有一定差距，因此不能指望通过投放"DOU+ 小店随心推"带来大量粉丝。

用 DOU+ 推广直播

直播间的流量来源有若干种，其中最稳定的流量来源就是通过 DOU+ 推广获得的付费流量。下面讲解两种操作方法。

用"DOU+ 上热门"推广直播间

点击抖音 App 右下角的"我"，点击界面右上角的三条杠，选择"创作者服务中心"（企业用户选择"企业服务中心"）选项，再点击"上热门"图标，进入"DOU+ 上热门"界面。

在此界面中的"我想要"区域点击"直播间推广"图标，如图 43 所示。

在"更想获得什么"区域，可以从"直播间人气""直播间涨粉""观众打赏""观众互动"4 个选项中选择一个。在此，建议新手主播选择"观众互动"选项。因为只有直播间的互动率提高了，才有可能利用付费的 DOU+ 流量来带动免费的自然流量。如果选择"直播间人气"选项，有可能出现人气比较高，但由于新手主播控场能力较弱，无法承接较高人气，导致出现付费流量快速进入直播间，然后快速撤出直播间的情况。

在"选择推广直播间的方式"区域可以选择两个选项。

如果选择"直播加热直播间"选项，则 DOU+ 会将直播间加入推广流。这意味着目标粉丝在刷直播间时，有可能直接刷到创作者正在推广的直播间。此时，如果直播间的场景美观程度高，则粉丝有可能在直播间停留，否则就会划向下一个直播间。

图 43

如果选择"选择视频加热直播间"选项，则 DOU+ 会推广创作者在下方选中的一条视频。这种推广方式与前面讲解过的DOU+推广视频没有区别。当这条视频被粉丝刷到时，会看到头像上的"直播"字样，如图 44 所示。如果视频足够吸引人，粉丝就会通过点击头像，进入直播间。

在"我想选择的套餐是"区域，可以点击"切换至自定义推广"选项，从而获得更多关于推广的参数，如图 45 所示。这些参数与前面讲解过的参数意义相同，在此不再赘述。

图 44

图 45

用"DOU+ 小店随心推"推广直播间

点击抖音 App 右下角的"我"，点击界面右上角的三条杠，选择"创作者服务中心"（企业用户选择"企业服务中心"）选项，再点击"小店随心推"图标，进入"DOU+ 小店随心推"管理中心。

点击"直播推广"按钮，在"更多推广"界面中单击要推广的直播间右侧的"去推广"按钮，进入如图 46 所示的直播推广详细设置页面。

可以看出，虽然同样是推广直播间，但用"DOU+ 小店随心推"推广直播间与用"DOU+ 上热门"推广直播间的选项不太相同，这可能是因为这两项功能是由两个部门分别设计的。

在此页面中的"直播间优化目标"选项与用"DOU+ 上热门"页面中的"更想获得什么"区域中的"直播间人气""直播间涨粉""观众打赏""观众互动"4 个选项基本相似。

进入直播间 = 直播间人气

粉丝提升 = 直播间涨粉

评论 = 观众互动

但如果直播间追求的是售卖商品，则"DOU+ 小店随心推"推广直播间中的"商品点击""下单""成交"无疑更直接有效。因此，如果是秀场类直播间，建议用"DOU+ 上热门"推广；如果是卖场类直播间，则建议用"DOU+ 小店随心推"推广。

在"你想吸引的观众类型"区域可以选择一个选项，以方便系统精准地推广直播间。这 3 个选项与使用"DOU+ 上热门"推广直播间时，在"我想选择的套餐是"区域点击"切换至自定义推广"选项，获得的更多参数基本相同。

如果对自己的直播间内容比较有信心，建议选择"达人相似观众"选项。在如图 47 所示的界面中选择对标达人，并在"选择互动行为"区域选择"观看过直播"和"种草过商品"选项，以获得更好的推广效果。

在"选择加热方式"区域，可以选择的选项与用"DOU+ 上热门"推广直播界面中的选项相同。不同之处在于，在此仅可以选择一种加热方式，而如果使用"DOU+ 上热门"推广直播，可以同时选择两个选项。这一点值得主播注意，并区别使用。

在"期望曝光时长"区域，可以选择 0.5 小时至 24 小时。一般来说，投放的时长应该比直播时间长半小时，并提前半小时投放，以获得提前审核。

另外，即使提前推广直播，投放的金额也只会在开播后消耗，所以，不担心金钱花费到了不当的地方。

图 46

图 47

新号投放 DOU+ 的 6 个坑

如今入局抖音的新号，想完全靠自然流量做起来真的太难了。只有依靠 DOU+ 付费流量，才能加快账号成长速度，充分发挥视频的价值，让账号尽快完成粉丝初步积累，从而获得相对稳定的流量。但很多抖音运营新人，往往在投放 DOU+ 时操之过急，掉入新号投放 DOU+ 的坑。

视频数量少于 10 条不要投放 DOU+

对于想长期运营，靠稳定流量变现的新号而言，起号的过程其实就是积累粉丝的过程。如果视频数量太少，即便通过 DOU+ 让更多的人看到了你发布的视频，但当人们想去关注时，往往会点进主页，看一看是否还有其他自己感兴趣的视频。这时如果视频数量太少，那么就会让观众感觉没有关注的必要，因为从你这里无法获取足够多的信息。进而导致付费流量没有达到最佳的投放效果。

因此，在投放 DOU+ 前，至少要保证已经发布了 10 条以上的视频，通过内容储备，让观众产生"关注你，以后慢慢看之前所发内容"的心理，如图 48 所示。

达人相似不要投

在起号阶段，与那些同领域的头部账号相比，视频内容还欠缺打磨，定位、人设等也还不够鲜明。此时投达人相似，由于付费流量带来的观众已经看过了更好的内容，所以自然得不到很好的投放效果。

图 48

虽然投达人相似有利于进行账号定位，但事实上，为账号定位更好的方式是发布垂直领域的视频，并且在标题、话题、字幕等方面突出所属领域，而且还不用花钱。

当自己的账号经过一段时间的运营形成了一定的特色之后，再开始投达人相似。观众看到了不一样的内容，自然会激发其点赞、关注、评论的欲望，从而获得不错的推广效果。

另外，即便投达人相似，也不是达人的粉丝越多越好。很多达人建号很多年，其中大部分粉丝可能已经不再对该领域感兴趣了。因此选择那些最近涨粉很快的账号，其粉丝的兴趣点往往与所选领域更接近。而涨粉账号榜单可以通过"飞瓜数据"等第三方数据平台查看。

不要为播放量小于 500 的视频投放 DOU+

如果视频的播放量小于 500，则证明在抖音推送系统的判定下，该视频不属于优质视频。虽然有很小的概率抖音系统

的判断是错误的，但从长期的视频运营的角度来看，对播放量高于 500 的视频投放 DOU+，其性价比更高。如果能坚持这一准则，长此以往，你 DOU+ 的投放效率会保持较高的水平。

当然，如果是自己精心制作，并且非常有信心的视频，若在初始流量上表现不佳，尝试投放 DOU+ 也是正常的。视频火了自然好，表现依旧不好的话，总结原因，对今后的视频制作也有很多好处。

智能推荐适当投

智能推荐的好处在于抖音会根据大数据来实现"投放目标",并且在投放过程中,根据观众反馈,调整推广人群,从而让账号快速形成准确的"粉丝画像",如图49所示,为接下来的视频创作、运营,以及DOU+的定向投放打好基础。

之所以不建议过多投智能推荐,则是因为其推广的人群有时会与视频的目标受众具有一定的偏差,从而浪费部分付费流量。因此,一旦形成粉丝画像,就不建议继续投智能推荐了,而应该根据粉丝画像进行定向投放。

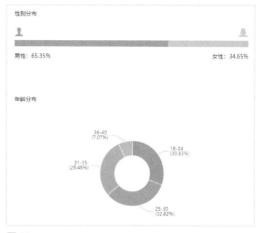

图 49

不带购物车就不要投点赞和评论

"投放目标"选择"点赞和评论"往往是为了提高单条视频的播放量。而如果视频没有带购物车,那么提高该视频播放量的意义就比较小。因为不带购物车的视频,其高流量的价值就在于粉丝转化。但由于靠投放 DOU+ 获得的高流量,其粉丝转化远没有直接投增粉 DOU+ 高。所以,除非是为了让更多的人看到视频,进而增加商品售出的可能性,其余情况不建议将投放目标设置为"点赞和评论"。

不要给带购物车视频投放 DOU+

起号阶段最重要的就积累粉丝,带购物车的视频有商品推销因素,导致很多观众对内容产生抵触心理,因此会降低投放DOU+ 的效果。纯分享类视频更容易获得认可,视频的点赞和评论量往往会更高,所以投放 DOU+ 付费流量得到的粉丝转化效果就会更好。

另外,值得一提的是,虽然为带购物车视频投放 DOU+ 可以提高商品成功售出的概率,增加收益,但对账号的长期运营而言,在起号阶段投放带购物车视频 DOU+,与具有一定粉丝基础后再投带购物车视频 DOU+ 相比,其效果会差很多,如图50 所示。

"磨刀不误砍柴工",在起号阶段打好粉丝基础,视频流量就有了保证,这样可以更有效地利用投放 DOU+ 的每一分钱。

图 50

"达人相似"这样投才对

很多人习惯选择系统推荐的达人进行投放，认为"这些达人都是自己所处领域的头部账号，粉丝也多，可以保证他们是对该领域感兴趣的观众"。但事实上，投"达人相似"的性价比并不高。

粉丝量不要太多

头部主播的粉丝量往往会非常多，可以达到千万级别。但这么多的粉丝，不是一两天积累的，可能是几个月甚至几年积累下来的。而在早期关注该账号的观众，其兴趣点可能已经发生了改变，进而导致在投该账号的达人相似时，一些流量并不精准。

因此，选择一些粉丝量太多，最好在 10 万左右的账号进行"达人相似"投放，可以在一定程度上确保流量是精准的。这里之所以强调"一定程度"，是因为还要满足下一个条件，才能让流量更精准。

最近半年起号

一些账号的粉丝量虽然在 10 万左右，但可能是运营了几年才达到这一数据的，同样会有粉丝兴趣点已经改变的情况。加上"最近半年起号"的限定条件，几乎可以确保该账号所吸引的大部分观众是对该领域感兴趣的。

内容侧重点不同

如果所选达人的内容与自己的过于相似，就势必会产生比较。当自己的视频内容质量明显比所选达人的视频质量高倒没有问题，一旦质量不如对方，不仅投放效果会很差，还相当于花钱为竞争对手提高了粉丝黏性。因为当其粉丝看到与自己关注的账号内容相似的低质视频时，会提升对已关注账号内容的认可度。

因此，建议大家在选择达人时，选择与自己同领域的是一定的，但最好内容侧重点有所区别。比如，都是做健身类内容，但图 51 所示的抖音号主要介绍如何利用哑铃等其他器械进行健身，而图 52 所示的抖音号则主要介绍如何通过学习搏击来健身。那么无论是用哑铃健身还是学习搏击健身的观众，都有可能对另一种健身方式感兴趣，从而产生不错的投放效果。

图 51

图 52

找视频质量比自己差的达人投放

如果目标达人的内容与自己的相似，但是质量明显不如自己的，也是可以进行投放的。但需要注意的是，由于认为"自己的作品比别人的好"是一种常见心理，所以除非质量差异非常大，否则不建议自己判断。找自己的亲戚朋友分别看一下两条视频，尽量进行客观的评价，更有利于准确地选择目标达人。

需要强调的是，DOU+ 归根结底只能锦上添花，而无法起死回生。也就是说，视频质量欠佳的抖音号，即便投 DOU+ 也火不了。而如果一个账号的视频质量已经比个别头部账号的质量还要高，即便不投 DOU+ 也会火。只不过投 DOU+ 可以让其火得更快、更彻底。

不同阶段账号的 DOU+ 投放策略

处于不同阶段的账号，需要解决的问题和决定未来发展速度的关键点不同，所以投放策略也不同。笔者按粉丝数量将抖音账号分为 4 个阶段，分别是一千粉丝以下、一万粉丝以下、十万粉丝以下和百万粉丝以下。

千粉级别账号重在明确粉丝画像

千粉以下的抖音账号处于起步阶段，该阶段的重点在于知道哪些观众喜欢自己的视频。而通过 DOU+ 智能投放，则可以加速粉丝画像的形成，为之后的精准 DOU+ 投放打下基础。同时，在该阶段还需要为账号打上标签。因为没有标签的账号，流量不精准，非常不利于之后的发展，所以此时发布的视频要高度垂直。

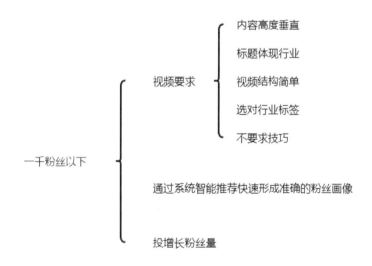

万粉级别账号重在获得精准流量

当粉丝量达到千粉级别以上后，已经形成了相对准确的粉丝画像，就可以有针对性地选择"达人相似"投放，进而获得精准的对自己所处领域感兴趣人群的流量，实现粉丝量的进一步突破。

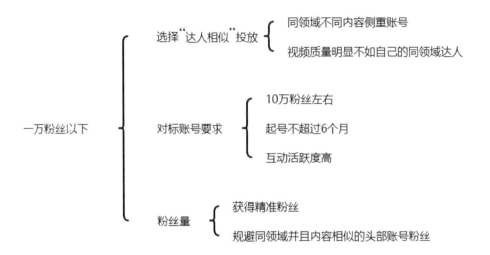

十万粉级别账号重在撬动自然流量

当粉丝量破万后，说明有了一定的粉丝基础，同时自然流量的精准性也会较高。接下来就可以利用DOU+来撬动庞大的自然流量池，打造爆款视频，并利用爆款视频带来的巨大流量持续涨粉。

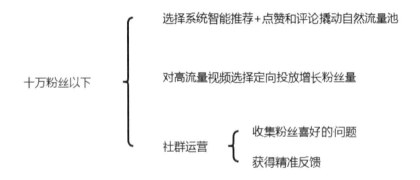

百万粉级别账号重在拦截新号流量

突破10万粉丝的账号已经进入账号成长的后期了，可以利用积累的人气对新号进行降维打击。选择粉丝增长势头较猛的新号进行"达人相似"投放，充分发挥已有优势。

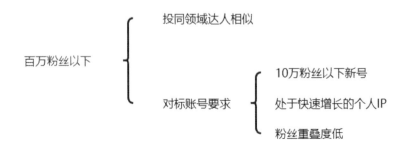

第 7 章

适合所有人的视频
带货变现

个人带货的可行性分析及成功案例

"这是最好的时代，也是最坏的时代。"用狄更斯的这句名言来形容当前的就业环境不能说不贴切。

一场疫情使大部分线下实体商业纷纷停摆，短视频平台的用户及人们观看视频的时长却大幅增长，从而使以短视频为主要载体的兴趣电商初步具备成为下一代商业门户的雏形。

对个人来说，只需一部手机、一个账号，就能利用视频完成带货，可以说是目前个人能够从事的门槛最低、上手最容易的创业或副业项目之一。

因为视频带货不用考虑供应链、不用考虑商标与售后，只需做好视频，做好引流，即可赚取30% 甚至高达 50% 的佣金。

因此利用视频带货特别适合失业的宝妈群体、毕业即失业的大学生群体、有大量农闲时间的农村居民群体，以及希望依靠副业多赚一些养家费用的职场人士。

但不可否认，也正是由于门槛较低，竞争也越来越激烈。只需简单地拍摄产品，就有可能爆单的现象越来越少。不少账号开始比拼视频创意、拍摄手法、账号运营技巧甚至是背景音乐。

但即便如此，利用视频带货依然是笔者推荐的普通人不能错过的创业方向。

如图 1 所示为笔者以"垃圾袋"为关键词进行搜索后，找到的第一个视频账号的带货成绩，销售 10 万 + 的成绩不能说不高，对一个普通的视频创作者来说，收入还是很可观的。

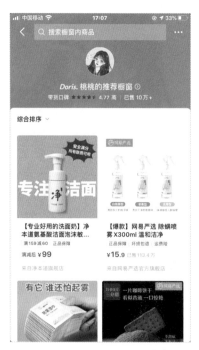

图 1

了解货源

通过前面的学习，大家已经了解了视频带货。这里的"货"可以是实物，也可以是虚拟产品，还可以是一个地理位置。下面讲解初学者最关心的货源问题。

销售自有商品

如果创作者本身已经有加工厂或代工车间，可以在抖音上开设自己的店铺，上传自己的商品。

由于抖音巨大的流量红利，目前已经有很多曾经在淘宝、京东及天猫上设有自营店的商家入驻了抖音。这些商用家本身既自有商品，对他们来说抖音是又一个销售渠道。利用这个渠道，不仅自己可以通过拍摄视频、开直播进行带货，还可以将自己的商品上架到精选联盟，邀请其他创作者来带货分销。

这样的抖音账号通常都是蓝V账号。当进入某个账号主页后，点击"进入店铺"图标，可以看到商家的保证金交纳情况及资质情况，如图2所示。

图2

分销他人商品

由于绝大多数抖音创作者不具备整合供应链、设计生产商品的能力，因此分销他人商品是唯一带货变现的方式。

简单地说，就是在精选联盟或第三方平台中选择与自己的粉丝定位及消费水准相当的商品，将其上架到自己的商品橱窗中。然后通过在视频中加入商品链接进行变现。后面会详细讲解具体的操作步骤。

这样的抖音账号通常都是个人账号，如图3所示。当进入账号主页后，点击"进入橱窗"图标，可以查看分销的数量。

图3

了解精选联盟供货平台

精选联盟是抖音撮合商品和视频创作者的平台，商家可以将自己的商品上架到精选联盟，创作者可选择分销商品，并通过视频和直播等方式推广。产生订单后，平台按期与商家和达人结算。

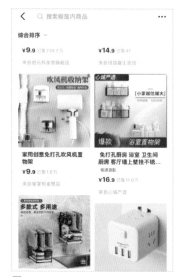

图 4

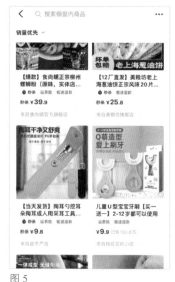

图 5

目前，在精选联盟中已经上架了大量商品，随意点开几个在抖音中已经获得较高收益的创作者分销橱窗，可以看到他们的商品基本上来源于不同的店家，如图 4 和图 5 所示。

虽然多数商品的分销佣金只有 15%~20%，但如果销售量高，收益也非常可观。如图 6 和图 7 展示了两个抖音号的月销数据，图 8 和图 9 展示了两个总销量超过 10 万的分销橱窗，销售量都非常高。

图 6

图 7

按每件货净利润 3 元来计算，月销售量达到 6 万件的店铺，月利润能够达到 18 万，而月销售量超 10 万件的店铺，每个月的纯利润至少 30 万。

相比于线下实体店铺要承担店面房租、人员工资等大量成本，而且还可能出现疫情等不可控的风险因素，线上进行视频带货可以说是普通人以低成本创业的绝佳机会。

但不可否认，由于越来越多的创业者进入这个领域，视频带货竞争也日益激烈。

图 8

图 9

创建有带货资格的账号

能够带货的账号并不是默认的，在前面的章节中笔者已经详细讲解过如何创建、装修普通账号。本节详细讲解如何将普通账号升级成为能够带货的账号。

开通带货功能的条件

一个账号要具有带货功能，必须开通"商品橱窗"权限，才可以在视频页面和该视频的评论区页面添加商品链接。

要申请开通"商品橱窗"权限需满足以下几个条件。

» 实名认证。

» 商品分享保证金 500 元。

» 个人主页视频数 ≥ 10 条。

» 抖音账号粉丝量 ≥ 1000。

需要注意的是，1000 个粉丝对很多成熟的视频创作者来说并不多。但对许多新手创作者来说，1000 个粉丝需要较长时间的积累。因此在抖音直播间及热门评论下经常出现互粉的留言，如图 10 所示，其目的就是为了尽快凑够 1000 个粉丝。

虽然笔者在前面的章节中讲过，互粉对账号并没有太大的实际意义，如果仅仅是为了达到开通橱窗的目的，也无不可。但正确的方法还是应该按前面 DOU+ 的相关章节中曾经讲过的新手起号的方法来进行操作。

除此之外，如果创作者本身有企业，或者是个体工商户，也可以直接将新账号认证成为蓝 V 账号。因为蓝 V 账号可以 0 粉丝直接开通橱窗，而且账号功能也比个人认证的账号更强大。

但需要注意的是，普通账号可以升级成为蓝 V 账号，但蓝 V 账号不可以降级成为普通账号。

另外，升级成为蓝 V 账号后，由于多了营销属性，对于打造接地气的人设会有一定的障碍，这也是为什么有部分蓝 V 抖音号抱怨升级后流量少了。其真实原因并不是因为抖音限制了蓝 V 账号的流量，而是账号的属性发生变化后，粉丝的心理发生了微妙变化，从而导致视频的互动数据变差，进一步影响了流量。

图 10

开通带货功能的方法

（1）打开抖音 App 后，点击界面右下角的"我"图标，再点击界面右上角的▤图标，打开如图 11 所示的界面，选择"创作者服务中心"选项。

（2）点击"商品橱窗"按钮，如图 12 所示。

图 11

图 12

（3）选择"商品分享权限"选项，如图 13 所示。

（4）在满足上文介绍的 4 个申请条件的前提下，点击界面下方的"立即申请"按钮即可。

图 13

缴纳带货保证金

申请开通"商品橱窗"时，需要缴纳作者保证金，以便抖音在收到消费者投诉时先行赔付，具体操作方法如下。

（1）点击"我"图标，点击"商品橱窗"选项，如图14所示。

（2）打开如图15所示的界面，点击"常用服务"模块中的"作者保证金"图标，按提示缴纳500元。

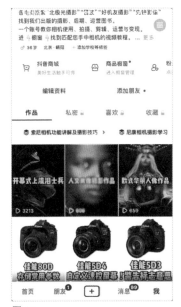

图14

图15

（3）缴纳成功后界面如图16所示，可以看到保证金的缴纳记录与具体金额。

（4）如果要开收据，可以点击"保证金记录"右侧的"查看全部记录"选项。

（5）在"保证金记录"页面，点击右上角的"开收据"按钮，如图17所示。

图16

图17

开设佣金收款账户

开通收款账户是为了方便付款结算，消费者付款后货款金额将会结算到创作者对应的收款账户中，所以开通收款账户是必不可少的流程。

（1）点击"我"图标，点击"商品橱窗"选项。

（2）打开如图18所示的界面，点击"账户升级"图标。

（3）在如图19所示的界面中选择账户的类型。对绝大多数个人创作者来说，均应该选择"个人"选项。如果已经开通了抖音小店，要选择"我是小店商家"选项，并且会跟小店店铺共用同一个账户。

（4）点击"下一步"按钮后确认结算账户信息，在此处需要选择抖音认证的实名账号，如图20所示。

（5）点击"下一步"按钮，在如图21所示的界面中上传身份证等信息，平台审核验证后，按提示进行操作即可完成开户。

图 18

图 19

图 20

图 21

精选联盟选品必看 4 大指标

按上面讲述的方法在精选联盟的选品广场中选择商品时，除了要看商品的类型是否与自己的粉丝匹配，还要点击商品图片，跳转到决策页，查看商品详细信息，包括销量、平台认证、商家售后服务保障、售卖效果、粉丝契合度、短视频随心推资质、推荐理由等。下面讲解几个重要的判断指标。

粉丝契合度指标

新手创作者在选品时可能会遇到把握不准的情况，不清晰自己的粉丝是否会对自己选择的商品感兴趣，此时不妨参考抖音官方给出的粉丝契合度指标，如图 22 所示。此商品的粉丝契合度为 76，明显不如图 23 所示的商品，其粉丝契合度为 92。

图 22

图 23

如果没有粉丝契合度值，也并不完全意味着此商品根本不值得考虑。如图 24 所示的商品就没有显示粉丝契合度，但其摄影器材的性质很明显与笔者经营的一个摄影账号的粉丝是契合的。

因此，显示粉丝契合度值的产品保险系统更高，但没有此值时就需要创作者自行判断了。

图 24

商家体验分指标

商家体验分是反映店铺综合服务能力的重要指标，由商家近 90 天内的"商品体验""物流体验""服务体验"3 个评分维度加权计算得出，体验分越高，流量加权越大。

因此，创作者应优先选择体验分高的商家产品，如图 25 所示为高分商品，如图 26 所示为低分商品。

图 25

图 26

安心购认证

如果货品是实物，推荐创作者优先选择有安心购认证的商家，如图27所示。

安心购是抖音为消费者推出的多重服务保障品牌。要求商家为店铺内的商品同时提供7天无理由退货、正品保障、坏损包退、运费险、上门取件、未发货极速退款6项服务。如果经营的是美妆类目，还要为商品提供"过敏包退"服务。

有了安心购的保障，带货达人就可以在售后服务方面少很多麻烦，如图28所示。

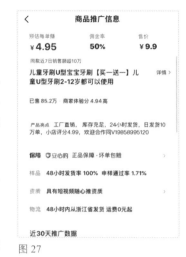

图 27

图 28

广告投流资质

短视频随心推资质是指当创作者为带购物车的短视频投广告时，商品和视频内容需同时审核通过才可投放。如果商品已通过广告审核，则具有短视频随心推资质。此时只需视频内容通过审核，即可投放广告。没有推广资质商品的挂车短视频，可能无法通过广告审核。

如果创作者为自己的带货视频投放DOU+，则一定要关注商家产品是否有短视频随心推资质。如图29所示为有该资质的产品，如图30所示为没有该资质的产品。

图 29

图 30

其他指标

除了以上各个指标，创作者还应该查看此商品是否支持免费申样、最近30天的推广数据、真实商品评价等细节。尤其是推广达人数曲线，数据上升说明此产品处于放量期，值得密切关注，如图31所示。

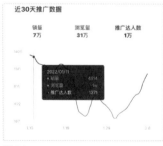

图 31

利用爆品助推视频

要在抖音平台上通过带货获得较高收益，除了要创作优质视频，还需要找到爆品，有的好产品自带流量，能够弥补新手创作者的内容短板，而且选品效率更高，试错成本更低。

下面讲解如何在手机上查找爆品。

（1）进入抖音后，点击右下角的"我"图标，点击"商品橱窗"按钮，再点击"选品广场"图标。

（2）在精选联盟商品选择页面点击"热销榜单"图标，显示如图 32 所示的页面。

（3）选择适合自己账号的品类，即可看到商品的销售量，例如图 33 所示的页面显示，排名第一的手机支架仅一天的销量就达到了 4741，点击"加橱窗"按钮。

（4）向下滑动页面，可以查看更多商品，找到合适的商品后，点击"加橱窗"按钮即可。

（5）除了"热销榜单"，还可以在选品广场页面点击"爆款推荐"图标，在如图 34 所示的页面中查看前一日成交金额、销售件数、动销达人数最多的爆品等。

（6）在选品广场页面，点击"新品专区"图标，可以在如图 35 所示的页面中查看抖音通过数据分析推荐的潜力新品，也非常值得创作者关注，说不定下一个全网爆品就可能在这里诞生。

图 32

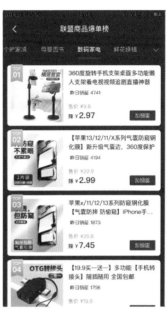

图 33

图 34

图 35

在橱窗中上架精选联盟商品

当账号具备带货资格后，则可以在橱窗中上架各类产品，并在以后发布视频时带货。下面讲解如何在橱窗中上架抖音官方精选联盟产品。

（1）进入抖音后，点击右下角的"我"图标，并继续点击"商品橱窗"按钮，在如图36所示的页面中点击"选品广场"图标。

（2）在如图36所示的精选联盟商品选择页面中，选择与自己的账号粉丝匹配的商品，在此笔者选择的是"图书音像"品类，如图37所示。

图 36

图 37

（3）在"选品广场"中选择希望上架到橱窗的商品，并点击"加橱窗"按钮即可，如图37所示。

（4）点击"筛选"按钮，在如图38所示的页面中，对佣金率、月销量、商家体验分等数据进行筛选，从中找到适合自己的商品。

（5）点击商品右下角的"加橱窗"红色按钮，将其加入橱窗，如图39所示。

图 38

图 39

（6）返回"商品橱窗"页面，点击"橱窗管理"图标，如图 40 所示。

（7）在"橱窗管理"页面中点击如图 41 所示的商品右下角的"编辑"按钮 。

图 40

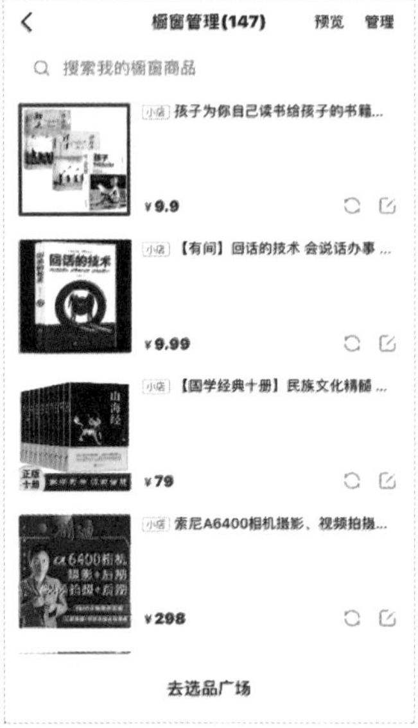

图 41

（8）打开如图 42 所示的页面，可以对商品显示在视频右下角的购物车标题及直播间卖点标题进行编辑。

（9）完成编辑后，点击"橱窗管理"页面右上角的"预览"按钮，以消费者的视角查看自己的橱窗，如图 43 所示。

（10）如果需要下架某一个分销商品，可以点击"橱窗管理"页面右上角的"管理"按钮。将要下架的商品选中，然后点击页面下方的"删除"按钮即可。

图 42

图 43

根据自身情况确定带货视频类型

带货视频主要有3大类型，分别为剧情类、种草类和才艺展示类。深挖某一类型的带货视频，才能让自己的特点更突出，也更有利于抖音将其准确地推送给目标人群。

团队适合剧情类

剧情类内容创作是一种门槛较高的创作类型，所以此类内容创作者少，竞争压力与下面将要介绍的另外两种类型的视频相比要小一些。

导致此类视频门槛较高的主要原因之一，就是需要多人协作才能完成剧情类内容的创作。其中演员最少有两人，还需要一人进行录制，所以至少需要3人。

图44

解决了"人手"问题后，剧本和视频录制、剪辑都比较容易解决。

剧本可以在网上搜索，有很多相关的优质资源和平台。比如"抖几句"就是一个不错的剧本交易平台，如图44所示。也可以借鉴同类视频并对剧情进行翻改，从而跳过脚本的障碍。

图45

图46

录制与剪辑视频，只要通过简单学习就可以达到抖音短视频的平均制作水平。

优秀的剧情类短视频账号涨粉速度非常快，图45～图48所示的4个账号都是数千万级别的，直播带货及广告植入收益也非常高。

图47

图48

KOC适合口播种草类

KOC（Key Opinion Consumer），即"关键意见消费者"。这类人群往往在某一领域的消费比较频繁，并且对该领域的产品有较全面的体验，所以更了解产品之间的差异与适用人群。

由于KOC自己就是消费者，分享的内容多为亲身体验，所以他们的短视频更受粉丝信任，非常适合创作口播种草类内容。

例如，号称有一仓库化妆品的"深夜徐老师""广式老吴"等抖音号，都是成功的口播种草类带货视频创作者，如图49所示。

如果创作者在某一方面有很丰富的使用经验，不妨考虑参考此类账号进行创作。

图49

有特长适合才艺展示类

才艺展示类内容绝不仅仅局限于唱歌、跳舞、绘画等常规才艺，类似健身达人、美食达人和美妆达人等都属于才艺展示类，因为他们都在某方面具有特长，并且可以向观众进行展示。

需要注意的是，在才艺展示类内容的创作中，绝对不是越专业、技术越高超，流量就越高。

视频内容的呈现方式是否适合大多数普通观众学习，能否展现内容的价值，要比专业性和技术性重要得多。

事实上，越专业的内容受众可能越少，流量也越低，反而不利于爆款的出现。

从另一个方面考虑，不要因为自己在专业性上没有做到顶尖，就认为不能在抖音平台获得成功。

事实上，只要自己比绝大多数业余人员更专业，就不存在技术上的门槛。

主要精力应该放在制作符合观众需求的内容上，很多美食教学类视频内容的优质创作者，他们绝大多数都只是普通的厨师，由于菜品适合普通观众去尝试制作，往往能够获得很高的流量，如图50所示。

图50

过程展示类带货视频的创作思路

这类视频与前面讲述的才艺展示类视频的创作思路类似，区别在于创作过程展示类带货视频的时候，更注重过程的趣味和新奇视觉。

例如图51所示的修台球杆的视频，用到的各种工具与技术都在日常生活中非常少见，自然能够获得较高的播放量。

如图52所示的视频展示了手工酥饼的制作过程，视频充分体现了手工酥饼的酥、脆，以及金黄的色泽，非常能够引起食欲。这条视频虽然不是一条直接带货销售视频，但添加了商家的地址，所以附近的人群自然就很容易按照地址找到卖家，从而促成交易，让人们产生购买行为。

图51

图52

结果说明类带货视频的创作思路

这类视频特别适合表现健身、舞蹈培训辅导，以及美容、手术治疗等领域的产品。

如图53所示的视频是华西四院眼科部门创作的。虽然视频的内容比较简单，但是由于标题非常吸引人，所以获得了非常好的传播效果。

如图54所示为这条视频的评论区，可以看到有大量留言咨询手术费用等相关问题。

由此可以推断，这条视频为华西眼科收集到了大量潜在的客户群体，因此是一条非常成功的带货宣传视频。

图53

图54

快速找到可供借鉴的带货视频

对新手来说,建议在做带货视频之前先看一下同类商品视频。

例如,要创作的视频内容是推销拖把,则应该按下面的方法,先找到销售量较高的与拖相把关的视频。

(1)在抖音 App 中点击"首页"图标,再点击右上角的放大镜搜索图标,如图 55 所示。

(2)在搜索栏中输入"拖把",点击"搜索"按钮。

(3)在页面上方点击"商品"标签,如图 56 所示。

图 55

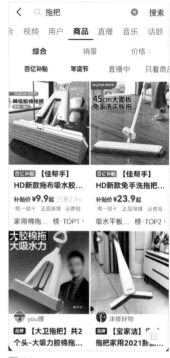

图 56

(4)点击页面上方的"销量"标签,则可以按销量对商品进行排序。如果商品图片的左上角有一个圆形播放按钮,则表示有相应的带货视频,如图 57 所示。

(5)播放视频后,打开评论区,可以看到与拖把相关的评论,如图 58 所示。在创作视频时,将这些评论区的讨论要点加入进去,就可以更好地解决潜在客户的顾虑。

按此方法,多查看几条相关视频的拍摄方法与评论区,就不难创作出更好的视频。

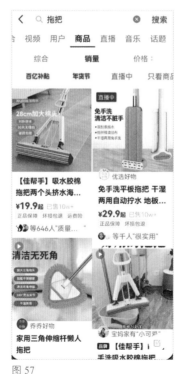

图 57

图 58

引导观众点击商品链接的方法

想通过视频带货变现，可不是简单地在视频中加上商品链接就能实现的，毕竟观众不会平白无故地点击商品链接去购买。因此还需要通过一些方法引导观众点击链接，并打磨视频内容，使其更能打动观众，进而购买视频中的商品。下面先来了解下有哪些引导观众点击商品链接的方法。

通过"箭头"引导观众点击

在后期剪辑视频时，可以在商品链接的上方添加一个动态的"箭头"贴纸，用来引导观众点击。由于商品链接的位置是固定的，为了让箭头添加位置更准确，建议先截屏一个带商品链接的视频，记住其位置，然后再添加箭头。

需要注意的是，为防止箭头影响视频内容的表现，以及引起观众的反感，建议当在视频中提到商品时，让箭头短暂出现1~2秒即可。

通过手势引导观众点击

如果是有真人出镜的带货视频，可以在介绍到商品时，用手"指一指"链接所在位置，可以起到比"箭头"更好的引导效果，尤其是一些已经建立起口碑的账号，观众可能会不自觉地点开链接看一看商品。

通过文字引导观众点击

无论是通过"箭头"引导还是通过手势引导，都需要语言进行配合。但事实上，有相当一部分人，在看视频时是不开声音的，这就导致出现时间较短的手势或箭头无法让观众立刻明白是在建议点击链接购买商品。

如果结合文字引导，观众即便不开声音，也会一眼明白通过点击"小黄车"可以购买视频中出现的商品。当同时运用以上3种方式时，就可以呈现图59所示的效果。

图 59

在视频中挂载商品的方法

在抖音视频中挂载商品的操作方法比较简单，下面分别讲解手机端及电脑端的操作方法。

手机端操作方法

（1）当在手机端发布视频时，在发布页面点击"添加标签"选项，如图60所示，然后在如图61所示的页面中选择"商品"选项。

（2）在"我的橱窗"页面中选择要添加的商品后，点击"添加"按钮，如图62所示，在此最多可以在一条视频中添加6件商品。

（3）添加完成后，点击"下一步"按钮，如图63所示。

（4）在各个商品的"推广标题"文本框中输入商品标题，如图64所示，然后点击"确定"按钮。

（5）此时，可以在发布视频页面看到商品已挂载成功，如图65所示。

（6）点击"发布"按钮，即可成功发布带货视频。

图 60

图 61

图 62

图 63

图 64

图 65

电脑端操作方法

由于在电脑端发布视频时需要添加商品链接，因此更便于有小店的商家进行操作，方法如下。

（1）当在电脑端发布视频时，在发布页面点击"添加标签"选项，在如图66所示的页面中选择"购物车"选项。

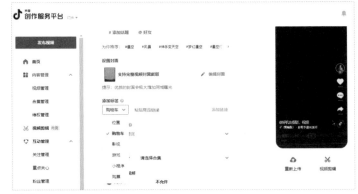

图66

（2）进入自己的小店后台，点击左侧功能列表中的"商品管理"选项，找到要添加的商品后，点击页面右侧的"复制链接"按钮，如图67所示。

图67

（3）返回电脑发布页面，将链接复制到"购物车"右侧的输入框中，再点击红色的"添加链接"按钮，如图68所示。

图68

（4）在弹出的"编辑商品"对话框中，编辑将会显示在视频左下角购物车上的"商品短标题"，如图69所示。

（5）多次重复以上操作，即可挂载多个商品，如图70所示。

图69

带货视频发布频次限制

抖音对不同粉丝量级的账号有不同的带货视频发布频次限制。

粉丝数<1000的账号每周只能发布1条带货视频；粉丝数在1000～3000的账号每天可以发布2条带货视频；粉丝数在3000～10000的账号每天可以发布5条带货视频；粉丝数在10000及以上的账号每天可发布10条带货视频。

图70

引导观众进入商品橱窗

有了橱窗，上架了商品，还要引导观众进入橱窗，才能让商品曝光，进而有机会成功变现。下面列举 3 种引导观众进入橱窗的方法。

通过简介引导观众进入商品橱窗

当观众对某个抖音号感兴趣时，往往会进入其主页查看更多视频。而打开主页，首先映入眼帘的就是账号或内容创作者的简介。通过在简介中加入类似"自用好物都在橱窗"或"想学习看我橱窗2套课程"，来对橱窗商品进行宣传，如图71所示。

图 71

在视频中加入文字引导观众进入橱窗

在视频中加购物车链接只能对一件商品进行推广，而无法将观众引导至橱窗看到更多的商品，所以可以通过在视频中加入文字的方法，吸引观众进入橱窗，如图72所示。

笔者曾经看过一条美食类的视频，在介绍美食制作方法的过程中使用了多种厨具，比如彩板、刀具、盘子、锅等，然后在视频结尾以文字的方式告诉观众"视频中所有厨具可在橱窗选购"，同样有很好的效果。

通过标题引导观众进入橱窗

在标题中加入"进入橱窗有惊喜""买 XX 进橱窗"等字样，同样可以起到为橱窗引流的作用，如图73所示。另外，增加标题长度还有助于提高视频完播率，可以说是"一箭双雕"。

图 72

管理橱窗中的商品

在创建账号初期，有些人可能随便上架一些商品。但随着账号在垂直分类下的内容越做越多，商品的类别也会更加集中，势必需要对原有的部分商品进行更改。下面介绍管理橱窗中商品的方法。

（1）进入"商品橱窗"后，点击"橱窗管理"选项。

（2）点击商品右侧的✐图标，即可编辑通过视频或直播推广该商品时的链接文字。

（3）点击右上角的"管理"选项，即可选择商品进行"置顶"或"删除"操作。

图 73

商品橱窗变现案例分析

此处以抖音号"近我者瘦"的商品橱窗为例进行分析，找到为何该橱窗的已售商品件数可以达到 10 万＋。

通过简介为橱窗引流

该账号使用了前文介绍的通过简介为橱窗引流的方式，并且简介的第一句话就是"自用好物都在橱窗"。再加上其简介语言整体简洁，所以这第一句话就显得尤为突出，属于利用简介为橱窗引流的教科书级示范，如图 74 所示。

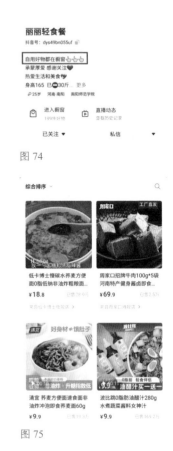

图 74

橱窗商品以视频的形式展示

打开"近我者瘦"的商品橱窗，会发现画面不是静止的，而是以动态视频的方式进行商品展示的。这会给观众带来更好的购买体验，会自然地形成一种"在这里买东西放心"的潜意识。

橱窗商品与账号内容高度匹配

该账号的视频内容主要是教大家制作低脂食物，所以其橱窗中的所有产品均为低脂食品，如图 75 所示。与视频内容的高度匹配使进入橱窗的观众往往可以从中选择到自己需要的商品。

需要注意的是，橱窗商品与账号内容高度匹配的前提是，账号内容要高度垂直，也就是可以深挖一个领域。这样才能让吸引到的观众更精准，从而使其进入橱窗后，看到与其相关的商品，就更容易购买，进而成功变现。

选择靠谱商家的高销量商品

仔细观察该橱窗内的商品，会发现其销量几乎均在 10 万以上，而且随便打开一个商品，其商家的评分都很高。

比如图 76 所示的"鸡胸肉丸"，销量高达 18 万。售卖该商品的"橙子快跑食品旗舰店"评分高达 4.88 分，超过 89% 的同行，如图 77 所示。

在选择橱窗商品时，不仅要考虑佣金有多少，更重要的是选择那些优质商家的爆款商品，争取让自己的橱窗也有"回头客"，能够让观众"信得过"。

图 76

图 77

带货视频变现案例分析

视频概况

视频采取剧情表现的手法，时长1分25秒。

图78

大致剧情为：同事甲总是在模仿女主角，比如买同样的口红、包包等。当同事甲又一次模仿女主角穿着紫色裙子时，同事乙忍不住指出同事甲比较黑，不适合穿这条裙子。正当气氛变得尴尬时，女主角提到自己也不是天生白的，进而植入精华液广告，并给同事甲试用，还送了她一瓶。最后友善地告诫同事甲不要把自己活成别人的影子。

视频上线后，获得1089.7万播放量、58.4万点赞量以及6417条评论量。出色的表现得到了甲方高度认可，如图78所示。

广告内容创作关键点

用效果突出产品

在该案例中，并没有简单地通过"背书"来介绍产品的美白效果有多好，而是在视频中实际演示了涂抹后确实变白的效果，如图79所示。当然，也存在视频中人物变白并不是完全依靠宣传的产品实现的这一情况。但这种展现使用产品过程及前后对比效果的思路，几乎适用于所有美白、护肤类产品广告。

用正能量激发观众点赞、转发

该视频最后总结出了一个观点：永远不要把自己活成别人的影子，因为每个人都是世界上最宝贵的，是独一无二的。

这种充满正能量的观点很容易激发观众的认同感，进而转化为点赞或转发，让视频得到更广泛的传播。

图79

用善良与温柔打动观众

这条视频其实也在一定程度上表现出了为何"乔儿"这个抖音号能积累558万粉丝。其中一个重要原因就是女主总会用善良与温柔对待身边那些可能有些许"恶意"的人们，也就是所谓的"以德报怨"，进而让观众感觉到现实中难得一见的善意，并为之感动。

比如，在这条视频中，对待总是模仿自己，并且不承认自己在模仿的同事，"乔儿"不仅没有埋怨，还向其推荐并送给她一瓶美白产品，如图80所示。这种似乎不太现实的温柔与善良，让观众的心情也舒畅起来。

图 80

情节也要有节奏

该视频中一共出现了3次同事甲模仿女主的情况。如果表现这3次模仿的画面节奏基本相同，那么在看完前两次模仿后，就会让人产生视觉疲劳，在第三次模仿刚开始时，势必会有很多观众停止观看，导致完播率较差。但该视频在以相近的节奏表现了前两次模仿后，特意穿插一段同事乙问女主有没有感觉到同时甲在模仿自己的情节，从而改变了视频节奏，让观众在看到第三次模仿时，依然不会觉得乏味、雷同。

广告拍摄与剪辑的关键点

拍摄关键点

拍摄该视频的关键点在于多次利用前景来营造人与物的关系。比如，当"乔儿"讲到自己买了个新包时，新包就是作为前景出现在画面中的。当"乔儿"发现同事甲的桌子上有一个和自己的包一模一样的包时，也是通过将包作为前景来让观众意识到这一点的，如图81所示。

剪辑关键点

在介绍产品时，很明显有一句话与口型对不上。这是因为在录制视频时，产品介绍与最终确定的版本有一定偏差。遇过这样的情况就可以通过后期，将原视频中的这段语音删掉，再配上新的语音，从而无须重拍，即可正确地对产品进行介绍。

图 81

第 8 章

适合企业及个体户
的抖音小店变现

抖音小店及 4 大优势介绍

抖音小店又称为抖店，是类似于淘宝店铺的电商经营平台。进入抖店后，可以看到已售数据及相关资质，如图 1 所示。抖店具有以下几个特点。

图 1

一站式经营

开通抖店后，商家可以通过从内容到数据，再到服务的全方位抖店产品，实现商品交易、店铺管理、售前 & 售后履约、第三方服务市场合作等全链路的生意经营。

多渠道拓展

商家可以在抖音、今日头条、西瓜、抖音火山版等渠道进行商品分享，实现一家小店，多个渠道销卖。

双路径带货

开通抖店后，不仅商家可以自行销货，更重要的是可以通过将商品加入精选联盟，通过高佣金使海量抖音创作达人自主带货，从而迅速提升销售渠道，获得更高的收益。

开放式服务

类似于淘宝与天猫，目前抖店商家也可以在第三方服务市场中选择商品，可提高商品管理、订单管理和营销管理等经营项目效率的服务。

开通抖音小店的条件与成本

开通条件

只有个体工商户或企业才可以开通抖音小店。虽然开通抖音小店时可以使用亲属或朋友的执照，但由于抖音小店的对公结算账户必须是执照法人私人账号或执照公司对公户，所以为了避免麻烦，建议还是使用自己注册的工商户或企业执照。

开通成本

要开通抖音小店，需要按抖音小店所售商品的类目交纳保证金。类目不同，保证金也不同。主体不同，保证金也不相同。例如，同样是经营笔记本电脑类目，个体户保证金是 10000 元，企业保证金为 20000 元。如果经营多个类目，按最高金额收取，不进行叠加。

虽然抖音小店有一定的开通条件与成本，但考虑到抖音电商属于新型电商，竞争激烈程度与天猫、淘宝、京东等传统电商还有一些差距，因此建议有意在电商领域发展的创作者尽早申请，尽早开通。

抖音小店的开通方法

抖音小店的开通门槛较高，只有个体工商户或企业、公司才能开通。

开通抖音小店可以分为5步骤。

（1）提交申请，在电脑端申请需要进入 https://fxg.jinritemai.com/ 网站，在手机端提交申请可以点击创作者主页的"商品橱窗"，再点击"开通小店"图标，如图2所示。

（2）提交营业执照、法人/经营者身份证明、店铺LOGO、其他相关资质证明等。

（3）平台审核上述资料。

（4）账户验证，即使用银行预留手机号实名验证，或者通过对公账户打款金额进行验证。

（5）缴纳保证金，即可以成功开店。

图2

学习抖音小店的功能及运营技巧

抖音小店有异常强大且丰富的功能，而且迭代速度极快，基本上每一周都有小的改动，因此每一个小店运营人员都必须有一定的自学能力，并且掌握自学的方法。

笔者的学习经验：定期进入抖音电商学习中心网站，其网址为 https://school.jinritemai.com/doudian/web，如图3所示。

在这个网站中，不仅能够学习最新运营知识，还可以在点击页面上方的"规则中心"标签，学习了解抖音电商的各种规则，如图4所示。

此外，点击"功能中心"标签可以详细学习抖音小店各项功能的使用方法。

点击"课程中心"可以免费学习包括规则解读、流量获取、直播运营、短视频运营、货品运营、粉丝运营、客户服务、数据分析等各类短视频相关课程。

图3

图4

管理抖店

开通抖店仅仅是万里长征第一步，后面还有大量工作，包括上架产品、装修店面、将产品加入精选联盟、设置物流模板、设置客服等，这些工作都要在图 5 所示的抖店后台进行，抖店登录网址为：https://fxg.jinritemai.com/。

抖店的功能非常丰富、复杂，在此仅讲解比较重要的装修抖店与将商品加入精选联盟的操作。

图 5

装修抖店

要装修抖店，可以按下面的步骤操作。

（1）在电脑端打开 https://fxg.jinritemai.com/ 网站，使用抖音账号登录。

（2）点击左侧功能区的"店铺装修"按钮，进入如图 6 所示的页面。

（3）点击"编辑"按钮进入如图 7 所示的装修页面，从左侧的组件区域将需要的组件一一拖动添加至主页上。

（4）在页面右侧的组件参数设置区域，对每一个组件的参数进行设置。

图 6

图 7

精选联盟商品入选标准

无论店家是自己经营矩阵号，还是希望其他的达人帮自己带货，前提条件都是在开通抖店后将自己的商品加入精选联盟。

将商品加入精选联盟的操作并不复杂，但并不是所有商品均可以加入。为了优化整个抖音电商生态，抖音为精选联盟设置了以下几个准入条件。

商家条件

» 商家店铺体验分高于（含）4 分，新商家（入驻成功 60 天内的商家）且无体验分，暂不做考核。要查看店铺体验分，可以点击抖音主页的"进入店铺"按钮，查看如图 8 所示的红色数字。

» 商家店铺不存在抖店《商家违规行为管理规则》中"出售假冒/盗版商品""发布违禁商品/信息""虚假交易""不当获利""扰乱平台秩序"等严重违规行为而被处罚的记录。

» 商家店铺账户实际控制人的其他电商平台账户未被电商平台处以特定严重违规行为的处罚，未发生过严重危及交易安全的情形。

» 商家店铺需要根据不同店铺类型上传品牌资质，并保障品牌资质的真实性、合规性及链路完整性。

图 8

商品标准

»商家在精选联盟平台添加推广的商品（创建推广计划的商品），品质退货率和投诉率需要满足一定的标准。一般来说，退货率 ≤ 4%，投诉率 ≤ 2%，对于较贵重的商品，退货率与投诉率要更低，才可以满足进入精选联盟的要求。

» 加入精选联盟的商品，其类目、标题、主图、详情、价格等应符合平台要求，不得出现"滥发信息"行为。

» 商品详情页需要对商品形状、质量、参数等进行准确描述，不得仅以秒杀链接、专拍链接、邮费链接、价格链接、福袋等形式进行售卖。

» 特殊功效商品须上传相关资质，通过精选联盟平台审核后才可在精选联盟中推广。

需要注意的是，进入精选联盟后并不等于进入了"保险箱"。如果商家店铺体验分低于 3.5 分，则会被系统从精选联盟中清退，而且平台会每日校验商品指标，对没有达到加入标准的商品进行清退，当商品再次符合准入标准后可再次开启推广。

将商品加入精选联盟的操作方法

（1）进入抖店后，点击上方的"精选联盟功能"菜单，进入如图9所示的页面。

图 9

（2）点击页面上方的"计划管理"选项，进入计划管理页面，如图10所示。

图 10

（3）点击页面右侧的"添加商品"按钮，并选择要加入精选联盟的商品，如图11所示，点击"确定"按钮。

图 11

（4）在"商品设置"对话框中设置"设置佣金率"及申样方式，默认情况下虚拟货品要取消选择"免费申样"单选按钮，点击"确定"按钮，如图12所示。

图 12

（5）此时在商品列表页面中，即可看到已经添加到精选联盟里面的商品了，如图13所示。

图 13

第 9 章

适合所有人的
直播卖货变现

搭建直播间的硬件准备

一个直播间主要由 6 部分组成，分别为直播设备、采集卡、收声设备、灯光设备、网络设备和房间布置。

直播设备

目前主流的直播方式有两种，一种是使用手机进行直播，另一种是使用相机进行直播。

使用手机直播

为了保证直播质量，建议使用后置摄像头进行直播。但这样操作就会导致主播无法在使用一台手机的情况下，既能进行直播，又能同时看到直播效果和观众的评论。

这里有一个小技巧，就是在桌面上摆一面镜子，将手机用支架固定，并将后置摄像头对准镜子，如图 1 所示，即可实现既可以用后置摄像头直播，又可以通过该手机看到直播效果的目的。

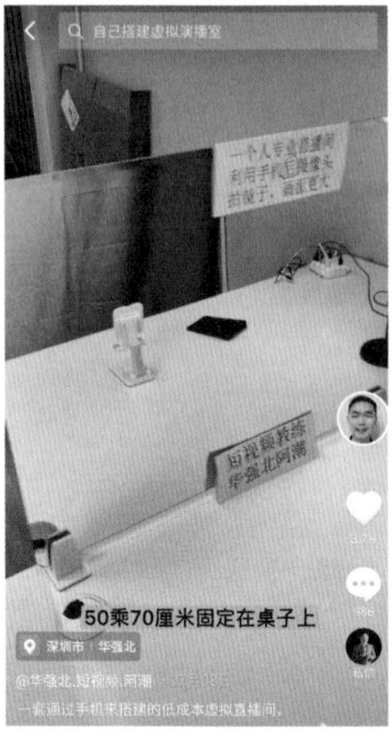

图 1

使用相机直播

如果想获得更好的直播画质，可以用单反或微单相机进行直播。但与此同时，还需要以下两个设备。

1. 一台电脑。相机拍摄的画面需要实时传输到电脑中，然后通过电脑再传输到直播平台。

2. 采集卡。相机拍摄到的画面需要通过"采集卡"才能实时传输到电脑中。

虽然使用相机直播画质更优，但搭建直播间的成本也会更高。

采集卡

正如上文所述，准备采集卡是为了在使用相机直播时，将相机拍摄的画面实时传输到电脑上。但当对不同画质的内容进行采集时，需要的采集卡性能也有区别。

在采集卡参数中，最为重要的一项即"输出画质"，也就是采集卡对视频信息进行采集后，可以输出的最高画质。

一般体积较小、价格较低的采集卡，如图 2 所示的绿联价值 99 元的产品，虽然可以输入 4K/60Hz 内容，但却只能输出 1080P/30Hz 内容。

图 2

如图 3 所示的绿联另一款价值 599 元的采集卡，可以输出 4K/60Hz 的内容。同时，具备的更多接口也让视频和音频采集有更多选择。另外，更高价格的采集卡也往往具备更低的延时，防止直接通过电脑进行采音时出现音画不同步的现象。

图 3

5 种常见的收声设备

根据直播环境及对声音质量的要求不同，有不同的收声设备供选择。

高性价比的带麦耳机

如果直接用手机自带的话筒进行收声，会出现大量的杂音。获得相对较优的声音最简单的方法就是插上带麦耳机后进行收声，如图 4 所示，可以在一定程度上提高音质并防止出现杂音。

图 4

室内常用的电容麦克风

如果在室内直播，并且希望获得更高的音质，那么电容麦克风是比带麦耳机更优的选择，如图 5 所示。需要注意的是，有些麦克风只能连接声卡使用，如果不打算购买声卡，则在购买时要注意区分。

室外常用的动圈麦克风

动圈麦克风的特点是浑厚、饱满、抗噪性强，因此适合高噪声的场所，如室外直播、室外演讲等。

图 5

便携的"小蜜蜂"

"小蜜蜂"麦克风又被称为无线领夹麦克风。其特点在于麦克风本身的体积非常小，可以隐藏在领子下，或者直接放在桌面上，用其他道具简单遮盖下即可。

"小蜜蜂"麦克风分为接收端和发射端两部分，如图 6 所示。发射端与麦克风相连接，通常被别在主播的腰间，而接收端则与手机或电脑连接。

图 6

提供更高音质的声卡

如果想获得更有质感的声音，配备一块声卡是必不可少的。根据直播设备的不同，可以选择购买与手机相连的还是与电脑相连的声卡。而声卡的另一端，则与麦克风连接，如图 7 所示。

图 7

3 种常见的灯光设备

灯光设备与直播画质息息相关。如果一个直播间内的光线充足，那么即便用手机拍摄，也可以实现清晰度高的直播。所以在预算不足，无法既购买灯光又购买相机直播的相关设备的情况下，建议优先购买灯光设备。

环境灯

即便使用专业单反或微单相机进行直播，在仅使用室内常规灯光的情况下，也很难实现优质的直播画面。而当借用自然光进行直播时，又会引起画面色彩及明暗的变化。所以，负责打亮整体环境的灯光就显得尤为重要，而此类灯光就被称为"环境灯"。

"环境灯"通常以影室内亮灯来实现，如图 8 所示。通过柔和的光线让整个场景明亮起来，不会产生浓重的阴影。同时为了让光线尽可能柔和，柔光箱必不可少，还可以将光线打在屋顶或墙壁上，利用反光来提高室内亮度。

图 8

主灯

如果整个环境足够明亮，并且主播面部光线均匀，那么其实只要有环境灯就足够了。

但对于一些对面部有较高要求的直播，如美妆类直播，则建议增加主灯，让主播的面部表现更细腻。

主灯建议选择如图 9 所示的球形灯。因为球形灯可以让主播的受光更均匀，起到美颜的效果。另外，球形灯的显色度也不错，可以将产品的色彩在直播中真实地表现出来。

另外，环形灯也是主灯不错的选择之一。其光线质量虽然不及球形灯，但性价比较高。如果觉得将一盏环形灯放在正前方很晃眼，可以购买两盏，放在左右两侧，同样可以打造出非常均匀的光线。

图 9

辅助灯

辅助灯在直播间主要起点缀作用。比如，在背景中营造一些色彩对比，让直播间更有科幻感，或者通过小灯串为直播间营造温暖、浪漫的氛围等。

辅助灯通常使用 RGB 补光灯来实现，可以手动调节多种不同的色彩，营造不同的氛围，如图 10 所示。

图 10

3 种直播间布置方法

房间布置并没有什么硬性要求，只要整体看上去简洁、干净即可。当然，也可以布置一个充满个性的直播间，比如放很多手办、毛绒玩具等。下面介绍 3 种常见的直播间搭建方式。

通用型直播间布置

相信很多人都是在家中进行直播的，这就导致可能有多余的景物出现在画面中。其实只需购买一块灰色的背景布挂在身后，如图 11 所示，就可以解决所有问题。

为什么不是白色的背景布而是灰色的呢？主要是因为白色的背景布反光太强。再加上很多人不懂如何布置灯光，就会导致背景很亮、人脸很暗的情况发生。用灰色的背景布就不会有这个问题，即便只使用室内的灯光，也可以让人物从背景中凸显出来，而且使用灰色的背景布也不容易让观众产生视觉疲劳。这是一种简单又通用的直播间布置方法。

图 11

主题直播间布置

为了让观众更有代入感，可以使直播间的布置与内容更匹配。比如图 12 所示的茶艺直播间，就是通过古色古香的展架和其上的摆件，以及一棵绿植来营造古朴的氛围的，继而与"茶艺"的悠久历史相匹配，让观众更容易投入到该直播中。

虚拟直播间布置

虚拟直播间是目前最火爆的直播间，布置虚拟直播间关键就是使用一块绿幕，如图 13 所示。

将绿幕作为画面背景，通过直播软件对绿幕进行抠图，并将指定的图片或视频合成到画面中，即可实现动态的可快速更换不同背景的虚拟直播间。如图 14 所示的直播间背景就是通过绿幕和直播软件共同实现的。

图 12

另外，如果想在直播过程中更方便地更换背景视频或图片，还可以配置一个如图 15 所示的蓝牙键盘，并设置更换背景的热键，即可一键切换背景。

图 13

图 14

图 15

使用手机直播的操作方法

如果对直播画质及画面设计要求不是非常高，以上配件准备好后即可开始直播。开播的基本操作如下。

（1）进入个人主页，点击界面右上角的 图标，如图16所示。

（2）点击"创作者服务中心"选项，如图17所示。

（3）点击"全部分类"选项，如图18所示。

图16

图17

图18

（4）点击界面下方的"开始直播"按钮，如图19所示。

（5）点击"开启位置"选项，设置为"显示位置"，可在一定程度上增加流量，如图20所示。

（6）点击"选择直播内容"选项，此处以"民族舞"为例，如图21所示。

图19

图20

图21

（7）选择直播内容后，"话题"选项则会自动与直播内容保持一致。但也可以在点击如图22所示的"民族舞"话题后（根据所选内容不同，此选项会有变化），选择其他话题。

（8）选择直播界面下方的各个选项，还可以进一步对直播效果进行控制。如图23所示为点击"活动"选项后，弹出的与直播相关的活动；而图24所示为点击"美化"选项后，可以进行与"美颜"相关的操作。

（9）点击界面下方的"开始视频直播"按钮，然后点击"我已阅读并同意协议"选项，即可开始直播，如图25所示。

图 22

图 23

图 24

图 25

使用电脑"直播伴侣"软件直播的操作方法

使用一部手机虽然也能直播，但由于功能有限，而且直播稳定性时常会出现问题，所以在有条件的情况下，建议大家使用电脑进行直播。

让拍摄的画面在电脑上显示

使用电脑进行直播首先要做的是将直播画面投屏到电脑上。而当使用相机或手机进行直播时，采集画面到电脑中的方法有一定的区别。

让相机拍摄的画面在电脑上显示

如果使用单反或微单相机进行直播，需要购买如图26所示的采集器。并将单反、微单相机通过采集器与电脑连接，即可在后续使用直播软件时，识别出相机拍摄到的画面。

图 26

将手机拍摄的画面投屏到电脑上

当使用手机进行直播时，需要将手机拍摄画面投屏到电脑上，再通过直播软件识别投屏窗口即可。

如果希望获得高质量的投屏效果，用图 26 所示的采集器同样可以实现。如果对投屏效果要求不是很高，则可以适当节省一些预算，通过手机自带的投屏功能，或者是第三方投屏软件进行投屏即可，比如 ApowerMirror，如图 27 所示。

图 27

需要强调的是，虽然无论是使用手机自带软件还是使用第三方软件，均可实现手机无线投屏至电脑。但在实际操作中笔者发现，无线投屏偶尔会出现卡顿的情况，所以这里建议各位采用有线投屏的方式。

使用抖音"直播伴侣"进行直播

将相机或手机拍摄到的画面传输到计算机上后，就可以利用抖音官方直播软件"直播伴侣"进行直播了。

虽然也有一些好用的第三方直播软件，比如 OBS，但其与抖音配套的相关功能，比如福袋玩法及实时观众显示等相比是有所欠缺的。

如果在抖音直播，建议使用如图 28 所示的"直播伴侣"。

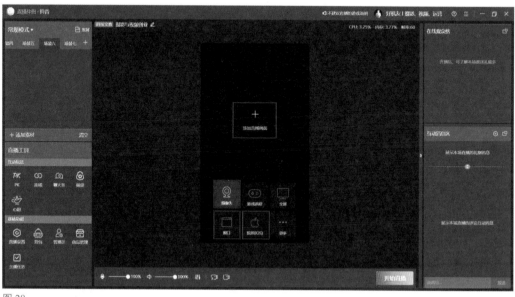

图 28

了解直播间的 6 大流量来源

只有了解了直播间流量的来源，才能有针对性地对直播的各个环节进行改进，从而吸引更多的观众进入直播间。

短视频引流至直播间

对抖音而言，由于以短视频为主，所以直播间的大部分观众其实都是来抖音看短视频的。所以，想让直播间火爆，就要想办法通过短视频将观众引流到直播间。

因为抖音官方也明白直播间的主要流量来源于短视频，所以一旦开播，账号所发布的短视频就会有"正在直播"的鲜明提示。为了增强短视频的引流效果，往往会专门制作"引流短视频"。

直播间预热短视频

直播预热短视频应至少在开播前 3 小时发布，主要内容是介绍直播的开始时间，以及直播的核心亮点，以此来吸引观众，让观众在开播时进入直播间，使直播的预热环节可以顺利开展。

如图 29 所示为肯德基官方号投放的直播预热短视频，其中着重强调了直播的开播时间。

这种方式与电视台中为某个节目播放预告有一样的效果，可以通过简短的画面进行信息的快速扩散，让更多的人知道直播的相关信息。知道的人越多，直播间的人数就有可能越多。

图 29

花絮短视频引流

花絮短视频也被称为"切片短视频"，是指在直播过程中，从另外一个角度拍摄的现场视频，并在拍摄完成后第一时间进行发布，从而利用该短视频的流量为直播间引流。

为了起到连续、不间断的引流作用，建议每半小时就发布一条花絮短视频。

由于花絮短视频对时效性的要求很高，所以无论是拍摄还是后期都要尽快迅速完成。为了防止在实际操作时手忙脚乱，可以先根据直播计划，安排好对哪个环节进行拍摄。包括后期加入哪些提高引流效果的文字，也可以在前期想好，从而"保质又保量"，如图 30 所示。

图 30

直播推荐流量

创作者每发布一条短视频，通过审核后，抖音就会为其分发基础流量，在 100~500 不等，这个是短视频的推荐流量，也叫自然流量。对直播而言，一旦开播，抖音同样会对直播间进行审核、打分，然后分发流量。这个流量就是直播推荐流量，也被称为直播间的自然流量。"短视频引流"和"直播推荐流量"组成了直播流量的重要来源。

直播推荐流量的高低主要取决于进入直播间的观众人数、直播间观众停留的时长、观众互动这 3 个指标。当这 3 个指标满足要求后，抖音会给该直播间分发更多的推荐流量。因此，几乎所有与直播相关的设计，比如直播间的布置、直播环节（包括直播话术、选品）等，其宗旨就是为了吸引观众进入直播间，并让观众在直播间停留更长时间，以及让观众乐于与主播互动，进而让抖音不断为直播间分发推荐流量，从而成为一个火爆的直播间。

如图 31 所示的高人气直播间，靠投 DOU+ 是无法实现在直播间同时有 1 万多人的。直播间本身的内容必须足够优秀，让观众有足够的停留时长和积极的互动，才能在直播推荐流量不断增加的情况下，实现在直播间人数的积累。

图 31

直播广场流量

直播广场流量与以上两种流量相比就要差很多了。因为只有当特意向左滑动屏幕，或者点击直播间右上方的"更多直播"选项时，才会弹出直播广场，如图 32 所示。

直播广场中的内容是根据观众以往常看的直播类型进行推荐的，并且被显示在"前排"的往往是人气较高的直播间。

因此，想在直播广场中获得流量的前提是要有人气。有人气的前提就是"短视频引流"和"直播推荐流量"足够。从某种角度来说，直播广场的流量属于"短视频流量"和"直播推荐流量"比较高的情况下的附属品，想单独通过直播广场来有效提高直播间的流量是不现实的。

图 32

同城流量

抖音直播没有"同城直播"界面。但在短视频界面，却可以浏览同城短视频。因此，直播的同城流量与同城短视频的流量是密不可分的。当观众在浏览同城短视频时，如果该账号正好在直播，那么就很有可能被引流至直播间。

同城流量对有实体店的直播间而言非常重要。因为同城流量被吸引到线下实体店变现的概率要比非同城流量高很多。因此，为了尽可能多地吸引同城流量，该直播间账号在发布短视频时，务必添加实体店地址，最好是 POI 地址，从而直接显示店铺名称和位置，进一步提高转化的概率。

当此类短视频的流量增长后，就有机会上榜如图 33 所示的"抖音吃喝玩乐榜"。一旦上榜，无论是短视频还是直播间，包括线下转化，都会实现高速增长。

官方活动流量

抖音官方会不定期举办直播活动，如果该活动与直播间所属领域相符，则建议大家积极参加。因为凡是参与活动的直播间，多少会获得一些流量支持。一旦直播效果不错，获得的直播推荐流量也会更多。

另外，如果一个直播间经常参加抖音活动，有助于提高权重，并被判定为活跃账号。与其他不参加抖音活动的直播间相比，参加抖音活动的直播间的初始的直播推荐流量就会更多一些。总之，跟着官方走是不会错的。

如果你还不知道抖音直播活动在哪里找，可以关注"抖音直播活动"官方账号，第一时间获取活动信息，如图 34 所示。

个人账号和关注页流量

之所以将"个人账号"和"关注页流量"放在一起进行介绍，是因为这两部分直播间流量属于私域流量，而前面介绍的均属于公域流量。

既然是私域流量，就只有关注账号的粉丝或进入主页的观众才有机会得到直播"通知"，并进入直播间。比如，在个人简介中可以看到对直播时间的介绍（如图 35 所示），或者在开播后会弹出开播提醒，以及在"关注页"中可以看到正在直播的账号等。

图 33

图 34

图 35

开始一场直播前的准备工作

确定直播的 4 个基本信息

商品准备好之后，就要确定直播的基本信息，如直播的时间、预计的直播时长、直播平台的选择等。只有确定了这些基本情况，才能有针对性地准备接下来的内容。

直播时间

对新手而言，不建议在黄金时段（如晚 8 点左右）进行直播。因为该时间段的竞争压力太大了，像李佳琦等带货大 V 都是在此时间段直播的，作为新手带货主播很难吸引到观众观看。

建议在上午或中午进行直播，此时主播较少，竞争压力较小，更容易被观众发现，并且一些上班族在中午休息时也有可能会刷一刷直播，可以逐步积累人气和粉丝。

直播时长

直播时长要根据准备的货品数量或个人的工作状态来确定。在保持状态良好的情况下，一般直播 4 ~ 5 小时是没有问题的。直播时间越长，货品的曝光率也就越高。

需要强调的是，直播带货与大多数内容类直播不同。即便只卖一件商品，也可以直播几小时，并不是说一定要不断地更换商品。

因为进入直播间的观众是为了了解产品，而不是看表演，所以流动性非常强，他们咨询完心仪的产品后可能就退出直播间了。有观众提问题就回答问题，没有问题就介绍一下产品，与观众进行互动，如图 36 所示，所以带货主播不用太担心直播内容匮乏的问题。

图 36

确定产品优势

在直播前非常有必要总结一下产品有哪些优势。因为在直播时大部分时间都是在反复强调产品的这些优势，从而激发观众的购买欲。

准备销售语言

产品的优势只有通过销售语言表现出来才会让观众更愿意买单。比如，在介绍某种烤鱼食品时，李佳琦曾经营造出一个场景：当你想吃烤鱼，但楼下餐馆已经关门时，撕开一包，加点水就能吃到像餐馆中那样香的烤鱼。

通过这个场景既表现出了烤鱼食品很方便且很美味，又让观众产生很强的画面感，从而提高观众完成购买的可能性。

熟悉直播活动的 6 大环节

如果是直播带货，那么在进行具体的直播脚本撰写前，要先安排好不同时间段的内容。比如，不同的产品分别什么时候介绍？粉丝活动在哪个环节加入？是否要加入经验分享或是某种技能的教学？只有提前策划好这些内容，才能对各个内容进行更细致的准备。

当然，直播带货的流程并不是固定的。优秀的、应变能力强的主播可以根据观众的反应及直播间的热度灵活调整内容。但对刚刚开始直播的新人而言，按照流程走，最起码可以保证一场直播完整、顺利地进行下来。

热场互动

热场互动就好像表演的"开场"，只有让观众的情绪高昂起来，才有利于后面进行活动的开展及产品的转化。

具体来说，在热场互动环节，为了吸引观众的注意力，会快速介绍直播间的特点。比如，"咱们家的是折扣品牌服装，商场几百米（元）的衣服，在咱这里只有几十米（元），今晚来到直播间的各位宝宝，福利更多。"听到这些信息，对直播间内容感兴趣的观众大概率会留下。

接下来就要将福利直接抛出来。而福利也是让观众更有热情的最有效的方法和手段。在介绍福利的同时，也不要忘记利用"大家下手要快""买到就是赚到""抢完就再也没有了"等话术让大家有紧迫感，感觉不抢就亏了。

第一组主打商品

在观众被福利调动起积极性后，千万不要立刻就送福利。因为如果在开场就把福利送出去了，很多观众今晚就不会再进入你的直播间了。

正确的做法是，介绍完福利后，开始上第一组商品，如图37所示，并且要强调"上完这组商品就给大家发福利"。即使部分观众会在这时离开直播间，但其中肯定会有心里惦记着福利，从而过一会儿就进直播间看一眼的观众存在。这部分观众因为多次进入直播间，万一对主播介绍的商品感兴趣，就有可能停留，大大提高转化为粉丝或促成订单转化的概率，所以也是一部分重要流量。

福利发放的方式有很多种，如秒杀、抽奖、红包，也可以通过一些让观众更有参与感的活动来发放福利。如图38所示即为"美的官方直播间"进行的"秒杀"活动。观众点击右下角弹出的图片，即可快速参与到活动中。既给了观众实惠，又可以有效提升直播间的热度。

福利发放

第一波主打商品介绍完之后，就要开始发放福利了，否则会让观众反感，对打造直播间口碑及吸引粉丝、提高订单转化率都没有帮助。

图 37　　　　　　　图 38

第二组主打商品或干货分享

福利发放环节会让直播间的互动率大幅提高，随之而来的还有涌入直播间的更多观众。所以在内容安排上，要把最看好的、最有机会卖成爆款的商品放在第二组，从而让好产品获得更多的曝光。

需要强调的是，对新直播间而言，积累粉丝可能比订单转化更重要。所以此时也可以不上商品，而是做干货分享。比如美妆主播，就可以介绍化妆技巧，以此赢得观众的好感，大大提高粉丝转化率。

接下来就可以进行"带货—福利（或活动）"的循环了。当然，一共有多少组商品、多少组活动或福利，以及分别安排在哪一时间段进行是需要提前安排好的。

结束直播并进行下一场直播预告

当所有商品和准备的福利、活动按计划完成后，即可结束当天的直播。同时，要对下一场直播的时间、活动及主推产品进行简单介绍。

值得一提的是，下一场直播的时间务必多重复几遍，从而充分利用该场直播的流量，为下一场直播做宣传。

当以上流程均确定后，即可制作出类似图39所示的表格。按照该表格，对接下来的直播进行详细的脚本设计。

直播复盘及数据分析

直播虽已结束，但主播及团队依然不能休息。要趁着刚刚直播完，对过程中的细节、直播效果还有清晰的记忆时进行复盘，发现、总结当场直播中出现的问题，并从观众的角度找到话术及福利或活动流程上的欠缺。

通过数据分析可以直观地了解直播效果，并通过数据分析出亟待提高的流程和环节。

4 小时直播安排							
XX 直播间（首次关注主播领取 10 元无门槛优惠券）每 5 分钟飘屏一次							
直播时间 15:00 — 18:00；19:00 — 21:00（6 个小时）							
主题（护肤小常识让你拥有自然的皮肤）							
时间段	主讲人	内容	目的	商品介绍	时段销售指标	时段在线人数	备注
15:50 — 15:55	XX	预告今天的内容及优惠活动	热场子	全部	0	0	
15:55 — 16:05	XX	发放两张无门槛当天使用券	活跃气氛	无	0	100	
16:05 — 16:20	XX	补水小窍门讲解	引入产品	XX 套盒	0	200	
16:20-16:50	XX	代入补水产品进行讲解	讲解产品	XX 套盒	500	400	
16:50 — 17:00	XX	直播奖品抽取并引导转发	裂变	无	0	600	
17:00 — 17:15	XX	控油小窍门讲解	引入产品	YY 套盒	0	600	
17:15 — 17:45	XX	代入控油产品进行讲解	讲解产品	Y 套盒	500	800	
17:45 — 18:00	XX	预告晚上的直播内容	铺垫	全部产品	1000	1000	利用晚上的活动促销
19:00 — 19:05	XX	预告今晚主要讲解的内容及优惠活动	热场子	剩余产品	0	200	
19:05 — 19:15	XX	发放两张无门槛当天使用优惠券	活跃气氛	无	0	400	下单购买的朋友可以参加
19:15 — 19:30	XX	敏感肌小知识讲解、敏感肌产品讲解	引入产品	XXX 套盒	0	600	
19:30 — 20:00	XX	抽取直播奖品并引导转发	讲解产品	XXX 套盒	500	800	
20:00 — 20:10	XX	祛痘小知识讲解	裂变	无	0	1000	
20:10 — 20:25	XX	祛痘小知识讲解	引入产品	YY 套盒	0	1200	
20:25 — 20:55	XX	祛痘产品讲解	讲解产品	YY 套盒	800	1400	
20:55 — 21:05	XX	免单抽奖或明日预告	促单	无	1000	1400	

图 39

直播脚本要包括的 4 大部分与结构

直播脚本是做一些大品牌直播或对自己有更高要求的带货主播的必做功课，也是对直播内容进行精细安排的一种方法，可以将其理解为"直播的剧本"。

直播脚本分为单品脚本和整场脚本。顾名思义，单品脚本是指对单一商品的直播内容进行梳理，而整场脚本则是对整个直播时间内的各个环节进行细节设计。下面分别介绍单品脚本和整场脚本中应该包含的内容。

单品脚本中应包含的 4 部分内容

（1）产品的卖点和利益点。

明确产品的核心竞争力，并且在直播过程中多次强调，突出商品的实用性。如图 40 所示即美的官方直播间在介绍一款双开门冰箱，并在介绍过程中多次强调其空间大、性价比高的特点。

（2）视觉化的表达。

直白地介绍一件产品多么好、多么实用是非常苍白的。营造一个使用场景，就可以让观众产生画面感，更有利于宣传商品。具体营造一个什么样的场景，则是在单品脚本中需要写明的。

（3）品牌介绍。

品牌是一件商品的质量保证。如果可以，向厂家了解一些有利于销售的数据。比如，一个月卖出了多少件、使用了什么先进的技术去制作，以及获得过哪些认证或大奖等，让观众对这件商品产生信赖感。

（4）引导传化。

这部分内容主要用来打破观众的最后一道心理防线，采取的形式也比较多样。大家可以采用饥饿营销的方式，比如限量 100 件，每件 99 元，之后恢复 135 元一件，然后在直播间倒数"5、4、3、2、1，抢！"让观众来不及理性思考需不需要买，只需感觉合适可能就真的抢购了。具体采用什么形式完成最后的引导转化，则应该在单品脚本中有所体现。

图 40

整场脚本的基本结构

一场直播不仅有对产品的介绍，还需要进行热场、衔接不同的环节，以及介绍活动或福利的玩法等，这些内容都应该提前在脚本中提前准备好。

对刚开始直播的主播而言，最好将语言完整地撰写在脚本上；对经验丰富，可以熟练掌握直播话术的主播而言，则可以在脚本中只简单地撰写大致内容，然后在直播过程中自由发挥。比如，下文就是刚入行的主播在一场抖音创业直播中，提前撰写好的开场话术：

"亲爱的宝贝们，走过路过不要擦肩错过，我是 ** ！这是我在抖音直播间创业的第 X 天，刚刚开播两分钟。如果大家也希望通过直播创富，不妨听听 XXX 的介绍，时间不长，作用不小，我用大家抽一根烟的工夫、唱一首歌的时间，给您介绍一下我们的项目，也许就能改变你的财富观，帮助你在抖音上获得收入。"

而对有着丰富直播经验的主播而言，还需要准备好类似下文的脚本结构。

（1）打招呼、热场。

（2）第 1 ~ 5 分钟，近景直播。

（3）第 5 ~ 10 分钟，剧透今日新款和主推款。

（4）第 10 ~ 20 分钟，将今天的所有商品全部快速过一遍。

（5）半小时后正式进入产品逐个推荐。

（6）离结束还有 2 小时，做呼声较高产品的返场推荐。

（7）离结束还有 30 分钟，完整演绎爆款购买路径，教粉丝领取优惠券并完成购买。

（8）离结束还有 10 分钟，预告明天的新款。

（9）最后 1 分钟，强调关注主播、明天的开播时间及相关福利。

直播效果调试

直播前需要做的最后一项准备工作，即效果调试。如果是首播，那么调试工作必不可少，因为很大概率在调试时会发生之前没有考虑到的问题。

建议在每次直播前都进行一次试播，这样才能尽可能地确保正式直播时万无一失，如图 41 所示。

直播调试的主要目的是检查是否存在以下几个问题。

（1）直播画面是否流畅、清晰，网络是否稳定。

（2）画面亮度、色彩是否正常，能否正确还原产品本身的色彩。

（3）直播声音是否清晰，是否有噪声。

（4）取景范围内是否有杂物，或者一些不该在直播画面中出现的景物。

（5）直播过程中能否清晰地看到观众的留言。

（6）推荐的产品能否在画面中被清晰、完整地展现。

图 41

让直播间火爆的 4 种秒杀玩法

点赞秒杀

所谓"点赞秒杀",即主播为了在短时间内快速增加点赞量,而承诺观众点赞数达到多少后即进行商品秒杀。比如,如果主播想快速增加点赞量,就可以说:"宝贝们,现在还差1万就到40万点赞,大家点一点手机屏幕,到40万点赞就给大家上秒杀产品。"

通过"秒杀"的诱惑,不仅可以快速获得点赞,还能够增加观众的停留时长。因为在直播间有一定人数基础的情况下,增加1万点赞也许就是几分钟的时间。所以大部分观众都会在直播间等到点赞到40万参加秒杀活动。主播还可以给"秒杀"活动设置预热时间。如果设置15分钟预热时间,就很有可能吸引部分观众的停留时间达到20分钟以上。

整点秒杀

"整点秒杀"会提前告知观众秒杀开始时间,虽然这可能导致有些观众会暂时离开直播间,等到秒杀开始前再回来,不利于直播间停留时间的增加。但却可以确保某一具体时间点的流量一定是相对较高的。选择这种秒杀方式配合一些重点产品的推广非常有效。

比如,根据直播安排,9点将推出一款主打商品,那么就可以在9点的时候,进行一场整点秒杀。当然,为了防止大家秒杀完就离开直播间的情况出现,可以采用"憋单"的方式。也就是在9点钟左右,流量明显上来之后,说一下:"想要秒杀的宝宝们不要急,给大家说完这款商品就上秒杀链接,大家不要着急。"

限量秒杀

虽然所有的秒杀活动会限制秒杀商品数量,但"限量秒杀"虽然强调"数量有限",实则会大量出货。当然,秒杀的商品可以不挣钱,但至少不能赔钱。另外,靠着超低的物流成本,也许还能赚些差价。

在话术上,要强调"抢到就是赚到,限量秒杀,手快有,手慢无,如此重磅活动只在今天,能不能抢到看各位手速了,6、5、4、3、2、1,开抢!"

总之,要让观众有紧迫感,但又巧妙地不说具体有多少货,从而快速拉高订单成交量,赚取抖音的流量。

关注秒杀

关注秒杀与点赞秒杀有些相似,只不过前者重在提升粉丝数,而后者重在提升点赞数。提升粉丝数可以让今后的直播有更多的流量,而提升点赞数则可以让本场直播有更多流量。

需要注意的是,关注秒杀适合粉丝数在1万以下的新直播间进行。因为只有当粉丝数在1万以下,点击直播间头像后,才会在界面下方看到具体的粉丝人数,这样秒杀活动才足够透明。否则,肯定会有观众怀疑活动的真实性,而一旦有观众"带节奏",就会严重影响活动效果。

秒杀链接的设置方法

前面已经介绍了所有秒杀玩法,归根结底都是限时或限量以低价售卖商品。既然要"售卖商品",必然需要"上链接"。因为"秒杀"玩法属于一种促销活动,所以"秒杀"的链接有更多可以进行灵活设置的选项,下面介绍具体设置方法。

(1)在百度搜索"抖音小店后台",单击图 42 所示的超链接。

(2)登录后,单击界面上方的"营销中心"选项,如图 43 所示。

(3)单击左侧导航栏"营销工具"中的"限时限量购"选项,如图 44 所示。

图 42

图 43

图 44

(4)单击界面右侧的"立即新建"按钮,如图 45 所示。

(5)按需求对秒杀活动进行基础设置,如图 46 所示。

图 45

图 46

（6）若将"活动时间"设置为"按开始结束时间设置"，即可自动在指定时间段开启并结束秒杀。若设置为"按时间段选择"，即可在创建秒杀活动后立即开始秒杀或秒杀预热，如图 47 所示。当秒杀商品的库存为 0 或秒杀到结束时间后，秒杀均将停止，如图 48 所示。

图 47

图 48

（7）若将"是否预热"设置为"预热"，则需要设置预热持续时长，如图 49 所示。当秒杀开始后，先进入预热阶段，然后再进入秒杀。

图 49

（8）其中优惠方式建议设置为"一口价"，让秒杀活动带给观众的实惠简洁明了，观众参与秒杀的热情也会更加高涨。

（9）在选中的商品 ID/ 名称前打对勾，即可选择用来秒杀的商品，如图 50 所示。

（10）输入秒杀价格和秒杀商品数量，以及每人限购数量。其中，秒杀价格不能高于商品原价，秒杀商品数量不能高于商品库存，如图 51 所示。

需要注意的是，商品的原价和秒杀价均会在秒杀界面显示，所以务必保证其有明显的价格差，否则观众会认为活动诚意不足。

图 50

图 51

3 种观众不会拒绝的抽奖玩法

秒杀玩法，终归需要观众花钱去买东西，所以一些很理性的观众，当看到秒杀的商品自己并不需要时，就不会参与。而抽奖玩法则不同，因为没有参与的门槛，一旦中奖就是白赚，没有中奖也不会有任何损失，所以几乎不会有人拒绝，活动的热度是一定有保障的。

当然抽奖活动也有缺点。搞抽奖活动，主播不仅无法从中获取金钱上的收益，还势必需要投入。但是，投入换回的则是较高的流量。

红包抽奖玩法

红包抽奖玩法的特点

抖音直播间自带红包抽奖功能，其机制与微信的"拼手气"红包相同。当在直播间内发放一个红包后，先点击的指定数量的观众会获得红包，但金额则是随机的，从而产生"抽奖"的效果。

如果只是单纯地发个红包给观众作为福利，其性价比会显得比较低。建议在发红包前 10 分钟，提前预告一下，这样就可以将大部分在这 10 分钟内进入直播间的观众留住。

比如，"为了感谢家人们对我的支持，今天就实打实地给大家福利，咱们直接发红包。10 分钟之后，发 500 元红包，50 份，看各位手气！"然后在旁边可以立个小牌，写着"XX 时间，直播间发 500 元红包"，让进来的观众一眼就能看到。

红包抽奖的操作方法

在直播间发红包的具体方法如下：

（1）开播后点击界面右下角的 **⋯** 图标，如图 52 所示。

（2）点击界面下方的"礼物"选项，如图 53 所示。

（3）向右滑动，即可找到"红包"选项，如图 54 所示。

（4）点击"红包"选项后，选择"抖币红包"选项卡，如图 55 所示。之所以不建议选择"礼物红包"，是因为该红包随机开出的是各种礼物。而礼物终归还是要刷给主播才具有价值，所以会显得主播发的红包没有诚意。而"抖币"毕竟是可以提现的，所以相当于直接给观众发"真金白银"，观众也更乐于去抢这种红包，同时会大大拉近主播与观众间的距离，提高粉丝转化率，增强粉丝黏性。

图 52

图 55

图 53

图 54

福袋抽奖玩法

福袋抽奖玩法与红包抽奖玩法的区别，主要在于每个福袋的金额是相同的，而且谁能得到福袋也是随机的，不是"拼手速"。同时，由于福袋玩法是专门给主播提供的发福利的方式，所以其设置要比"红包"更丰富，玩法也更多样。

利用福袋获得超多互动

由于参与福袋玩法需要满足一定的条件，不同的条件，有不同的效果。其中最常见的就是"口令福袋"。

当将"参与方式"设置为口令参与后，只有在直播间发送指定口令，才能参与福袋抽奖。这种玩法可以促使几乎所有直播间的观众都发言进行互动，进而通过提高互动率来获得更多的流量。

同时，因为口令是主播设置的，所以还能够通过口令内容，让刚进入直播间的观众一眼就知道接下来要推出什么商品，或者有什么重磅活动。比如，将口令内容设置为"双十一特惠单品十点开抢"，如图56所示。

图 56

利用福袋增加粉丝数量

若选择发送"粉丝团福袋"，则只有加入粉丝团的观众才能参与抽奖，如图57所示。这样做有两个作用，对已经是粉丝团成员的观众而言，可以增强粉丝黏性，让他们觉得"这个主播真宠粉"；对还没有加入粉丝团的观众而言，则会促使他们加入粉丝团，从而参与这次福袋抽奖。

利用福袋增加观众停留时长

福袋可以设置"倒计时"，如果设置"倒计时"为5分钟，即在5分钟后才会开启福袋。这就使得那些想要福袋的观众，会在直播间停留5分钟。即便不停留，也会在福袋将要开启时，再次进入直播间，同样会增加其在直播间观看的时间。如图57所示，即设置"倒计时"后，还有1分零8秒开启福袋。

图 57

福袋抽奖的操作方法

在直播间发起福袋抽奖的具体方法如下：

（1）开播后点击界面下方的 图标，如图58所示。

（2）点击"福袋"选项，如图59所示。

（3）对福袋抽奖进行设置后，点击"发起福袋"按钮即可，如图60所示。

图 58　　　　　　　　　　图 59　　　　　　　　　　图 60

截图 + 问答抽奖玩法

自从抖音添加了福袋抽奖玩法后，截图抽奖玩法使用的频率就比较少了，主要是因为相比手动截图抽奖，福袋自动抽奖更便捷，也更透明。但如果要结合问答玩法进行福利发放，依旧只有截图抽奖能够实现。

让观众更有参与感和成就感

截图 + 问答抽奖玩法的价值在于可以让观众更有参与感。因为无论是红包抽奖还是福袋抽奖，观众不需要动脑子，只需点一下屏幕，或者按主播要求发送一段口令就可以了。这种过于简单的"游戏"虽然给了观众福利，但却很难让观众有"参与其中"的感觉，在提高直播间吸引力，增强粉丝黏性方面也就有所欠缺。

截图 + 问答抽奖玩法参与活动的方式是"问答"，抽奖的方式是"截图"。通过"问答"这种方式会令观众在参与活动时更紧张，在正确回答问题并且通过截图中奖后，其成就感要比红包抽奖和福袋抽奖高得多，也就会对直播间产生更强的依赖性，因为同样的感受在其他直播间是很难获得的。

截图 + 问答抽奖的操作方法

截图 + 问答抽奖的操作方法如下：

（1）主播先向观众介绍清楚活动的具体玩法，比如"提出问题后，给观众 10 秒回答问题的时间。时间一到，截屏并取屏幕中留言的前 3 名作为获奖观众。"

（2）提出一个问题，比如"主播明天几点开播"。

（3）倒计时 10 秒结束时截屏，并将截屏画面给观众看，公布获奖人员。

（4）让获奖观众私信主播领取奖品。

需要强调的是，如果想让这种玩法更刺激，可以修改规则为"最先正确回答"的几名观众获奖。但劣势就是其问题答案的宣传效果就变弱了。因为那些第一时间不知道答案的观众，肯定不会继续作答进行互动了。

大幅增加停留时长的技巧——憋单

新的抖音账号因为直播间没有口碑，没有人气，很难长时间留住观众。无法留住观众，自然很难让观众产生购买产品的冲动。为了度过"起号"这一困难阶段，憋单就是一种很好的方式。

在介绍憋单之前需要强调的是，一些人认为抖音官方是禁止憋单的，但其实禁止的是"恶意"憋单。也就是说，抖音承认憋单是一种正常的增加停留时长的做法，但对于一些"过分的"，比如超过20分钟的"长时间"憋单，并且上的库存数量特别少（只上一个库存）。这种做法就属于恶意憋单，这样做的结果就是被停播甚至被封号。

这里所讲的憋单，其实是一种向观众提供福利的方法，并且会将憋单时间控制在5分钟以内，上的库存数量也要保证高于当前直播间人数的1/10，从而防止被举报。

认识何为憋单

所谓憋单，其实就是选择一款非常具有吸引力的商品，设置一个较低的价格，并不定时地以"上库存"的方式进行售卖，进而吸引观众停留在直播间，等待抢购。

在憋单的过程中，不能忘记通过一些话术让观众积极互动，以此提高直播间权重，获得更多流量。同时，要控制好库存数量，只能让一小部分观众抢到商品，而没有抢到的，大概率会等待下一波"上库存"，从而进一步增加停留时间。

需要注意的是，憋单虽然能够增加观众停留时间，但毕竟是以较低的价格售卖，所以用来进行憋单的商品是无法产生客观收益的。因此，憋单不是目的，重点是在憋单的过程中介绍"利润款"，也就是利润较高的商品。当观众抢不到"憋单款"时，就有可能购买"利润款"商品，由此获得可观收益。

5步憋单法

将观众留在直播间的憋单技巧，并不是简单地售卖低价商品那么简单，而是需要完整的流程来时刻保持对观众强有力的吸引。

第一步：开播上福袋

开播上一个福袋的目的是让进入直播间的观众去听主播介绍这款很具吸引力的"憋单款"商品。如果没有这个福袋，还没等到主播介绍"憋单款"商品到底性价比有多高，可能很多观众就流失了。

设置抢这个福袋的"倒计时"不要太长，其时间足够将"憋单款"商品介绍清楚即可。通常在两分钟以内。

第二步：介绍"憋单款"商品

主播要将"憋单款"商品介绍得足够有吸引力，并且强调这是送给观众的福利，所以价格很低，而且数量有限。同时，会在不同时间段分别放出库存。但此时一定不要报出具体的价格，目的就是保持吸引力，不断增加直播间人数，等直播间人数增长放缓时，再报价、开单。

第三步：设定上库存的"条件"

为了充分发挥"憋单款"商品的价值，主播可以告诉观众上库存的条件，比如"想要这个福利的观众输入数字1，有100个观众想要就给大家开库存"。

这一步就是为了提高直播间互动率，从而提高权重，并为下一步做铺垫。

第四步：争取出介绍"利润款"的时间

如果"憋单款"确实足够吸引观众的话，此时一定有很多人在输入数字1。这时主播就可以借势说："大家在公屏上输入的1太多了，主播数不过来，后台帮我统计一下，到100个观众后咱们就上库存开抢。"

接下来,趁着后台统计（其实根本没人统计）的时间,介绍"利润款"商品。需要注意的是,因为此时的观众都等着抢"憋单款",所以直播间流量会比较高,介绍"利润款"商品更容易获得订单转化。

第五步：为"憋单款"开库存,并发福袋

"利润款"商品介绍完之后,就要为"憋单款"商品开库存,这时再报出价格。当然,这个价格一定要压到很低,少亏一点也是可以的。开库存时有一个细节,就是不能让观众都抢到,因为抢到的观众大概率会离开直播间,所以将库存设置为直播间人数的1/10即可。在开抢前务必强调"没有抢到的观众,还可以领福袋,以及之后还会继续上库存,还有机会",以此继续保持对观众的吸引力。

在观众抢单之后,即需要立刻发出福袋,接下来继续重复第二步至第五步即可,直至直播结束,从而完成一场以"憋单"为主,通过较低的成本,整场都有福利来吸引观众的直播。

4 大憋单必学话术

如果在利用憋单技巧做直播时,不知道用什么语言既可以增加对观众的吸引力,又可以让观众在没有抢到商品时不至于情绪激动,可以参考以下话术。

常规憋单话术

"我们家初来乍到,广告费直接拿来给大家做活动。我们家不玩虚的,真实放单。这款针织衫一件我亏60,今天给大家准备了50单,这50单分开给大家发。大家不要有情绪,不要带节奏。这款抢不到,下一款也准备了50单,

能做到支持主播吗？能的话,希望大家可以把粉丝灯牌给我亮一下,我们3分钟后先上5单测试一下网速。"

有观众闹情绪时的话术

"我是新主播,今天是开播第一天哦,这款羊毛打底衫,老板拿出20单亏本做活动,我想我第一次做主播,能多几个粉丝牌算几个粉丝牌,我自己拿出工资,再亏10单给大家好不好？实话实说,一共30单,还是我自己贴了钱的情况下,一会儿开抢,如果没有抢到的话,不要生气,不要带节奏。抢的人多的话,我再去申请一批。大家能不能支持一下主播,如果能的话,打出'支持'两个字好不好？"

让观众感觉"值得一抢"的憋单话术

"我们有2000家门店,统一价格是299块钱,今天享受批发商的价格,只要19.9。"

"大家可以看一下,在某宝上的价格是350块钱,而我们这里,一瓶只要19.9。"

"这款产品有很多明星代理,去年双11明星代理价格是69块钱,而今天我们的宝宝只要19.9就能买到手。"

体现"憋单款"高级感的话术

"第一次来我直播间的兄弟姐妹还有没有没抢到我身上这款独家设计的珍珠连衣裙的,没抢到打个'没'字。姐妹们看一下,是不是很显瘦？很显气质？很高级？简直'绝绝子'。再给姐妹们拿近看一下,都是双包边双走线的。线下实体店299块钱,今天一杯咖啡的价格直接让你带回家,给不给力？来,后台开始统计,准备上库存开抢。"

会"组品"才能玩转直播带货

很多直播带货新手，只是单纯地准备好要在直播间出售的商品，然后按照顺序依次进行介绍。这样做的弊端在于只要其中一件商品不符观众"胃口"，就会导致流量大幅下滑。

如果仔细观察直播带货的头部主播，就会发现，他们准备的每一款商品相互之间似乎是有"配合"的。即便观众人数有波动，从整体上来看也是在不断上升的，这其实就是"组品"。

"组品"的构成

顾名思义，既然叫"组品"，也就是说，所选的商品应该是一个"组合"，彼此有不同的定位和作用。

虽然针对各种特定情况，组品的构成会有变化，但基本上是由"引流品""承流品""利润品"构成的。这 3 种商品构成的目的、关注指标和产品特点如表 61 所示。

	引流品	承流品	利润品
选品目的	通过微亏来换取更多流量	稳定流量的同时赚取微利并提高销量	中高利润的产品
关注指标	人气指标、互动指标	商品指标、订单指标	人气指标
产品特点	需求量大、应用场景多、性价比高	主推的核心爆品，具备优势的商品	符合观众用户画像的商品

图 61

引流品不能成为直播带货的主角

新手带货主播因为担心直播间人气不够，所以可能非常看重"引流品"。认为"当引流品足够吸引人时，才会有大量观众进入直播间。直播间的观众多了，后面不管卖什么都好卖"。

这其实是一个很常见的误区。

因为若引流品太过引人注目，当从引流品转到承流品时，就会导致很多观众"看不上""不喜欢"，从而导致亏钱的引流品卖得很好，到了赚钱的承流品，却卖不出去了。那么一场直播下来，肯定是亏损的状态。

所以，不要太过重视引流品。一些便宜、实用、泛用性强的小物件，就足够吸引观众进入直播间了。因为"占便宜"是一种很普遍的心理，甚至这个小物件对自己没有用，也有人想要去抢一抢。

承流品才是直播带货的重中之重

当通过低价、实用的引流品将观众吸引到直播间后，接下来要推的承流品才是重头戏。因为承流品是有利润的，并且担负着提升订单数量的责任。

对一个带货直播间来说，抖音会将该直播间的成交数据作为依据，以此判断是否继续为该直播间增加流量。正因为如此，引流品才不能那么突出，否则把观众胃口带高之后，承流品就很难推出去了。

在介绍承流品时，要将重点放在商品本身的质量、性能等方面，不要着急报出价格。当通过商品的一系列优势牢牢吸引住观众后，在准备开单前再报出价格，可以获得更好的订单转化。

承流品的选择，不能简单地在网上搜索一下就敲定。需要主播根据所属的垂直领域，仔细对比多家产品，并亲自进行体验，再选择最优质的商品进行带货。

通过利润品满足小部分高端客户

在直播前，就要确定直播间目标客户的消费能力，并以此确定承流款商品的价格区间。比如，做销售服装的直播间，主要面对消费能力在百元左右的观众，那么其承流款的价格区间就应该在百元左右。但是，总会有小部分观众想买更好一点的，这时就需要利用利润款来满足他们的需求。

需要注意的是，如果利润款与承流款是同一类产品，比如都是卫衣，那么利润款不能在质量上有绝对的优势，可以在设计上更潮一些，然后将价格提得高一些。

以鸿星尔克直播间的组品为例，有"推荐"标志的就是承流款，是其主打商品，卖153元，其下方的利润款则卖217元。最下方的69元的则是引流款，属于新人福利，用来拉动流量，如图62所示。

图62

注意，利润款一定要与承流款拉开价格差，最少在30%以上，否则同样会打压承流款，导致进入承流款没人愿意买，而利润款大家嫌贵也没人买的窘境。总之，承流款是重中之重，引流款和利润款都是为承流款服务的。

在直播中灵活调整组品

了解了组品的概念后，想必各位就知道如何通过不同定位的商品，来让直播间获得盈利并保持热度了。

在实际直播过程中，很可能出现与预期不相符的情况。比如，引流品确实吸引来了客户，但是在上承流款时，却出现了直播间内观众的快速减少。这时就不要按部就班地介绍完承流款后再介绍利润款了。因为承流款大家都不感兴趣，更不要提更贵的利润款了。所以要即时调整，砍掉利润款，并即时结束该承流款的讲解，更换下一个承流款，看能否稳住流量。

无论流量有没有稳住，在换了一个承流款后，都要立刻再上引流款提高流量。如果更换的承流款稳住流量了，那么选择与之相近的商品作为承流款；如果更换的承流款依旧没有稳住，则继续更换承流款。

不要害怕在直播过程中经历失败，正是在一次次试错的过程中，才能让你的选品越来越符合观众的口味，直播间才能越做越好，货也能越卖越多。

值得一提的是，如果怕因为流量下滑而立即转品有些尴尬，可以让团队的其他人员在直播间要求讲解其他商品。这时主播就可以自然地说："看到有的宝宝要求讲一讲某某号链接的产品，这件衣服它……"从而让转品更流畅。

需要重点关注的 4 大直播数据

抖音提供的直播数据是非常全面的，后面也会向大家讲解其中绝大部分数据的含义和反映出的问题。这些数据中，有 4 个直播数据需要重点关注，因为这些数据可以反映出一场直播的整体情况。

平均在线人数

平均在线人数指的是整场直播同时在直播间内的观众平均是多少人。

一场直播，其直播间内的人数一定是不断发生变化的。如图 63 所示，黄色曲线代表进入直播间的人数，而蓝色曲线则是离开直播间的人数，而紫色曲线则代表实时在线人数。也就是说，不断有人进入直播间，也不断有人离开直播间。

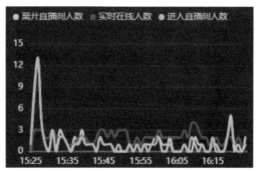

图 63

因此"平均在线人数"的高低是最直接判断直播间人气的方法。因为只有具备一定的粉丝基础，让观众喜爱的直播间，才能让大量观众留在直播间观看直播。

一个新手主播，哪怕直播质量再高，直播效果再好，在开始直播的前几场，其平均在线人数也不会很高。因为知道这个直播间的观众不多，其上限是比较低的。即便进来的观众都留在直播间观看，也无法与已经有一定粉丝基础的大主播相提并论。

另外，目前大主播可以做到平均在线人数保持千人以上，而绝大多数主播只能做到几十人。这就反映出了直播间留不住人的问题。绝大部分观众都是进直播间看一眼就立刻离开了，所以平均在线人数始终上不去。

因此，平均在线人数低，不一定是因为流量低，很大可能是因为主播留不住人。这时就要在内容上找原因，为何不能立刻吸引住进入直播间的观众。

人均观看时长

人均观看时长是判断直播内容是否吸引人，以及主播发展潜力的关键指标。人均观看时长

越长，证明直播内容越吸引观众。哪怕最高在线人数比较低，但只要人均观看时长满足要求，则证明直播内容没有问题，只需考虑如何提高直播间的曝光度即可。

相反，如果一个直播间的人均观看时长很低，则需要在直播画面吸引程度、主播直播风格吸引程度，以及货品结构合理性和标签是否准确等方面寻找问题。

需要强调的是，绝大部分观众在一分钟的时间内就可以决定去留。所以如果观众进入直播间停留时间只有 1 分钟左右，那么基本上可以断定，直播内容完全没有提起观众的兴趣。

转粉率

所谓转粉率，即新增关注直播间的观众占所有进入直播间前未关注直播间观众的百分比。转粉率较高的直播间，证明直播内容受到观众的认可。同时，粉丝的转化对于今后提高直播热度也有很大的帮助。

转粉是需要主播通过语言去引导的。当转

粉率比较低时，除了内容不佳的因素也要考虑是不是没有提醒观众关注直播间。

值得一提的是，当主播在直播间推出一些活动时，可能获得较多的流量倾斜。这时除了放出直播间的干货内容，最好做一个福利来促进粉丝转化，从而更好地利用活动的机会。

互动数据

互动数据是抖音官方判断是否继续为直播间提供流量的重要指标之一。互动数据低的直播间，其气氛往往比较沉闷，观众在直播间的参与感也会很差。作为主播，就应该策划一些活动来调动直播间的氛围。除此之外，在直播过程中，主播要尝试多与观众进行交流，不要将直播做成单方面的内容输出。事实上，互动数据低往往也会造成观众停留时间短并且转粉率低。因为不知道如何与观众交流的主播，很难留住观众，也很难与观众"打成一片"，拉近距离。

判断直播数据高低的标准

明确数据高低的标准，是分析主播好坏的基础。因为这样才知道哪些数据较低，进而分析造成该数据低的原因，从而起到指导直播的作用。

平均在线人数的评判标准

平均在线人数决定了直播间的人气，是判断能否带动货的前提。平均在线人数低的直播间，订单量一定不高。如果一个直播间的平均在线人数可以达到 50 人，就证明具有基本的带货能力。低于 50 人，则要在主播的话术、流程设计及选品等方面找问题。

人均观看时长的评判标准

人均观看时长最能说明直播内容的吸引力，30 秒及格，2 分钟优秀。低于 30 秒，有可能是因为直播内容不佳，还有可能是因为标签不准确，导致抖音推进直播间的观众对相关内容不感兴趣，所以很快就离开了。

转粉率的评判标准

转粉率对于直播间热度的提高至关重要。其中，转粉率 30% 属于及格水平，50% 属于优秀。低于 30% 的转粉率，就要思考为何观众不希望再次来你的直播间。是因为产品不够好？货品价格不合理？还是因为没有让观众感觉还能学到更多的内容？或者是缺乏提醒关注的话术？

评论率和订单转化率的评判标准

对于带货直播，互动率主要看评论率和订单转化率。评论率 5% 及格，10% 优秀；订单转化率 10% 及格，30% 优秀。如果评论率偏低，则需要在直播过程中多与观众进行互动。订单转化率偏低，则要思考选品、定价及话术等问题。

在创作服务平台查看直播数据

首先需要强调的是，创作服务平台的直播数据非常简单，也不够全面，所以只能作为直播数据的概览。非带货直播的数据只能在创作服务平台查看，而要查看带货直播的数据则有更全面的直播数据平台——抖音电商罗盘。

查看数据的方法

（1）打开百度，搜索"抖音"，单击带有官方字样的超链接，进入抖音官网，如图64所示。

（2）登录抖音账号后，单击右上角的"创作者服务"选项，如图65所示。

（3）单击左侧导航栏中的"直播数据"选项，即可查看"数据总览"或"单场数据"，如图66所示。

图 64

图 65

图 66

创作服务平台的直播数据

若选择图67所示的"数据总览"选项，即可查看"基础数据""观看数据""互动数据""收益数据"。每种数据页面的分布是相同的，上半部分均为"昨日关键数据"，而下半部分则为"昨日关键数据"中各个指标在所选日期范围的曲线图。

以"观看数据"为例，当昨日没有直播时，则各个与"观看数据"相关的指标均为0。页面下方的曲线图则只能显示所选指标在日期范围内的曲线。比如，选择"观看人次"选项后，从2021-10-11至2021-10-17观看人次数据则如图67所示。由于在这段时间内，只有2021-10-16进行了直播，所以只有那一天的曲线是有数据的。

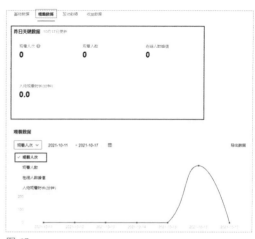

图 67

需要强调的是，相对不同场次的直播数据曲线图，一场直播中不同时间段的数据曲线图对改善直播质量的意义更大一些。而不同场次间的数据对比，可能只在确定直播大方向，比如直播选题或带货直播的商品类别时才有作用。

因此，个人认为创作服务平台的"数据总览"依然有很大的提升空间。目前，该部分数据对直播间的指导作用并不明显。

同时，选择"单场数据"选项后，可以查看一场直播中观看人次、观众人数、在线人数

峰值等数据，但却无法得到人均停留时长，以及转粉率这两个关键数据，如图 68 所示。

单击右侧的"查看"选项后，还可以看到所有流量的分布情况，如图 69 所示。从中可以看到，短视频引流到直播间的流量对于抖音平台而言是十分重要的。

图 68

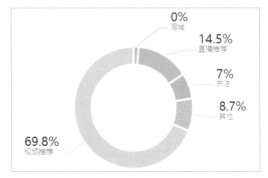

图 69

在抖音电商罗盘中查看数据

抖音电商罗盘是专门为商家或达人设计的，方便他们全面掌握直播和短视频数据。下面介绍在抖音罗盘查看直播数据的方法。

（1）打开百度，搜索"抖音罗盘"，单击图 70 所示的超链接即可。

（2）选择"商家"或"达人"并登录。如果开通了小店，即可选择商家视角，数据会更加全面。这里以"商家视角"为例进行讲解。登录后单击左侧导航栏"直播"下的"直播列表"选项，如图 71 所示。

（3）选择直播日期后，单击直播右侧的"详情"按钮，即可查看详细数据，如图 72 所示。

图 71

图 70

图 72

分析抖音罗盘直播数据

抖音罗盘中的数据非常多，如果只是单独查看某一类数据，就好像"盲人摸象"，找不到问题的根源。因此，为了能够系统地分析抖音罗盘中的数据，笔者将以"流量漏斗"为核心，从中找到潜在的问题，再通过具体数据找到出现该问题的原因，让数据分析系统化。

认识"流量漏斗"

进入详细的直播数据页面后，单击"直播间数据分析"板块下的"流量分析"，如图73所示，即可看到"流量漏斗"。

"流量漏斗"是由"直播间曝光人数""进入直播间人数""商品曝光人数"等数据组成的，可以直观地看到流量是如何层层沉淀下来，直到实现转化的。而每一层转化数据，均可以揭露出直播间在相应阶段存在的问题，让数据分析的目的更明确。

因为"流量漏斗"是系统分析直播数据的核心，所以本节会多次提到它，如图74所示。

直播间数据分析

实时趋势　**流量分析**　商品分析　人群分析

图 73

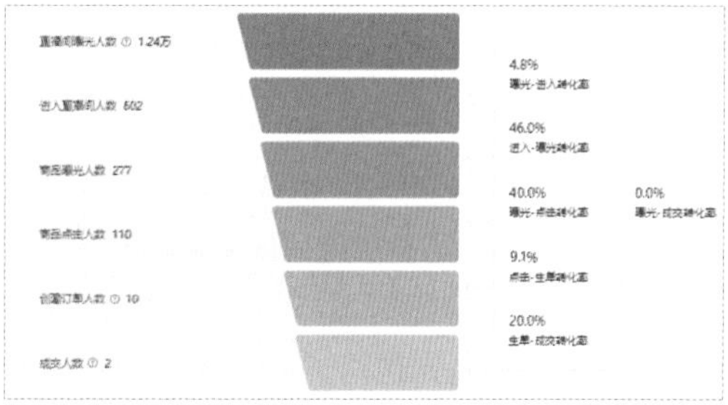

直播间曝光人数 ⓘ 1.24万　　4.8%　曝光-进入转化率
进入直播间人数 602　　46.0%　进入-曝光转化率
商品曝光人数 277　　40.0%　曝光-点击转化率　0.0%　曝光-成交转化率
商品点击人数 110　　9.1%　点击-生单转化率
创建订单人数 ⓘ 10　　20.0%　生单-成交转化率
成交人数 ⓘ 2

图 74

从"流量漏斗"看真正的流量

相信很多人听过这样的抱怨："抖音给我的直播间推送的流量太低了，就十来个人。"这其实反映出了很多人对"流量"认识的误区。

首先，这句话中的"就十来个人"，其实指的是"平均在线人数"，而"流量"是指抖音将该直播间曝光给观众的人数。也就是在"流量漏斗"中，"直播间曝光人数"这一数据，在该案例中是1.24万人，如图75所示。

就是这样一个1.24万曝光人数的直播间，其平均在线人数仅为10人。这就证明，不是抖音官方没有给这个直播间流量，而是这个直播间留不住流量，这才是问题产生的根源。

当然，如果发现"直播间曝光人数"这一数据确实非常低，则大概率是因为内容违规导致被限流，建议暂时停播，并立即咨询抖音官方客服。

🔆 流量	平均在线人数	最高在线人数	累计观看人数 ⓘ
	10	15	602
	直播间浏览量	直播间曝光人数	直播间曝光次数
	680	1.24万	1.94万

图 75

"流量漏斗"第一层：曝光—进入转化率

"流量漏斗"之所以非常重要，关键在于它明确、直观地展现出了流量的逐层转化。如果有哪层流量的转化率偏低，则证明在这一环节存在问题。下面以图 75 展示的"流量漏斗"为例，从第一层"曝光—进入转化率"进行分析。

分析数据并找到问题

图 76 所示的这场直播，直播间曝光人数为 1.24 万人，进入直播间的人数是 602 人，该层转化率为 4.8%。一个正常运营的直播间，在该层的转化率，也就是"曝光—进入转化率"应该达到 30% 以上。所以，4.8% 是一个很低的数据。

（1）直播画面不吸引人。

由于抖音绝大多数直播间的曝光方式，都是将画面摆在观众面前。也就是观众只要点一下"进入直播间"，就实现了提高"曝光—进入转化率"，而这一过程通常不超过 3 秒钟。那么，能让观众在 3 秒决定是否进入直播间的关键点是什么？直播画面是否美观明显非常重要。

需要强调的是，虽然直播画面不美观会影响"曝光—进入转化率"，但只要保证场景干净、整洁，是不会导致转化率仅有 4.8% 的。因此，对于该案例的直播间，其超低的"曝光—进入转化率"主要是下面这个原因造成的。

（2）标签不准确。

当一个直播间的标签不准确时，抖音会将直播间曝光给对这类内容根本不感兴趣的观众。而这才是导致"曝光—进入转化率"极低的关键所在。为了证明这一点，依次单击页面左侧导航栏中的"人群"→"人群画像"选项，如图 77 所示。再将界面上方"人群画像"的"用户类型"设置为"内容触达用户"，如图 78 所示，即可看到"人群特征概述"板块和"人群偏好"板块，如图 78 所示。

图 76

图 77

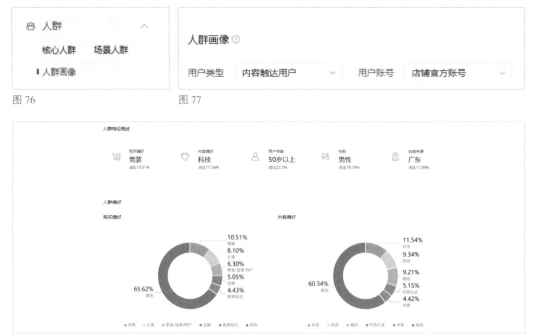

图 78

需要强调的是，该案例数据出自一个做摄影教学的账号，而其商品则是摄影教学类课程。正常而言，其内容触达用户的购买偏好更多的应该是教育培训一类，这样才有利于提高该账号的"曝光—进入转化率"。而内容偏好最好是与摄影相关的，比如"随拍""旅游"等。

但在图78所示的数据中，内容触达用户购买偏好最多的却是"男装"，占比10.51%，而"教育培训"类仅占4.43%。再来看内容偏好，其中对科技类感兴趣的最多，占比11.54%，而与摄影相关的"随拍"和"旅游"分别占9.21%和9.34%。因此，该账号的内容大多数都推送给了对"学习摄影"甚至对"摄影"这件事都不感兴趣的观众。

除此之外，该账号甚至没有一个非常突出的特征。哪怕是占比最高的类目，与其他类目也没有拉开差距。以内容偏好为例，有数据统计的5个偏好分别占11.54%、9.34%、9.21%、5.15%和4.42%，而"其他"，也就是没有明确分类的观众居然占到了60.34%。从以上这些数据表现可以确定，该账号并没有形成与自己的内容、商品相一致的标签，这才导致绝大多数流量都浪费了。

"流量漏斗"第二层：进入—曝光（商品）转化率

分析数据并找到问题

在图74所示的数据中，第二层"进入—曝光（商品）转化率"达到了46%。这一数据虽然不算高，但属于正常范围，证明进入直播间的观众大多数都是对摄影感兴趣的，产生了停留，所以能够看到商品展示，也就是所谓的商品曝光（在直播间看到商品卡弹出即算作商品曝光）。

观众的平均停留时间，则可以在"整体看板"板块下的"互动"数据中查看，如图79所示，

解决问题的建议

要解决账号标签的问题，最关键的就在于提高内容垂直度。该案例的账号，名字就存在不够垂直的问题。因为其内容大多数都是摄影教学类，但账号名称却还包括视频和运营，这是导致不够垂直的第一点。建议修改账号名，专注于其中一项。

其次，在抖音平台，靠短视频打标签要比靠直播容易很多。在该账号发布的短视频中，既有摄影技巧教学，又有摄影器材教学及运营教学。其中，摄影器材教学都标注了相机的具体型号，这大大限制了视频的受众范围。因为喜欢摄影的人不少，但使用某一种器材的人却不多，这就导致当抖音将这些短视频推给喜欢摄影的观众时，因为观众不用这款相机，所以反馈很差。这时系统可能判定你的内容不适合推给喜欢摄影的观众。

鉴于此，有三点建议。第一点，发布的内容尽量垂直，运营类的内容就不要再发布了；第二点，与摄影器材使用相关的教学内容建议不要强调具体型号，以品牌替代，增加受众，并且在内容展现上，强调拍摄技巧，而不是器材操作；第三点，为短视频投放带有兴趣标签的DOU+，纠正标签不突出、类目不正确的问题。

| 互动 | 新增粉丝数 ⓘ 3 转粉率0.5% | 人均观看时长 1分23秒 | 新加团人数 5 加团率0.83% |
| | 评论次数 100 | 点赞次数 555 | |

图79

其平均停留时长达 1 分 23 秒，所以 46% 的"进入—曝光（商品）转化率"就很好理解了。

但如果该层转化率在 10% 以下，则证明进入的观众几乎没有产生有效停留（停留达到 10 秒即为有效停留），对该直播间的内容不感兴趣。或者在直播过程中，主播亮出商品卡的频率太低了，导致观众在停留期间没有看到商品卡。

解决问题的建议

如果是因为商品卡出现次数太少导致"进入—曝光（商品）转化率"低，那么只需主播注意讲几句话就点一下商品旁的"讲解"选项，从而提高亮出商品卡的频率即可。

如果是因为观众没有产生有效停留，则需要注意以下两点。

（1）流量来源出现问题。正常的流量来源，包括自然推荐——feed（也就是抖音根据账号标签推荐给观众的流量）和短视频引流。而当直播广场和"其他"流量过多时，就会出现"曝光—进入转化率"很高，但"进入—曝光（商品）转化率"较低的情况。

造成这种情况的原因主要是该账号是通过红包或福袋等福利活动进行起号的，所以吸引来的观众大多数是为抢福利来的。一看没有福利可抢，就会迅速离开直播间，导致没有有效停留。

建议大幅减少福利活动所占的直播时间。另外，也要提高短视频内容的质量，以解决观众问题为出发点进行内容创作。

对于流量来源的数据，大家可以在"流量漏斗"上方的"流量来源"板块进行查看，如图 80 所示。

（2）内容没有抓住观众痛点。进入直播间的观众很多，但一听内容就马上走了，很有可能是因为内容没有抓住观众痛点，解决不了观众的问题。建议调整内容方向，并增加干货，不要总是在直播间里讲一些缺乏营养、无法解决实际问题的内容。

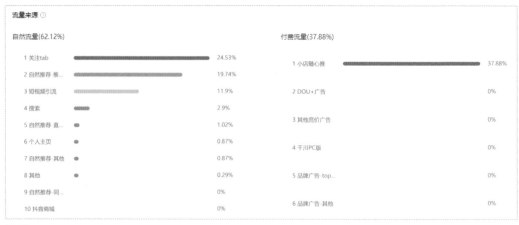

图 80

"流量漏斗"第三层：曝光（商品）—点击转化率

分析数据并找到问题

在图 75 所示的数据中，第三层"曝光（商品）—点击转化率"为 40%。这一数据的表现是比较好的，说明观众对商品很感兴趣。

如果这一转化率较低，则证明观众对商品不感兴趣，或者是商品的封面图不佳，导致观众不想点开商品进行仔细查看。

解决问题的建议

如果是由于观众对商品不感兴趣导致"曝光（商品）—点击转化率"较低，则建议针对以下 3 点进行改进。

（1）重新考虑选品和组品。尽量选择符合直播间垂直分类下销售火爆的商品，并尝试进行组品，让每一件商品的存在都有明确的价值。关于选品和组品的具体方法。

（2）更换封面图。如果自己拍不出好看的封面图，可以找专业的产品摄影工作室进行拍摄。

（3）考虑商品与直播内容的相关性。如果是直接推荐商品的直播，就不存在这一问题。如果是科普类的，或者是干货分享类的直播，就要考虑直播内容与商品的联系是否紧密。如果两者之间没什么关系，也会导致该层转化率不高。

"流量漏斗"第四层：点击—生单转化率

分析数据并找到问题

在图 75 所示的数据中，第四层"点击—生单转化率"为 9.1%，表现也是正常的。如果此数据过低，则证明观众对商品很感兴趣，但是心中却依然存有一定的疑虑；或者是因为价格不太能接受，导致最终没有下单。

解决问题的建议

如果是因为观众心中仍有疑虑而未下单，建议从以下两点来解决问题。

（1）在直播结束后，与粉丝进行沟通，询问直播过程中哪些方面做得不够好，从而不断改进直播质量，让观众更信任主播。

（2）在直播过程中，主动说出观众有可能产生疑虑的点，尽可能打消其疑虑。

如果是因为价格不能接受，那么可以降低售价，或者试着上一些价格低的商品，以及提供小包装规格也是不错的方法。

"流量漏斗"第五层：生单—成交转化率

分析数据并找到问题

在图 75 所示的数据中，第五层"生单—成交转化率"为 20%，该数据明显偏低。一般来说，此层的转化率会在 80% 左右。因为观众在成功下单后，就意味着已经决定购买了。在决定购买的情况下，付款行为其实是水到渠成的。

既然该账号的数据显示出存在"生单—成交转化率"低的情况，那就意味着一定是哪里出了问题。根据笔者的经验，此步转化率低有以下 3 种情况。

情况 1：观众的年龄偏大，在首次购买时，不知道该如何付款。

情况 2：观众在下单后发现最终价格与主播在直播过程中的宣传不符，所以不会付款。

情况 3：观众下单的目的是为了"收藏商品"，暂时没有决定购买，但又怕想买的时候，找不到这个直播间。

第 1 种情况可以通过数据进行辅助判断，依次单击页面左侧导航栏中的"人群"→"人群画像"选项，如图 81 所示。再将界面上方"人群画像"下的"用户类型"设置为"首购用户"，如图 82 所示，即可看到"年龄分布"板块，如图 83 所示。

图 81　　　　　图 82

图 83

如图 83 所示，50 岁以上人群占 11.21%，没有明确年龄的"其他"占 10.28，证明高龄购买人群数量并不大，所以即便在该直播间有上文第 1 种情况发生，但不是造成"生单—成交转化率"低的首要原因。

由此可以判断，主要问题出在第 2 种和第 3 种情况上。

解决问题的建议

如果主要问题出自上文的第 1 种情况，那么建议在直播时，可以让不知道如何付款的观众私信自己，然后由客服解决该问题。

如果主要问题出自上文的第 2 种情况，则建议在介绍商品时表达清楚，让观众清楚地知道现在介绍的是几号链接的商品，以及价格是多少。如果有一些好评返现类的活动，则要强调具体的返现方法，避免观众对价格产生疑惑。

如果主要问题出自上文的第 3 种情况，则建议尝试"憋单"话术，让观众产生紧迫感。比如，强调还剩最后多少件，或者利用包邮吸引观众尽快付款。

直播带货变现案例分析

此处以"扬叔来了"抖音号的直播为例，向各位介绍一场火爆的直播带货应该具备的基本要素和直播技巧。之所以没有以李佳琦、薇娅或罗永浩这种顶级主播作为案例进行分析，是因为他们的团队和资源已经远远超过平台上的其他主播，即便总结出了一些经验，也不够有说服力。

合理安排画面中的"货"与"人"

直播带货，最重要的就是"货"，其次是"人"，所以在安排画面时，要让商品占据主要位置。在能够准确对焦的情况下，尽量离镜头近一些，从而能够让观众看清细节，并营造一定的视觉冲击力。

比如图84所示的"扬叔来了"抖音号在直播带货"扇贝肉"时，就特意将其靠近镜头，这样既能显得扇贝很大，又能让商品展示更充分。

对于主播在画面中的位置，则以大部分面部能在画面中出现为准。在介绍商品时，有时甚至将面部完全遮盖也没有问题。而除了商品与主播之外的其余景物，则尽量不要让其出现在直播画面中。

图84

抓住观众痛点进行商品展示

在该案例中，为了让观众感受到"扇贝肉"质量很好，主播不仅让观众直接看到扇贝的状态，还将其撕开，展示其肉质细节，如图85所示。主播之所以会这样做，其实正是抓住观众害怕扇贝质量不行而不敢购买这一痛点。当观众看到肉质如此饱满后，自然会放下戒心，提高付费购买的概率。

另外，如果产品有国家认可的质量认证，比如图86所示的绿色视频认证，属于强大的品牌背书，更容易让观众相信产品的质量是有保障的，是信得过的，进而提高产品销量。

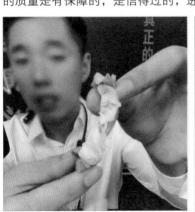

图85

图86

与观众频繁进行互动

在该直播案例中，主播会频繁地问一些实际上毫无意义的问题，比如"公屏上告诉我，你们会不会做扇贝肉？"如图87所示，或者"告诉我，你们喜欢吃辣的还是喜欢吃不辣的？"

无论观众回答的是什么，都不会影响接下来的直播安排。以"会不会做扇贝肉"这个问题为例。事实上，一定有人回答会，也有人回答不会，无论大家回答什么，都不会影

祝*****：	不会
懒*****：	不会
粽*****：	不会
仰*****：	不会
韩*****：	不会
玲*****：	会
废*****：	不会
m*****：	会
啥*****：	不会
烟*****：	福袋

图 87

图 88

响主播接下来在直播中演示扇贝肉的烹调方法，如图88所示。而之所以问问题，则是为了让观众在直播间发言、评论，从而提高互动率，增加直播间的流量。

用福利吊足观众的胃口

除非像李佳琦、薇娅这种能够将商品价格压到最低的顶流主播，否则不要一口气将福利全都告诉观众。因为当将福利很干脆地告诉观众时，对非头部主播而言，观众会觉得本来就该卖这个价格，本来就该送这些东西，也就不会有"捡便宜"的心理感受。

a*****：	12+2
乐*****：	没
逆*****：	12+2
回*****：	没吃过
雨*****：	没吃过
欧*****：	12+2

图 89

而当主播一点一点地将福利或优惠讲出来时，就会在这个过程中不断"揪着"观众的心，增加其停留时间，并在最终福利出现时，真心觉得"赚到了"。

以该直播为例，最终的价格是"128元12包，再送5包扇贝肉调味酱"。但主播一开始是这样说的："这个扇贝肉，在外面128只能买两包。今天在我的直播间，128元买两包，送1包、送两包、送3包、送3包、送5包、送6包。"然后开始介绍扇贝肉多么好吃。

介绍一段时间后，回过头来，又说："今天直播间的人很多，刚才说了，买两包送6包。为了让大家都去下单，我再送大家一包，再送大家一包，一共送8包，128元我给你10包，大家能不能下单，今天这个价格，会下单购买的，公屏上告诉我。"接下来就着这个"超低"的价格，再来说一说这个扇贝、这个价格多么合适。

图 90

然后，大概率是直播间的工作人员，会在公屏上评论"12+2"，如图 89 所示。这时，主播会笑着和周围工作人员说："这公屏还有人打 12+2 呢。"并做出一副不可能以这个价格卖的样子。但接下来会严肃一些，然后问工作人员："128 元 12 包合多少钱一包了？"，再做出一副正在思考的样子，随后站起来，一边往桌子上放扇贝肉，一边大声说着数量，直到 12 包，表现出一种今天就满足观众的要求——128 元 12 包，如图 90 所示。

此时的气氛已经到顶点了，但主播明显为了再刺激一下观众，12 包还不够，接着送调味酱料，又送 5 包。层层地推进之后，观众已经被吊足了胃口，这时再上链接，销量自然低不了。

高手这样玩憋单

关于憋单的技巧，在前文已经进行了详细介绍。在该直播实例中，主播扬叔同样运用了该技巧，并且可以看作是进行了一次教科书级别的示范。首先需要强调的是，上文提到的"层层放出福利"本身就是憋单的一种方式。但从扇贝肉的单品销售来看，除了需要靠福利进行憋单，还要靠"流程"进行憋单。

也就是该单品介绍明显有详细的流程规划，才能让整个直播毫无停顿感，一气呵成。整体流程大概为：

（1）介绍扇贝肉"外面"买的价格，强调今天直播间便宜，但不说价格。

（2）介绍扇贝肉有多好，说出第一阶段的价格，128 元 8 包。

（3）介绍扇贝肉怎么炒好吃，然后说出第二阶段价格，128 元 10 包，如图 91 所示。

（4）聊一聊这个价格多么的便宜，大家购买有多么划算，然后跟观众简单互动。

（5）以公屏有人打出"12+2"为契机，说出第三阶段的价格——128 元 12 包。同时再送 5 包调味酱料，将气氛烘托至顶点，如图 92 所示。

（6）趁着观众热情高涨，上链接开卖。而此时直播间公屏上甚至会有观众催促"抓紧上（链接）"，如图 93 所示。

图 91

图 92

图 93

第 10 章

适合于技术范
文青的电影解
说账号变现

电影解说类账号变现 6 大途径

电影解说类账号变现主要有 6 个途径。

流量变现

流量变现是此类账号的主要变现途径。制作好视频后，不仅可以在 B 站、今日头条、网易等平台发布获得流量收益，还可以参加抖音、火山、西瓜视频等平台的中视频伙伴计划，不同的平台，万次播放收益在 10~30 元不等。抖音号"名郑言顺"的创作者，曾经采访过一个不大的电影解说账号的创作者，如图 1 所示为采访过程中，创作者展示的一条视频在不同日期的后台收益数据，可以看出收入还是比较可观的。

图 1

售卖相关课程

由于电影解说类账号上手比较容易，有较强的变现能力，因此学习者也比较多。有很多电影解说类账号都推出了与电影解说、剪视剪辑、摄影、抖音运营等内容相关的课程，如图 2 所示为头部账号毒舌电影推出的相关课程。

图 2

为电影做宣发

有一定影响力的账号可以承接新电影或电视剧的宣传任务。以毒舌电影为例，其广告报价最高达到 28 万，如图 3 所示，已经完成了近两百个任务。

图 3

售卖电影票

当一部新电影上线后，创作者可以在自己的宣传视频中挂载售卖电影票的小程序，通过出售电影票获得提成，如图 4 所示。

为 App 拉新

如果在自己的视频下方挂载应用下载任务，也可以按下载量获得一定的收益，如图 5 所示的视频推广的是南瓜电影 App。

图 4

直播卖货

当此类账号的粉丝量达到一定的级别时，账号的自然流量会非常大，这个时候通过短视频引流来开直播售卖商品，也是当前流行的变现方式。

图 5

运营影视剪辑类账号的 4 个关键点

找到账号立足点

当决定去做影视解说时，务必要明确这个账号主要的观影群体，只有明确这一点，才能让影视剪辑类账号做得长久。例如，"灰袍真探"主要定位于男性，所讲解的电影也都与罪案、悬疑有关；"硬糖物语"主要定位于女性，所讲的电影也都与情感、励志、剧情类有关；"汤圆小剧场"主要定位于科幻迷，所讲解的基本是好莱坞的科幻类电影及电视剧，如图 6 所示。

除此之外，还要考虑自己解说的电影是为了价值输出还是纯粹是为了娱乐，两种不同出发点所吸引的观众层次也截然不同。比如，"越哥说电影"就是一个典型的输出个人价值观的账号，如图 6 所示，对有一定深度的电影都会做个人的总结和分析。也正因此，该账号从众多电影类解说的账号中脱颖而出，在许多平台都名列前茅。

图 6

找到电影切入点

一部电影往往包含多条故事线，而每条故事线都可以从不同的角度去解读。在剪辑之前，要明确在介绍这部电影时以哪个角度为主，才能在剪辑视频时一气呵成，逻辑连贯，同时有自己的观点输出。

比如，在抖音号"毒舌电影"对《Hello! 树先生》这部电影的二次剪辑中，就将王宝强饰演的树先生与职场中每个普通人的共同之处——渴求存在感，希望被尊重作为切入点，以此引起观众的共鸣，如图 7 所示。

图 7

找到节奏转折点

观影是疫情下大多数人主要的放松休闲方式，但由于每天奔波于家和公司之间，因此基本都缺少很完整的观影时间，较多的反而是碎片化时间。明白了这个观影场景后，创作者就应该明白，影视解说类视频账号的创作者必须按照"浓缩的就是精华"的原则，使视频有非常强的节奏。凡是电影中冗长的铺垫与对话，都可以删除，每分钟都应该在剧情上有一次大的推进。讲解时需要找到每一个大的剧情转折点，通过不断反转的剧情与吸睛的画面，时刻吸引观众。

找到时长临界点

对新手来说，时长方面控制在 6 至 10 分钟为宜。当账号有较大粉丝量，创作者有更加娴熟的文案创作技巧与视频剪辑能力，可放宽时长。为提升完播率，要将视频切分成两分钟左右的上、中、下 3 集。

更容易出爆款的选题思路

视频能否成为爆款与电影选题密切相关，可以说选题定"生死"，下面是成功大号都在使用的选题。

选择与热点现实事件产生联系的电影

如果最近发生了引发广泛关注的现实事件，那么选择与之相关的电影进行二次创作是更容易获得高流量的做法，这其实就是前面的章节讲述过的蹭热点的具体应用。

比如，在新冠肺炎爆发时，选择与疾病相关的电影，如《埃博拉病毒》，就获得了非常高的流量，如图8所示。

在笔者撰写此书时，正值2022北京冬奥会，此时则可以选项一些与冰雪题材相关的电影进行二次创作，如《我，花样女王》、《飞鹰艾迪》或国产纪录片《破冰》等。

选择爆米花电影

爆米花电影指的是看起来好看，但是实际太多精神内涵的电影，绝大部分商业电影均在不同程度上属于爆米花电影，如漫威系列电影。考虑到大多数人看电影主要是为了娱乐打发时间，因此选择电影解说题材的时候，此类电影是选择的重点。

与大众生活息息相关的题材

什么与大众生活息息相关的呢？无非是"衣食住行，生老病死"。其中，有两个领域的电影，由于关注者不多，竞争还不算太激烈，所以具有成为爆款的可能。

青少年教育方面

公众对"孩子的成长""对青少年的危害"等题材非常敏感。这类电影的二次剪辑视频也往往会受到大量的关注。

比如，"毒舌电影"对《起跑线》进行剪辑完成的视频，其点赞量达到了443万，总播放量达到5000万左右，如图9所示。该电影讲述了一对父母为了给孩子争取到一个就读名校的机会，不惜"作弊"，隐藏自己的真实身份，去贫民窟生活的故事。

影片背景虽然是在印度，但却看到了中国教育的影子。而又有哪个中年人能躲得过孩子受教育的问题呢？因此人们也就自然很容易地被电影情节所吸引。

图8

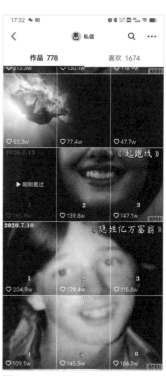

图9

女性安全方面

由于涉及女性安全的电影，不仅覆盖了女性群体，还会引起该群体的担忧，进而促进了分享、转发等行为。同时，男性观众也会将此类视频分享给自己的女友、妻子，也就导致了此类电影题材不仅覆盖人群更广泛，还会有非常高的转发率，所以具有成为爆款的潜力。

如图 10 所示的讲述了独居女孩家中潜入陌生人的电影《门锁》，在创作者将其压缩为 3 条短视频后，其中单条视频就获得了 127.3 万人点赞。

图 10

冷门电影可能更容易出爆款

很多影视剪辑类账号的创作者会有可能进入一个误区，就是认为冷门电影知名度低，自带流量都不高，所以要尽量规避。实际上，一些冷门电影之所以冷门，是因为宣传不足，有些是由于电影类型本身受到的关注就少，比如纪实类电影等，而并不是因为电影质量比较差，所以才成为冷门电影的。

所以，高质量冷门电影有时反而由于对很多观众来说有新鲜感，有可能成为"潜力股"。

选择冷门电影后，务必要挖掘其与现实的联系，要探究其背后是否隐藏着社会的普遍担忧，以激发观众的同理心与同情心。比如《隐姓亿万富翁》是一部冷门电影，但当其与"白手起家""普通人如何赚钱"这样的现实问题结合在一起时，就能成了爆款。"毒舌电影"账号的创作者将其剪辑为 6 短条视频，单条视频就获得了 204 万人点赞，如图 11 所示。用事实证明，冷门电影一样可以做出爆款。

图 11

避开电影讲电视与纪录片

现在讲解电影的"赛道"，竞争也非常激烈，所以不少电影解说账号开始解说电视剧，如图 12 所示为一部韩剧的解说视频封面。

相对于电影，好的电视剧也是非常好的选题，而且黏性比电影更高，因此如果视频解说到位，对于粉丝的吸引甚至比电影更强。

此外，还可以考虑解说优质的纪录片。总之，只要用心，就能在竞争激烈的领域找到好的选题。

图 12

影视解说文案撰写的 6 个重点

清晰的故事线

每部电影都有一条主故事线，以及多条副故事线。而创作者的基本功就是把一部电影的故事线简洁明了地表述出来，这样才能起到压缩时长的作用。

需要强调的是，做电影解说，不一定非要按照电影的开头和结尾来讲。只要符合"讲故事"的基本结构，并且能够自圆其说即可。

所谓"讲故事的基本结构"，即"营造悬念——堆砌细节——形成故事——设置阻力——加入转折——高潮与核心——故事收尾"，所以更高明的解说类似于电影编剧，利用电影素材重新组织出角度新颖的故事。

换位思考

在撰写文案时，要不断将自己的视角从作者转换为观众，感受一下文案表述、情节推进是否会吸引自己，感受观众在看到这里时的情绪。一旦发现有些无聊，就要对相应的文案进行修改，这其实就是"换位思考"。

重点前置

无论是创作影视解说类文案，还是创作其他类视频的文案。对于抖音这样一个短视频平台，都需要注意将重点前置，也就是要在前 3 秒抛出整个视频中最吸引人的爆点。

绝不可以用"从前有座山，山上有座庙，庙里有个老和尚"，这样平铺直叙式的文案表达及逻辑结构。

例如，下面是一些爆款视频的第一句。

"一个普通人如何靠两百块钱赚得上亿资产？你别不信，看完这部电影会颠覆你的认知。"

"这是一个不到 10 平方米的房间，小男孩自从出生以后就从来没有走出过这个房间，他以为这个房间就是整个世界。"

"从未见过如此强悍的火焰巨魔，它一挥手，一簇簇火焰瞬间就烧毁了人类的军队，为了阻止它毁灭世界，掌管地球和地狱的天神必须来到地球。"

新手在做解说时，不妨将电影中最能够吸引人的情节与画面放在视频的开头。

反转要频繁

优秀的故事总是能够频繁刺激观众，不断吸引观众涣散的注意力，常用的手法就是情节上的反转。

有反转的故事令人有意外的惊喜感，让人有回味无穷的感觉，更容易获得观众的认可。

在做解说时，最好每 15 左右就出现一个反转。

句子要精短

冗长的句子虽然能让解说文案显得更有文学功底，但也更容易使观众疲惫。因为长句子需要更多的思考时间与分析能力，但在观看娱乐类短视频时，观众最不想要的恰恰就是思考。所以在解说时要使用更短的句子，不仅能够让解说词显得更加紧凑，还能够降低观众的理解难度，使其领会解说词的速度更快。

控制字数

解说文稿并不需要太多字，平常人们的语速是在 200 字 / 分钟左右，新闻播音速度在每分钟 300 字左右，所以一个 7 分钟左右的解说文案只需 1400 字左右。如果在解说时需要局部播放电影原音，字数会更少。

怎样尽快写出有流量的文案

一个熟练的解说视频的创作者，能够在 3 小时左右写出一篇流畅、通顺的解说文案。除了长时间的练习，还依靠下面的技巧。

参考电影介绍

在观看电影之前，先阅读几篇介绍电影情节的文章，电影公众号、电影官方介绍、同行视频都是很好的来源。这样人们在观看电影时会更容易解构电影的情节。

参考各网站影评

热门电影基本上都可以找到大量影评，如豆瓣、购电影平台等。无论好评还是差评，对撰写文案都有帮助。对于好评集中的地方，要在解说时突出、强调；对于差评集中的地方，可以直接跳过。

提炼剧中的台词

很多影视剧的原台词都很有深意，写文案时可以使用原台词，不仅能让观众感觉文案与画面有一体的感觉，更可以提高写作速度。

按固定的模版写作

影视解说是一个以量取胜的创作类型，尤其对新手来说，并不确定哪一条视频能火，因此，初期必须通过批量化、流水线式的创作手法来创作大量视频。这其中就包括以固定的模板结构来写作解说文案。

例如，下面是某解说账号影视解说文案写作的固定结构。

开头：3 至 5 句话，描述一个反常的事件。例如，一个心脏功能衰竭的亿万富翁，不仅没有死，反而成为了抵抗外敌的国家英雄，最终抱得美人归，这一切是怎么发生的呢？

中间：以吸睛的画面配合简洁明快的文案，使观众在 5 分钟左右的时间内，了解整个故事的来龙去脉，并在视觉上享受到整个电影的精华、高潮画面。

最后：对电影做简单的总结，并对电影的主题进行升华。关于这一部分的详细讲解，可以参考后面的章节。

选取视频素材的 6 个原则

找到冲突点

任何一部电影，一定有矛盾点、冲突点，否则就会像一杯白开水一样，毫无味道。影视解说视频的每个画面，都要有冲突点，这样才能持续地"抓住"观众的目光。

找到争论点

通过前面的学习，我们都知道在抖音平台，一条视频想要获得较高的播放量，粉丝愿意在下方互动是非常重要的。所以在创作影视解说文案的时候，创作者必须要找到并刻意保留电影中可供观众争论的剧情点。

例如，"哔哔叨电影"的创作者在解说《我们与恶的距离》时，其中一个剧情是母亲离开看动画片的孩子，独自去喝咖啡，但孩子遭遇恐怖袭击。

在看到这部分解说时，评论区里出现了对这一现象的不同考虑，如图13所示。这样的争论，无疑使视频的互动指数飙升，从而使视频成为小爆款。

所以，在写作文案时，可以刻意制造一些可供观众争论或吐槽的点，以引导观众进行评论、互动。

运动的画面好于静止的画面

运动的画面更容易引起人们的关注，也有利于表现完整的情节，因此从电影中挑选视频素材时，应该尽可能挑选运动的画面。并且每一个镜头画面不要超过5秒钟，通常控制在3秒钟左右比较好，从而通过不断变化的画面来吸引观众的注意力。

保持景别的变化

在抖音中经常会看到一些明明是固定机位录制的视频，却通过后期做出很多景别发生变化的效果，其目的就是为了让视频看起来更灵活，不死板，保持视觉的新鲜感。影视解说视频亦然，通过不断切换的景别，可以使画面更灵活。

根据内容调整画面节奏

解说的电影内容不同，画面节奏也要有所变化。比如，解说枪战片、武打片，那么画面节奏自然就要快一些；如果解说文艺片，可能每个画面持续的时间就要长一些，从而给观众留出更多思考的时间。

找到新鲜的画面

在摄影中有一个名词叫"陌生感"，是指摄影师要通过专业的拍摄技术将大家熟悉的景物拍出陌生感，从而利用距离感产生美感。这一点对视频创作来说也是一样的，创作者需要从电影画面中找到大家都不太熟悉的场景或画面，从而以陌生感来吸引观众。坦率地说，猎奇是短视频平台用户的一大特点，所以作为创作者有时也不得不"投其所好"。

图13

在结尾加入总结并升华主题

为什么要升华电影主题

许多人都认为电影是娱乐而不是说教，其实，虽然说"电影能改变人生"有些夸张，但不可否认，好电影的确能让人更好地理解世界与生命。这也是有些电影在数十年后仍然具有观影价值的原因。例如，拍摄于1994年，长期居于电影排行榜第一名的《肖申克的救赎》就是典型范例。

因此，在解读这些好电影的时候，创作者一定要深入理解电影的精神内核，将隐藏在电影中原本晦涩难懂的主题，通过浅显易懂的语言和层层推进的逻辑解释给观众，从而使他们在娱乐之余，还能够在文化思想上有所收获。由于对观众来说，收获是双份的，因此会更加认可创作者，这种主题升华能力也是部分创作者能够从众多影视解说类创作者中脱颖而出的核心竞争力。

升华主题范例

在笔者分析、观察的众多电影解说类账号中，"越哥说电影"可谓是这方面的佼佼者。下面列举几个他在电影末尾阐述的电影总结，供大家分析、学习。

电影《克莱默夫妇》

丈夫全职主外，妻子全职主内。妻子在实现个人价值与照顾家庭之间挣扎，丈夫在陪伴家人与维系家庭经济支出之间挣扎。双方都很努力，可为什么结果却适得其反？甚至把曾经的深情化成尖刀狠狠戳向对方？有人问："婚姻是什么？"我觉得婚姻是互相牺牲，也是互相成全，是互相依赖，也是互相独立，更是站在对方的角度去理解对方的双向修行。

电影《飞行家》

什么样的人生，才是完美的一生呢？是爱了很多人、去过很多个地方，还是拥有很多的财富？有人粗茶淡饭，有人玉食锦衣，有人宁静致远，有人披荆斩棘。你羡慕的人生，可能正是别人要逃离的。到头来你会发现，所有的意义都只跟自己有关。因为完美的人生，从来都不在别人口中，只在你自己心里。

电影《健听女孩》

这个家庭和千千万万的家庭一样，越是亲近的人，越是难以付出耐心。就像路遥说的："人们宁愿去关心一个蹩脚演员的吃喝拉撒和鸡毛蒜皮，也不愿去了解一个普通人波涛汹涌的内心。"我们往往要用很长的人生经历才能明白，家与家人都是不完美的，但也许那个不完美的家和不完美的我们，才是能够互相温暖的完美契机。

电影《鸟人》

在这个凡事讲究快节奏的时代，深度的纯文学作品早已没有了生存的土壤。工业化生产的影视剧，就像口味越来越重的快餐，在调教着观众的口味。电影彻底沦为资本圈钱的游戏，而不再是为了传递思想、探讨问题或关注人性的视觉艺术。观众爽一把就忘，资本圈点钱就跑。留下的就只有满地狼藉的创作环境，以及两眼无神再无期待的观众。

注意这些要点确保顺利通过审核

抖音对电影剪辑视频的审核是非常严格的，所以在制作视频时要注意以下要点。

不谈政治

抖音是一个泛娱乐类的内容平台，既然是一个娱乐平台，就不要谈政治。比如，当某两个国家关系紧张之时，切不可出现吹捧某一方、贬低另一方的言辞。另外，涉及中国香港、中国澳门、中国台湾三地时，要注意增加"中国"二字。

不聊民生

虽然在解说电影时可以联系民生现实，但联系的一定是大趋势、大背景，不要和某个具体的事件联系。如果要联系，这个事件一定要经中央媒体报道过，从而证明其真实性。比如，解说一部涉及"自杀"情节的电影，如果最近刚好出现了一起经过报道的自杀事件，那么谈到这个现实事件的所有内容，应该是中央媒体报道过的。否则，就有可能被判定为"有造谣嫌疑"。那么无论是不是"造谣"，这条视频都轻则限流，重则直接被删除。

不要出现"性暗示"内容

"性暗示"是视频的绝对禁区，每一个创作者都必须把握好尺度。比如，亲吻画面在大街上可以，但是在床上不可以；情侣、夫妻之间的接吻可以，但婚外情的接吻画面就是被禁止的；不能在解说时出现渣男、渣女、出轨、妓女等词汇。一些历史纪实类画面、艺术品及孩子、儿童的裸露，同样会受到严格的审核，建议做一定的遮挡处理。总之，创作时尺度从严有益无害。

暴力恐怖画面要打码遮盖

电影中出现暴力画面再正常不过，但一定要注意尺度。血腥画面要直接删除或打码遮盖，否则无法过审。如图14所示的画面，打斗很激烈，但没有出血的画面。对于恐怖电影，可保留渲染恐怖氛围的画面，不要出现鬼怪、丧尸等画面。

图14

青少年题材务必远离犯罪

解说与青少年相关的电影时，要避免出现青少年犯罪相关情节，否则也无法过审。比如，某视频因为一句"小女孩怀孕死了"而被限流，原因是这句话被认定为涉嫌虐待未成年人。

所以，为了保证视频顺利发布，一切涉及青少年犯罪或被犯罪，甚至是受到严重伤害的部分都应尽力避免，或者采用委婉的说法进行表达。

视频消重的方法

什么是视频消重

抖音是一个推崇原创内容的平台，因此只要被判定为内容重复、搬运，就会被限流，而且也无法投 DOU+。如图 15 所示为一个被判定为重复搬运的视频。但在这里不得不指出的是抖音的审核有一定的误判率，而且对影视辑类视频来说，由于众多创作者使用的原始视频素材是相同的，所以更增大了误判的概率。在这种情况下，创作者可以按下面的方法，对视频进行消重，然后重新发布。

视频消重的 N 种方法

下面讲述的方法都涉及一定的技术性，但限于篇幅，无法展开讲解具体的步骤，所以只讲解相关思路。

» 修改 md5：简单地说，md5 类似于个人身份证，每一条视频对应一个 md5 数值，所以平台只需通过判断 md5 就能验证视频是否是重复的。如果视频被误判为重复，可以通过使用专业的 md5 数值调整软件来修改 md5。

» 修改分辨率：比如，原视频是 1920×1080 的蓝光分辨率，将其修改为分辨率为 720×1280 的视频。

图 15

» 变速：包括剪映在内的很多软件都可以改变视频的播放速度，建议调整为 1.1~1.2 倍左右。

» 截取视频：通过对视频做简单的裁剪处理，从原视频中去除部分冗余的话语或过渡语言。

» 转换视频画幅：即将横版的 16：9 画幅转为竖版的 9：16 画幅。

» 裁剪视频：如将分辨率为 1920×1080 的原视频，裁剪成 1915×1075 分辨率的视频。

» 调节视频音量：即将视频的声音调高或调低。

» 视频镜像：即将视频的左右水平翻转一下，但如果视频本身有字幕，这种方法则不合适，可以考虑先裁剪字幕，再水平翻转。

» 增加背景音乐：即给视频添加音量较低的背景音乐。

如果单独使用某一种方法无效，需要尝试将若干种方法叠加起来使用。

制作解说视频的完整技术流程

虽然每一个创作者撰写出来的文案可能千差万别，但制作视频所执行的操作，却基本相同。

根据文案生成声音素材

大多数创作者都会根据声音去截取视频画面，所以根据文案生成声音素材是制作视频的第一个步骤。

笔者推荐创作者自己录音，因为自己的声音具有辨识度，有助于账号树立人设。

通读理解文案

无论文案写作与视频剪辑是否是同一个人，在剪辑视频之前都应该再次通读文案，从而理清思路，为提取视频素材、安排视频素材逻辑顺序打好基础。

根据声音提取并组织视频素材

这个过程是指创作者从电影原视频中，根据文案截取解说视频所需要的片段。

在这个过程中，可以先把第一步生成的声音素材文件，调入后期剪辑软件中，放在声音轨道上，如图16所示。

然后，根据解说文案从视频文件中寻找对应的画面。

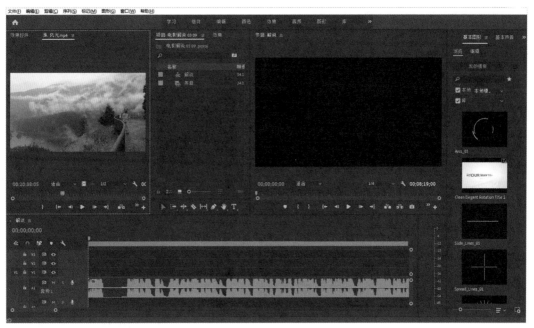

图16

许多创作者在创作文案的时候，都会为文案标注时间码。

例如，（2分30秒）男主输入密码，（35分21秒）小女孩儿眼睛睁开。

如果在制作文案过程中，工作比较细致，提取素材的时候就不会麻烦，只需根据文案提示，在时间码标定的视频处截取视频素材，如图17所示。

在这个操作过程中要注意运用以下两个要点。

图17

调节视频速率匹配讲解重点

为了使画面与文案相互匹配，可以使用如图18所示的功能，稍微调整视频的播放速度。目前，各个后期剪辑软件都具备这一功能。

以声音为主，以画面为辅

以声音为主，以画面为辅，并不是指视频画面不重要。而是指当创作者解说电影时，其实相当于在一定程度上，利用原电影视频画面进行二次创作。

观众在观看电影解说视频时，是按文案的逻辑主线来进行理解和观看的，所以声音的重要性高于视频画面。

例如，在为电影中的一句解说词"此时，女主表情逐渐绝望"匹配视频素材的时候，创作者完全可以在整部电影中寻找能够匹配的画面，而不必考虑这个画面出现的时间节点。

因为当将一部90分钟长的电影浓缩为六七分钟的视频时，

有大量画面不可能出现在视频中，这些视频画面都可以作为素材，解释解说声音。

图18

增加背景音乐

解说视频基本上都要删除视频原音，重新搭配背景音乐，这样操作有 3 个目的。

首先，降低版权风险。其次，剪辑后的电影视频是片段式的，原有的背景音乐会由于不完整，使视频的整体性下降，如图 19 所示。最后，不同的背景音乐可以为电影视频带来新鲜感。

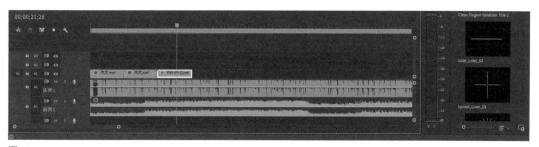

图 19

增加字幕

上述工作完成后，可以导出视频。打开剪映，在剪映中可以生成字幕、为字幕设置文字格式，非常方便、快捷。点击"识别字幕"下的"开始识别"，一分钟即可生成字幕，如图 20 所示。

注意：一定要在字幕列表中修改字幕中的错别字。

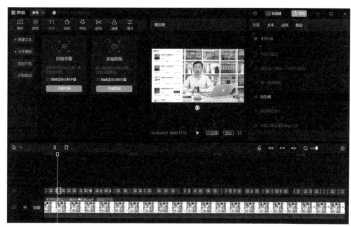

图 20

上传视频

视频完成后，下面的工作就属于常规操作，包括起标题、做封面、挂链接等，这些操作在本书前面的章节有详细讲解，在此不再赘述。

然后，可将视频上传到不同的平台。注意：在抖音平台发布视频时，一定要从中视频伙伴计划入口去发布，如图 21 所示。

图 21

影视剪辑号变现案例分析

此处以抖音号"毒蛇电影"解说的电影《激战》为例,来向各位分析一个优秀的影视解说视频应具备的特点。

敢于舍弃内容

电影解说视频绝对不是将一部电影的故事线从头到尾复述一遍,因为这样做就谈不上"创作",还会让观众觉得拖泥带水。

在《激战》这部电影中,其实花了一定的笔墨去描写张家辉所饰角色与一对母女的感情戏。如果在解说时也加入这段戏,就会让从头到尾燃烧着激情的解说出现断档。因此,创作者果断将这部分内容大量删减,而只留不到10秒的时间去介绍"张家辉找到了要保护的人"这件事。从而让整条故事线都围绕在"失败、苦难、折磨、重燃,到最后逆袭成功"上,让观众的状态一直处于亢奋中。

故事线与感情线交替进行

在前文介绍撰写文案的关键点时提到了加入"感情线",也就是能够激发观众思考的语言。在该案例中,当开头介绍完彭于晏所饰角色的经历后,就加入了一句:"如果你不知道什么是真正的男人,就该看看这部电影,有种经历叫作触底反弹。"以此将观众带入一种英雄主义情绪中,也燃起了大家的激情。

接下来当张家辉所饰角色拒绝教彭于晏所饰角色打拳时,再次突出"情感线",以一句"有些人当久了狗,就不会再做人"让观众陷入思考,并希望知道这个人过去到底经历了什么,如图22所示。

图 22

打造属于自己的视频结尾

优秀的电影解说视频要做到既还原电影,又能够总结出电影所表达的内涵。所以每一个电影解说视频,不仅要说"故事",还要说观点、说想法、说理解,这样才能形成自己的风格,做出差异化。所以要在视频结尾对电影进行总结。

每位观众看完视频后,或多或少会产生一些想法。这时,如果创作者的分析对观众有启发,或者说揭示了观众没有想到,但是又很有道理的"点",就能促使其产生点赞、评论或转发的行为。

例如,在对《激战》这部电影的解说视频末尾,创作者说出了他对电影的理解:"这部电影的两个主角都不是传统意义的强者,一个是刚学拳的新手,一个是失败过的老骥。但拿什么衡量男人的强大?不是拳头有多重,肌肉有多硬,光辉有多耀眼,而是他的斗志,以及他肯不肯牺牲自我去保护该保护的人。"

在视频结尾营造悬念

虽然不知道是哪个账号率先使用"三联封面"来展示影视解说视频的，但这个方法确实提高了主页的吸引力，并且让观众更愿意点开视频去了解电影讲述的故事。

然而，这种方式也带来了一个弊端，就是观众想要完整地了解一部电影的内容，需要增加两次跳转，也就是在看完第一条视频后，还要再手动点击第2条及第3条视频。

因此，为了让观众不会看完一条视频就不想再继续看下去，在第1条和第2条视频结尾最好营造一些悬念。

简单地说，就是不要把一个情节说完整。

比如，在解说《激战》这部电影时，第1条视频的结尾正好处于张家辉所饰角色答应教彭于晏所饰角色打拳的节点，那么观众就会对接下来怎么教产生好奇，如图23所示。

图 23

而第2条视频的结尾，则设置在彭于晏所饰角色的拳击比赛进行到一半，并且正好位于绝对胜负的关键点上，如图24所示。

这无疑让想知道比赛结果的观众主动点开第3条视频进行观看。

如果一个分3集的视频，上集具有很高的点赞量，但中集与下集的点赞量都急剧下跌，通常就是由于在分集时，视频切断处的情节没有卡对位置，这种情况实际上非常常见。

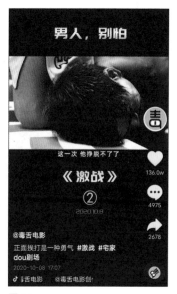

图 24

第11章

适合于喜爱阅读
人士的书单号变现

书单号的两种变现模式

所谓"书单号变现"，其实就是通过短视频去卖书，属于"短视频带货变现"的一种。之所以单独介绍此种变现方式，是因为其在抖音上广泛存在，并且具有门槛低、收益高、退货少、无售后的特点。

书单号属于最早被开发的抖音变现方式之一，到目前为止，已经演变出了两种比较常见的变现模式。

个人书单号

第一种模式就是很多个人创业者或将书单号变现作为副业的创作者选择的，通过专心做一个账号，发布一些与图书中的精彩文案相关的视频，慢慢积累粉丝。等粉丝积累到一定程度后，即可开始带货图书，实现书单号变现。

说到此类账号，一部分人认为类似于刘媛媛及王芳等名人自带流量，所以很容易成功。

但其实普通人也有非常成功的例子，例如账号"栗子熟了"，以及如图1所示的账号"陈大侠"都是典型的背景普通的个人书单号，通过口述一些励志的人物故事积累粉丝，然后通过充满正能量的书中精彩片段吸引观众买书，进而成功变现。

进入他的账号橱窗，可以看到已售数量已经有9.3万，如图2所示，30天内销售量是1万，应该说书单号带货的效果还是相当不错的。

图 1

矩阵书单号

经过几年的发展，书单号在抖音上的竞争已经非常激烈，如果想脱颖而出，往往需要视觉表现效果好、内容质量超高，并且与其他书单号形成差异，所以难度非常大。

"矩阵书单号"这种模式"以量取胜"，做垂直领域的"书单号"，比如教辅类书单号、儿童类书单号、励志类书单号等，并且每个领域做多个账号，通过"量"来提高成功的概率，如图2所示。

图 2

在持续运营一个月之后，舍弃没有出爆款视频的账号，更换垂直领域继续做新账号，或者将更多的精力放在出现爆款视频的账号上。

这种书单号变现模式成功的概率要比"个人书单号"高不少。但由于创作强度较高，因此比较适合精力充沛的创作者，或者小的团队来运作，如图3所示。

图 3

书单号经营要点

图书选择 4 大要点

图书是书单号的主要销售品类，可以使用本书前面章节讲述的方法，将图书添加到橱窗中，这个操作非常简单。

但在选择图书的时候要注意以下几个要点。

紧跟热点

所有与热门相关的视频，都会在短期内获得巨大流量，本质上还是因为抖音是一个信息平台，所以每一个创作者都要有抓热点的敏感度。

例如，在 2022 年的 2 月及 3 月，俄罗斯就是一大热点，因此与其相关的图书销售都不错，如图 4 所示。

育儿是重品

育儿图书是非常重要的品类，销售量能够达到 5 万以上的图书品类，几乎只有育儿类，如图 5 所示。

所以做书单号绝不可错过育儿品类，这就要求创作者在内容上用心打磨，以使内容能够打动父母们。

辨别优劣

盗版图书是一个长期存在的问题，无论是抖音还是拼多多、淘宝，都有大量盗版图书。

书单号创作者切记不能销售这些图书。首先，有法律风险；其次，由于这些图书往往会为了节省成本使用较差的纸与墨，阅读体验极差。

由于粉丝的购买行为是基于对创作者的信任，因此这样的图书势必会破坏这种信任关系。

辨别盗版图书的方法是查看图书评论，如果有读者反馈纸差、油墨的气味大，通常就是盗版图书。

此外，正版图书由于成本较高，通常不可能给出超出 50%的佣金率。

图 4

紧盯达人选品

对新手来说，可能出现因不熟悉图书品类，导致无法找到优质好书的问题。此时不妨多看看图书品类带货达人的直播间及橱窗，如刘媛媛、王芳及各大出版社直播间。

在这些直播间，不仅能发现好的图书品种，还能够学习到如何介绍不同的图书，为自己写文案做直播打下基础。尤其是各大出版社直播间，推荐的都是经过编辑挑选的好书，因此能够发现一些有潜力的新书。

图 5

经营范围要点

许多新手在做书单号时的一大误区，就是认为书单号就应该销售图书。其实不然，在图书之外，还应该根据自己粉丝的画像，再选择一些粉丝有可能购买的产品。以"栗子熟了"抖音号为例，通过后台数据分析可以看出，除了图书、食品、百货、化妆品也在创作者的销售范围之内，如图6所示。查看粉丝画像的方法，可以参考本书前面的章节。

此外，图书与在线课程天然近似，因此创作者也可以上架一些与粉丝画像匹配的在线课程。

图6

"优美句子式"书单号视频制作要点

这类书单号无论是表现形式还是制作方法都非常简单，如图7所示，以实拍的方式将一本书中比较优美的句子摘出来即可。

虽然表现方法很简单，拍摄也很简单，但是由于可以批量复制，因此特别适合技术不很成熟，也没有太多想法的初级书单号创作入门者。

笔者找到了一个粉丝仅2.2万的账号，在橱窗中可以看到销售已经近6000，如图8所示。

如图9所示为另外一个粉丝量为1.5万的同类账号，橱窗销量也达到了近4000。

如果批量制作这样的10个账号，收入还是比较可观的。

此类视频在制作的时候只需确保明亮、清晰，背景音乐舒缓、动听，在配合上有一定文学素养的标题即可。

如果出境的手与笔颜值更高一些，能够取得更好的效果。

图7

图8

图9

"静态展示式"书单号视频制作要点

"静态展示式"的效果如图 10 所示，可以看出来，虽然已经是 2022 年，并且这种形式在几年前都已经出现，如果应用得当，仍然有非常好的视频播放量。

如图 11 所示的视频是笔者在 3 月 15 号截取的，而此视频的发布时间是 3 月 14 号，仅一天的时间，点赞量已经达到了近 1 万，这也就不难解释为什么这个账号的出单量非常高。

如图 12 所示为笔者截取的账号主页，可以看出来视频表现模式几乎是一样的，如图 13 所示为此账号的橱窗，可以看到销售量也已经达到了9.1 万，而单月销量已经达到了4377 本。

此类视频的制作方法相对比较简单。

（1）在网络上寻找到类似于图 14 及图 15 所示的无字图书底图。

（2）通过 Photoshop 等后期处理软件将文字合成在无字底图上。

（3）将合成的图片导入剪映中，添加背景音乐。

（4）如果需要还可以使用剪映的"画中画"功能在图片的局部叠加动态视频效果，或者在视频最后添加翻书视频画面。

（5）导出视频后，即可将其发布在抖音平台上，并且挂载购书链接。

图 10

图 11

图 12

图 13

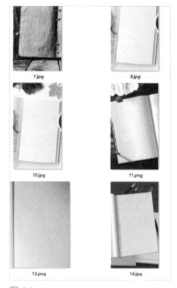

图 14

图 15

"书籍摘抄式"书单号视频制作流程

"书籍摘抄式"书单号的视频不需要真人出镜，只需一本书就可以制作上百条视频，而其中若出现一条爆款视频，就可能获得不错的收入。具体制作流程如下：

（1）在抖音中购买一本热卖的畅销书，然后用手机将其中精彩的文字拍摄下来。

（2）使用手机中内置的文字提取工具，将照片中的文字粘贴到"记事本"。如果没有相关工具，在微信中打开拍摄文字的照片，点击右下角的 █ 图标，如图16所示，再点击"提取文字"按钮，如图17所示即可。

图16

图17

（3）选择提取出的文字中较为精彩的一段，粘贴到配音网站，比如"牛片网"，生成一段语音，并将其下载。

（4）在一些无版权视频素材网站中下载一些比较减压，或者唯美的视频，将其导入剪映。然后点击"音频"→"提取音乐"选项，选择刚下载的语音。使视频轨道与音频轨道首尾对齐即可，如图18所示。

（5）导出视频，并再次导入剪映，通过"识别字幕"功能为画面添加字幕。

因为该种方式"以量取胜"，所以建议在发布视频时添加相关书籍的链接，从而让爆款视频可以得到充分的成交转化。

图18

"批量复制式"书单号视频制作流程

其实，"书籍摘抄式"书单号视频的制作难度已经非常低了，能够轻松实现每天制作几十条视频的需求。但"批量复制式"书单号视频的制作难度要更低，出片速度更快。下面介绍具体的制作流程。

（1）关注若干个处于头部的没有真人出镜的书单号，挑选出其爆款视频并下载。不能下载的，可以进行录屏。选择这些视频要注意，视频的背景声音必须是诵读书中的经典句子，而不是纯粹的背景音乐。

（2）打开剪映，导入减压、唯美的风景视频，选择"音频"→"提取音频"选项，将刚刚下载或录屏的视频的语音提取到剪映中，并让音频轨道与视频轨道首尾对齐。在这个步骤里，视频素材的选择非常关键。因为当一个观众打开视频的时候，如果第一眼看到的画面不能够吸引他，就会在第一时间滑走。

（3）导出视频，在发布时记得将对应的图书链接添加好即可。

这个方法的核心就是将自己的视频素材与他人的音频素材混合，所以为了避免出现侵权的情况，如果原视频的文字诵读声音为真人，就不能选择了。

"真人出镜式"书单号视频制作流程

"真人出镜式"书单号视频的制作重在文案撰写和前期视频的拍摄，至于后期则基本只要生成字幕即可，具体流程如下。

（1）撰写文案。可以写一下对书中某句话的感悟，也可以单纯分享书中自己喜欢的文字。能够将文案背诵下来自然最好，如果不能，也要在写完后多读几遍，在看着提词器朗读时可以更流利。

（2）录制视频。找一个干净的背景，利用自然光让自己的面部是明亮的。如果准备了额外的灯光，还可以进行补光，或者直接用人工光打亮人物进行拍摄，如图 19 所示。

（3）导入剪映进行后期处理。将录制好的视频导入剪映，调整"比例"为 9∶16，然后依次点击界面下方的"文字"→"识别字幕"选项，再调整其位置和大小即可。

（4）将视频从剪映导出后，即可发布至抖音。在发布时可以加上相关书籍的链接。但需要注意的是，刚刚起步的账号，"挂车"视频对播放量有较大的影响，建议先不"挂车"，而是引导观众通过橱窗购买，从而既有可能变现，又可以获得更高的播放量，逐渐积累粉丝。

图 19

"视频混剪式"书单号视频制作要点

这个方法的核心是利用能够找到的公开的无版权视频素材，来介绍图书。

例如，在如图20所示的视频中，创作者使用了关于普京的视频素材，并以此来带动《普京大传》图书，从如图21所示的销售数量来看，效果不错。因此创作者按照同样的思路，制作了6条视频，如图22所示。

要制作这类视频，需要擅于寻找标志性人物。例如，如果介绍的是历史类图书，可以寻找钱文中、易中天等知名专家的视频，将他们的一两句话剪辑成为视频。

此外，也可以混合剪辑与所推荐的图书关系密切的电视节目素材。例如，介绍诗词类图书时，可以使用诗词大会电视节目的相关素材，如图23所示。

图20

图21

图22

图23

"动感翻书式"书单号视频制作要点

"动感翻书式"书单号视频由于有动感效果，因此在视觉上要比前面介绍的各种静态文本展示视频效果好很多。

但对初学者来说，有一定的制作难度。

如果制作技术还不是很熟练，可以考虑用剪映的书单模板，如图24所示。

或者用美册App的翻页书单功能来制作，如图25所示。

图24

图25

书单号变现案例分析

此处以抖音号"栗子熟了"为例，来向各位分析一个成功的书单号该如何运作。

不要急于卖书

想做好书单号，不能急于"挂车"、卖书，因为图书毕竟是一种文化产品，想要将书单号做成一个长久的项目，创作者要先打造人设。通过自己对书中精彩文字的解读或感悟、分享，赢得粉丝的认可，有粉丝基础后，再进行变现。

比如"栗子熟了"抖音号中有一条视频的点赞量达到23.8万，并被置顶（图26），创作者分享了《琅琊榜》中的一句台词，其形式非常简单，只是将其朗读了出来，但由于内容得当，引起了无数人的共鸣。

这条视频中没有挂卖书的链接，笔者在其橱窗中也没有搜索到《琅琊榜》这本书。由此可以确定，这条视频不是为了卖书，就是达人表达心中的真实所想。正是这种真诚，以及与金钱、利益无关的内容，才使其可以获得高达23.8万个点赞，同时也获得了大量观众的认可。

图26

要有"表演"意识

对于真人出镜的书单号，如果达人在画面中扮演一个没有感情的读书机器，自然不会获得多高的流量。但当达人"表演"出因书中文字而产生的情绪时，则能够让观众更有代入感。

这里的"表演"之所以加上了引号，是因为不可否认，有一些达人在视频中展现出的是真情实意，是真正被书中的文字打动了，并不是有意地去表演。

但绝大多数情况下，如果只是喜欢书中的某段文字，是不会在情绪上有多大波动的。因此，为了让视频"更好看"，"表演"就显得必不可少了。

比如，在"栗子熟了"抖音号中，如果注意观察就会发现，达人每读一句书中的文字都充满了感情，就好像"朗诵"一样，其面部表情、动作，也会随着文字内容的不同而出现变化。

比如，她在读一些富有情感的语句时，眼睛不会一直看向前方，而是偶尔向下看。当再次向前看时，就会说出一些有"分量"的语句，而且表情上也有一些变化，如图27所示，这些都是"表演"的细节。

图27

精心编排的字幕

想通过书单号变现，务必让观众感受到书中文字的魅力。除了朗读书中文字，在画面中显示书中的文字也至关重要，其中最关键的一点就是"断句要清晰"。

比如图 28 ~ 图 30 所示，一句"真正聪明的人，应该让人看不出他的聪明"。如果将这句话完整地显示在画面中，首先会淡化达人读出这句话时的节奏感，进而影响语言的表现力。其次，也会让观众无法立刻抓住这句话的重点所在。

当这句话随着达人在朗读时的断句，被分成 3 段显示时，首先会让观众进入达人的节奏，进而减少中途跳出视频的概率；其次，观众通过简短的字幕，更容易理解文字中的深意。

图 28   图 29   图 30

充满"读书氛围"的画面

从图 31 中可以看出，抖音号"栗子熟了"的拍摄场景虽然不是一成不变的，但是均会包含一盏暖色调的台灯。这盏灯打出的光线，让人自然地想到在家读书时的场景，从而进入到一种渴望看书、读书的状态。这对提高书单号视频的流量及变现额度都非常有帮助。

各位在拍摄书单号视频时，也可以采用相似的思路，除了台灯，在场景中加入书架作为背景，或者将书桌作为前景，会有同样的效果。

图 31

解析单条视频销售额 11 万的爆款

爆款成绩

"栗子熟了"抖音号的创作者在 2022 年 2 月 12 号发了一条带货视频，销售的图书是《把自己当回事儿》，这条视频获得了 7.5 万个点赞，如图 32 所示。这个数量对创作者来说，只能算中等。但就是这样的一条视频，销售了 2900 多本图书，销售额约 11.2 万元，如图 33 所示。

爆款解析

这条视频之所以成为爆款，除了创作者本身颜值高、有知识女性的人设、镜头亲和力强，还与其文案有很大关系。

笔者通过本书前面讲述过的文案提取方法，将此条文案提取出来了，为大家分析一下结构。

图 32

"问大家一个问题啊，高情商就是圆滑虚伪吗？你看黄渤，他几乎是所有观众心中娱乐圈的情商天花板了吧？我记得很早之前，看过他参加的一期《鲁豫有约》，那时候，他刚刚开始在影坛崭露头角。鲁豫夸他：'你现在相当火吧？'其实，这是一个有陷阱的夸奖。如果直接肯定，就会显得自满。而直接否认又会让人觉得乏味。黄渤则笑着说：'那肯定火呀，都坐在这儿跟鲁豫聊天了，能不火吗？'这句话说出来，真的是让我由衷的佩服。你看，一句话既避开了问题的锋芒，又委婉地恭维了对方。这样的人就是会说话的人。其实所谓会说话，并不是简单地奉承和油滑，而是善于用沟通解决问题。春节期间我读了知名经纪人杨天真写的这本《把自己当回事儿》。读这本书的时候，我发现以前我在沟通上犯过很多错误，导致许多问题的发生。比如，为什么你明明已经说得很清楚了，而对方却还是没有那么做？为什么你明明是好心，反而引起对方的反感？面对别人不善的言语，怎么能应对得当呢？这些问题，我相信你肯定也都遇到过。这本书告诉我们，生活中很多问题都可以通过沟通来解决，真诚待人，不卑不亢，不暴露自己的缺陷，又给对方足够的颜面，这是一门学问啊。所以，真正的高情商绝不是世故圆滑，而是知世故而不世故，把智慧用在解决问题上，而不是算计别人。这样的人在社交场上应该是想不顺利都难吧？"

图 33

这其实是一个典型的使用了 SCQA 结构撰写的文案。

其中 S（情境）是鲁豫提出的问题。

Q（问题）："为什么你明明已经说得很清楚了，而对方却还是没有那么做？为什么你明明是好心，反而引起对方的反感？"

A（答案）：知名经纪人杨天真写的这本《把自己当回事儿》告诉我们，生活中很多问题都可以通过沟通来解决，真诚待人，不卑不亢，不暴露自己的缺陷，又给对方足够的颜面。

在这个文案中，除了结构明晰，提出的问题是许多普通人都曾经面临的窘境，还有一个很重要的点，即加入了明星黄渤。由于明星自带流量，有效提升了视频的完播与互动率。

此外，这本书的作者是明星经纪人，本身也具有一定的知名度，因此众多因素叠加在一起，使图书销售得到了保障。

虽然这看上去是一个很难复制的案例，但如果将所有成功的要素全部罗列出来，就会发现情况并非如此。

主播的颜值与镜头的表现力可以通过化妆与练习达到。

文案结构是通用的，可以套用在几乎所有行业与产品上。

明星话题更是浩如烟海，只要想蹭还是可以蹭上的。

作者的话题性，这一点可以通过选择优质图书来弥补。

所以，即便是一个新手在做书单号，只要把握住了要点，也不难出爆款。

第 12 章

适合于城市达人的同城号探店号变现

同城号与探店号

什么是同城号

同城号是指视频内容定位于某一个城市，介绍城市各类消费场所或服务行业门店、同城交友、招聘相关信息，此类抖音号的目标粉丝群体局限于某一个城市，因此被称为同城号。

另外，根据创作者不同，同城号还可以分为商家号与达人号。顾名思义，商家号就是商家自己的宣传类抖音账号，此类账号通常是蓝V账号。而达人号则是用于宣传各类商家的个人账号。

同城号与探店号的联系

实际上，探店号是同城号的一个分类，但由于探店号变现路径明确，上手容易，见效快，相关信息丰富，因此许多新手以为两者是相同的。

同城号的七大方向

根据一个城市的商家资源，创作者可以在以下领域尝试。

同城美食探店号

同城美食探店号是目前同城号的主要形式，也称为探店号。由于变现方式成熟，商家接受程度高，因此同城美食探店号是希望进入同城号领域创作者的首选，也是本章主要讲解的探店号类型，如图1所示。

图 1

同城儿童教育探店号

"双减"政策发布之后，许多非K12类型的儿童教育机构迎来大发展。如果对儿童教育有较深的研究，有一定的心得，可以在讲解儿童教育类知识的同时，将介绍同城儿童教育类机构作为一个商业变现的途径。这种同城探店号需要创作者树立可信的人设。

同城脱单号

目前，一线城市的单身群体非常庞大，但是社交途径比较缺乏，因此采取线上报名、线下聚会的方式来获得商业变现是可行的。

同城宠物号

目前，大多数职场年轻人在下班后身心俱疲，回到家与可爱的猫狗玩耍成为一天之中最解压的生活方式。围绕宠物的产业链也迎来了高速增长期。

2020 年，中国宠物市场规模为 2953 亿元，预计到 2023 年，市场规模将达到 5928 亿元。目前，在抖音上以宠物为主要创作内容的百万级、千万级账号已经有很多，并通过出售宠物及相关产品、服务，获得了较好的收益。因此，这也是一个非常好的同城号切入点。

图 2

同城中老年相亲号

我国作为世界人口排名第一的大国，老龄化已经越来越严重，60 岁及以上人口占全年总人口的 18.70%，这个数据表明我国已经进入到了轻度老龄化阶段，并会在 2025 年达到中度老龄化阶段。2020 年，我国银发经济规模已达 5.4 万亿，2021 年升到了 5.7 万亿，在 2022 年将轻松达到 6 万亿。

因此，服务于中老年的抖音号将迎来难得的商业机遇。可以通过线上的视频内容，吸引同城中老年人在线下举办相亲、讲座、聚会、团购等，以此获得收益，如图 2 所示。

同城二手奢侈品号

与其他的二手流通商品不同，二手奢侈品由于价值昂贵，在交易的时候，面临着信任度的问题，所以很多二手奢侈品交易双方都愿意采取线下交易的方式。

图 3

二手奢侈品同城号可以在树立人设，打造信任感后，采取低收高卖的形式获利，如图 3 所示。此外，还可以做二手奢侈品的维护保养，以及买卖双方的居间服务。

同样的思路也适用于二手汽车、房产交易。

同城旅游号

在疫情的影响下，长途旅游需求被大大抑制，但城市周边的短途旅游，却迎来了难得的黄金时代。以北京为例，每到周末及小长假，周边的民宿都处于一房难求的情况。

创作者可以将精力投入到周边旅游景点、民宿及娱乐休闲场所的介绍方面，如图 4 所示，这个变现思路与做同城美食探店号是一样的。

图 4

探店号变现的 3 大优势

之所以很多创作者选择做探店号，主要是因为以下 3 大优势。

同城流量支持

探店号属于同城号中的一种，自带"同城流量"加持。因为所有添加了"店铺位置"的视频，抖音都会向该位置周围的部分抖音用户推送。

同城流量相比泛流量，其优势在于，即便是新号，也几乎不会出现无效流量。所谓无效流量，即将视频推送给对该内容完全无关的观众所产生的流量。因为只要是同城，收到该视频的观众最起码知道自己所在的城市有这么个店铺或这么个地方，多少起到了宣传的作用，流量是有效的。

也正因如此，探店号的视频无须积累粉丝，在起初的视频中就很有可能出现爆款。

广告与"干货"完美结合

在笔者看来，探店号的最大优势在于可以让广告与"干货"内容完美结合。因为探店视频的价值点就在于发现不为人知的好吃、好玩的地方，其内容本身不可避免地带有宣传属性，这一点与广告高度相似。

做探店视频，不像做教育类或泛娱乐类内容，当给某个产品打广告时，势必会引起观众反感。

因此，一些探店视频，即便是接广告，只要该店铺或地点确实有特点，并且拍出来的视频确实有吸引力，也有可能出现爆款。如图 5 所示的探店广告视频，就得到了 3.8 万点赞量和 2353 条评论。

图 5

更容易接到广告

当探店号具有一定的流量后，不需要我们主动联系商家，或者通过"带货"的方式赚取佣金，商家自己就会找上门，寻求商务合作。探店类账号很容易接到广告，无形之中省去很多接商务广告的成本。

另外，还可以与同城的公众号或 MCN 机构合作，他们手中会有一些商家资源，从而不用担心出现没有广告可做的情况。一般给合作公众号或 MCN 机构 20%~30% 的佣金就可长期合作。如果提供的广告量大，还可以谈包月及超量返点等，实现双赢。

5 种不同的探店内容创作思路

探店号发布的内容虽然都是表现店铺提供的食品或服务，以及各种游玩项目，但在创作思路上却会有一些区别，并且可以归类为 4 种。

记录探店过程

最常见的探店类视频创作思路就是将整个探店过程记录下来，然后通过后期剪辑，将整个过程浓缩为一段几十秒的短视频。在视频中可以加一些自己在探店时的感受，比如哪个菜品最合自己的胃口、哪个项目玩得最高兴等，进一步增加探店类视频的价值。

另外，注意不能纯粹地夸赞，要加入一些"美食评鉴"的内容。不仅要说好吃的地方在哪里，还可以说一下不好吃的地方，这样更显真诚，让观众相信你的推荐是真心的，如图 6 所示。

图 6

拍摄店铺背后的故事

对于一些老字号店铺，可以尝试挖掘店铺背后的故事，甚至可以找到老板聊一聊店铺的历史，或者与店铺的员工聊一聊他们生活中的酸甜苦辣，使视频的内容更有温度，也更容易打动人。"故事"的呈现方式，可以是创作者自己边走边聊，也可以采用"访谈"的形式，和店铺人员进行面对面的交流。

让探店也有"剧情"

在探店的过程中加入"剧情"，虽然会减少对店铺情况的介绍，但能够让视频更有趣，并增加吸引观众的点。同时，如果观众在看"剧情"时无意发现了作为"背景"的店铺，反而会让宣传更有效。

通过"图文"表现探店内容

抖音正在大力推广的"图文视频"其实也适合探店类内容的创作。只需实地拍摄一些照片，甚至直接从大众点评、美团等 App 上下载照片，然后配上一小段文字，就可以作为一个探店视频发布，如图 7 所示。这种方式的成本是最低的，所以也导致很容易被模仿。因此，需要在短时间内发布大量此种类型的视频，通过"数量"去争取出现爆款，进而成功变现。

图 7

藏宝探店

藏宝是一类比较特殊的探店视频制作形式。创作者通过视频告诉观众，将会在某个地方藏匿有一定价值的物品或金钱，如图8所示，将同城观众吸引到指定的店家。

在抖音中以"藏宝"作为关键词进行搜索，可以找到许多相关用户，如图9所示。

这样的账号除了可以宣传同城商家，还可以通过介绍藏匿的物品宣传产品，如图10所示，所以变现的途径更多一些。

图 8

图 9

图 10

做探店号的难点

了解做探店类号的难点，可以让创作者提前做好遇到困难的准备。另外，也可以权衡自己是否适合做探店号。

团队人员流动大

做探店号的门槛不高，所以有许多探店号是团队批量操作的。但也正是由于门槛不高，所以导致新人在掌握 SOP 系统，即"标准作业流程"后，自己辞职单干。

收益不稳定

对一线大城市来说，由于商家资源非常庞大，因此只要创作者运营得当，客源几乎是源源不断的。但对三四线的小城市来说，由于商家资源有限，因此可能会面临客源短缺、收益不稳定的问题。

内容质量不稳定

观众之所以会关注一个探店号，是因为可以从中找到好吃的、好玩的并且性价比高的门店。但当探店号逐渐做起来之后，上门主动寻求合作的商家越来越多，就有可能因为贪图高收益而降低选店的标准，导致推荐的店面其实没那么好吃，没那么好玩。视频流量就会渐渐地呈下降趋势，最终沦为一个无人问津的"营销号"。所以，如果想长期发展，就要学会适当拒绝广告，并保证广告类的探店视频占比不能超过 60%，让门店整体质量维持在一个较高的水准。

探店视频从制作到发布的 4 个步骤

一条探店视频从准备拍摄到发布往往要经历 4 个步骤。

选择并联系门店

从大众点评或美团 App 中寻找目标门店，并通过电话与之联系，询问是否接收到店拍摄探店视频。建议优先选择新开的门店，因为此类门店去过的人少，容易引起观众"尝鲜"的心理。同时到这里探店的达人也不多，做出的内容更容易营造差异。打开大众点评，在筛选中选择"新店"，如图 11 所示。

图 11

到店录制视频

录制视频之前最好规划一下要拍哪些画面、说哪些话。专业一些的说法就是准备好分镜头脚本和文案。到店后就可以按照计划拍摄各个画面。如果一个人拍摄，需要准备好三脚架。如果还有一个人的话，拍摄就会轻松很多。在拍摄过程中，一定不要忽略灯光，合适的灯光是提高画质的有力保障，最好使用便携的可以手持使用的补光设备。

剪辑视频

将录制好的素材通过剪映或其他后期软件整合到一起。以文案为依据，说到哪里就配上相应的画面即可。然后设置字幕，为视频撰写标题，再做一个漂亮的封面就可以准备发布视频了。

发布视频

发布探店视频的关键在于要添加所探门店的位置，具体方法如下：

（1）点击"添加位置/门店推广"选项，如图 12 所示。

（2）选择"门店推广"选项，搜索门店名称。此处以"能仁居鲜肉火锅"为例，点击即可添加该门店，如图 13 所示

（3）添加后，就可以在发布的短视频中看到其链接，如图 14 所示。

图 12

图 13

图 14

制作探店视频的 9 个要点

善用四段式结构做视频

常规的探店视频通常采取四段式结构来进行拍摄，下面以美食探店为例进行介绍。

第一段交代去什么地方、吃什么、价格如何，以及去此地原因，比如可以是朋友介绍。

第二段用特写镜头表现餐馆的特色菜，以及相关菜品的价格。

第三段评价整体餐馆的环境、人流状况，以及菜品的味道。

第四段引导观众购买团购达人优惠券，或者点赞保存视频，用于下次寻找美食。

爆点前置

无论是介绍商家的店铺、服务还是产品，一定要从中找出最有可能吸引粉丝的引爆点，所以在这方面一定要打造文案的"黄金前三句"与画面的"黄金第一眼"，视频绝对不能是流水账。

关键镜头

拍摄视频时要注意挑选店铺人多排队的时间点，并且要拍摄价格单。在表现环境时，可通过广角镜头扩大空间感，这些都属于比较关键的镜头，不同的店铺可能还有属于自己的关键镜头，需要创作者去挖掘。例如，有些店铺有留言、照片墙、可爱宠物或有历史感的老招牌，都可以在镜头里表现出来。

现场声音

制作视频时，真实的场景加上现场人声鼎沸的声音或制作现场食材的声音，比如，食材下锅、烧烤吱吱冒油的声音，使视频更加真实。

这样的声音也可以在后期通过音效库，或者相关音乐素材库添加到视频中。

真人出镜

真人出镜有助于确立账号的人设。但由于各种原因无法做到真人出镜，就一定要在拍摄时的运镜、调色、音乐方面有突出的地方，或者加入旁白，制作类似"舌尖上的中国"式视频。

不要出现品牌

任何品牌的标志都不要出现在画面中，否则很容易被限流。因此，要通过调整拍摄角度来避免服装、场景中的标志，确实无法避免的，在后期进行遮盖或模糊处理，如图 136 所示。

不要出现路人正脸

为了避免不必要的麻烦，可对路人的正脸打马赛克，或者剪掉有路人正脸的片段。

不要出现促销信息

餐馆内的活动海报，以及菜品上的促销价签等，任何与"诱导消费"相关的元素都不要出现。另外，类似"不来就吃亏了""太便宜了"等口播也要一律避免。

加入搜索词

要在封面、字幕、文案、口述、简介、标题等位置添加地域或相关门店，以便于抖音通过算法精准推荐。在写标题时，一定要添加同城话题、同城行业话题，例如，# 老北京烧饼 # 燕郊美发，如图 15 所示。

图 15

开通"团购达人"赚取"探店"佣金

"团购达人"其实属于"视频带货"的一种。但因为其所带货品只能是门店的服务，在实操上与"探店号变现"更相似。

认识"团购达人"

在抖音没有"团购达人"的时候，探店号几乎只能靠广告费获得收入。而"团购达人"让创作者不仅可以赚取探店的广告费，还可以根据卖出门店的"套餐"或各种"券"的数量获得佣金。

比如，创作者接到一个报酬6000元的餐厅广告，在开通团购达人的情况下，观众点击视频左下角的地址后购买如图16所示的餐券后，如果到店使用了这张餐券，平台就会根据商家设置的佣金，返现给发布这条短视频的探店达人，从而实现一举两得，既赚了广告费，又赚了佣金。

一旦出现爆款视频，在商家提供的"高性价比餐券"足够多的情况下，达人获得的佣金收益可能比广告收益还要高。

图16

开通"团购达人"的方法

（1）打开抖音，搜索"团购达人"，并点击界面上方的图片链接，如图17所示。

（2）在满足粉丝数≥1000人的情况下，点击"申请团购带货"按钮，如图18所示。

（3）出现如图19所示的界面即开通成功。

图17

图18

图19

商家如何做同城号

对商家来说，除了依靠达人推广自己的商业店面，还可以开通自己的同城号，甚至是同城矩阵号。

商家同城号的益处

商家开通自己的同城号有以下几个好处。

首先，在宣传内容的自由度上更高。例如，可以开启全天24小时的直播，以便于消费者全方位了解商家。

其次，吸引连锁店或加盟店，形成规模化经营，如图 20 所示为一家吸引加盟的密室逃脱公司。

最后，还可以通过学员获得收益。如图 21 所示的火锅店，除了正常经营，还招收外地学员。

图 20

商家同城号设置要点

下面是商家开通自己的同城号需要注意的几个设置要点。

（1）用营业执照开通蓝 V 账号。

（2）在账号主页点击右上角的三条杠，点击"设置"选项，点击"隐私设置"选项，打开"同城展示"的开关。这样才能够确保你的视频，被优先推送给在地理位置上距离你最近的用户。

（3）点击"在线状态"选项，将这个选项也设置成为开启。当粉丝刷到视频的时候，如果希望进一步通过私信沟通，在私信页面右上角会显示绿色的在线状态示意图标，这有助于提高粉丝的沟通意愿。

（4）将"谁可以私信我"选项设置成为"所有人"，以确保所有浏览者都可以在线与商家沟通。

（5）如果用于登录商家抖音账号的手机通讯录人数非常多，要关闭"把我推荐给可能认识的人"选项。因为抖音会优先把视频推荐给通讯录中的人，如果这些人对商家比较熟悉，可能快速滑走，这就会影响抖音对商家视频内容质量的判断。

图 21

（6）将"关注和粉丝列表"选项设置为"私密"。

当完成以上设置后，即可正常拍摄视频、上传视频、进行宣传。拍视频、找选题、文案撰写、封面制作等相关知识点可以参考本书前面的章节。

探店号变现案例分析

此处以探店号"美石在北京"中的视频为例，分析高流量美食探店视频具备的特点。

主打美食"打头阵"

为了能够第一时间吸引观众的注意力，并展现这家店的特点，开头 3 秒必须出现这家店的主打美食。因为对餐厅而言，主打美食一定是其最有竞争力，也最能吸引食客的。那么，当视频开头出现这类菜品时，也可以起到吸引观众的作用，比如图 22 所示的"现场厚切牛排"画面。

用价格吸引观众

对消费者来说，往往更关心什么？没错，就是价格。当视频中展示了好吃、好玩的产品后，观众心中自然会问："这个多少钱？"因此，紧接着就应该在画面中出现价格。而那些爆火的网红店，往往具有高性价比的特点。

当相对实惠的价格出现后，就会让观众更加好奇，这样价格的美食到底有多好吃？从而进一步让观众对该视频产生兴趣。

由于该案例是在一家自助餐厅拍摄的，当展示过图 22 的牛肉后，达人就会自然地说出："这不像是 168 元自助能享受的。"如图 23 所示，目的就是为了突出其性价比。

图 22

近距离展示美食

在美食类探店视频中，"美食"才应该是主角。在录制视频时，务必插入多个近距离特写表现美食的画面，进而激发观众的食欲。

如果探店的美食以"价低量大"为主要特点，那么除了展示全景，还建议近距离移镜拍摄，这样在视觉效果上会更震撼，更能展示出菜品之多。

通过"吃相"提高观众食欲

除了菜品本身可以吸引观众，激发观众的食欲，达人的"吃相"也是让美食"变好吃"的关键。只要观众觉得这道美食好吃，他们就会一直看下去。

图 23

比如，在图 24 所示的画面中，达人略带表演性质的"吃相"表现出了美食带给她的享受。

维持粉丝对自己的信任感

对美食探店号来说，维持粉丝对自己的信任感是一件比较难的事情。其中一个原因是上文提到的，选店的质量很可能因为"广告"的增加而降低，毕竟能抵御住金钱诱惑的仍属少数。另一个原因则是店家为了能够让宣传效果更好，可能为达人提供比普通顾客更优质的食材或更大的菜量，甚至一些餐厅会为了有利于主播的宣传而临时出一个低价券或低价套餐。但当观众实际到店品尝时，就会被告知那个套餐已经下架，或者券已经抢没了。

这些现象都会导致观众实际到店享受到的服务和视频中看到的不一样。久而久之，就不再信任该达人，也不再看其视频了。为了尽量避免发生这种情况，除了在录制之前要求店家提供真实的餐饮服务，并且在视频中用简短的语言讲清楚价格对应哪些菜品，还应该在评论区即时回复一些被观众误解之后出现的负面评论。

比如，达人在视频中清楚地强调了一些美食是三选一，其实是一种很真诚的做法。但在评论区也会有观众觉得之所以菜品丰富，是因为 3 种套餐都摆在了桌子上。如果只选一种，就没有什么可吃的了。为了避免出现这种误会，达人在很多类似的评论下都强调了："即便选择一种套餐，也可以吃一大桌。"如图 25 所示。这种做法既再一次强调了是"三选一"才有视频中的这么多菜，也表示出这家店的菜量确实不需要担心，可以有效地增强信任感。

图 24

图 25

第13章

适合于游戏玩家
的游戏发行人
计划变现

认识"游戏发行人计划"

"游戏发行人计划"是指游戏厂商通过抖音官方开发的游戏内容营销聚合平台，发布游戏推广任务，抖音创作者按要求接单创作游戏宣传视频，平台根据点击视频左下角进入游戏或下载游戏的观众数量，为短视频创作者结算奖励，从而完成变现。

"游戏发行人计划"入口

"游戏发行人计划"是一种零门槛变现方式。

进入抖音，搜索"游戏发行人计划"，点击小程序卡片即可进入，如图 1 所示。

在该界面即可选择感兴趣的游戏进行视频制作，如图 2 所示。

图 1

图 2

筛选感兴趣的游戏

进入"游戏发行人计划"界面后，即可选择游戏并制作视频。为让创作者更快速地找到理想的游戏并进行推广，平台提供了"综合排序""全部游戏""筛选"3 种方式。通过每种方式的不同选项，可以找到很多适合通过视频进行推广的游戏。

点击界面下方的"任务"选项后，即可在界面上方找到上述 3 种方式。分别点击后弹出的选项如图 3~ 图 5 所示。

图 3

图 4

图 5

发布"游戏发行人计划"视频的方法

虽然"游戏发行人计划"本质上是发布增加了游戏链接的短视频，但如果不是从"游戏任务"下的链接发布视频，则无法正常计算收益，因此务必按照以下方式进行视频发布。

（1）按上文所述进入"游戏发行人计划"并点击某游戏链接，即可查看推广视频的制作要求，如图6所示。

（2）按要求制作视频后，再次进入该游戏推广界面，点击图6所示界面下方的"上传视频完成任务"按钮。

（3）从手机"相册"中选择已经按要求录制好的视频，此时该视频会自带游戏链接及游戏话题。输入标题后，点击界面下方的"发布"即可，如图7所示。

图 6

图 7

查看"游戏发行人计划"的收益

参加"游戏发行人计划"并发布视频后，可以按以下步骤查看收益。

（1）进入"创作者服务中心"，点击"全部分类"选项，如图8所示。

（2）点击"内容变现"分类下的"任务中心"选项，如图9所示。

（3）点击"我的任务"选项，如图10所示。值得一提的是，在该界面可将完成任务获得的现金提现。

（4）点击希望查看收益的游戏任务，比如"董小美的十段故事"，如图11所示。

（5）可以看到为该游戏发布的推广视频获得收益11.31元，如图12所示。

图 8

图 9

图 10

图 11

图 12

4 招挑选出优质游戏

通过"游戏发行人计划"进行变现的关键在于让观众点击视频左下角的链接体验游戏。为了达到这个目的，视频做得好自然重要，但游戏本身好玩、受众广，则是更重要的因素。

要挑选出好玩、有潜力的游戏，笔者总结出了以下 4 招。

按收益等级选择

"收益等级"是抖音官方根据该游戏推广视频，在上一个 7 天中实现的收益和播放量进行计算的。

一个游戏发布未满 7 天，其"收益等级"不具代表性。一个已经发布 7 天的游戏，若其"收益等级"没有达到 3 星，则意味着该游戏的收益和播放量偏低，喜欢玩此游戏的观众少。

除非创作者特别喜欢该游戏，认为值得一做，否则，建议选择收益等级更高的视频进行推广，如图 13 所示的是收益等级为 5 星的"万宁象棋"。毕竟高收益等级的游戏，受众很广，而且颇受欢迎。当观众看到该游戏的视频后，点击链接游玩的概率就更高。

图 13

按发布时间选择

虽然一些游戏的推广收益为 5 星，但是其发布时间已经远远超过 7 天，这时已经出现了大量高收益视频，对游戏感兴趣的大部分观众，有可能已经进行了尝试，再想拍出高收益的视频就很难。

这里同样以图 13 所示的"万宁象棋"为例，其发布时间为 10 月 29 日，而笔者在看到该游戏任务时，已经 11 月 22 日，过去了将近一个月的时间，可见该游戏虽然火爆，但竞争压力同样非常大。

因此，更好的选择是去寻找那些刚刚过 7 天，并且收益等级达到 3 星以上的游戏。为了便于寻找，建议各位通过"最新上架"选项，按发布时间为游戏排序。然后从 7 天前，对笔者而言就是从 11 月 15 日的视频开始，寻找收益等级大于 3 星的视频。

需要强调的是，这个寻找过程需要有点耐心，因为新游戏很多，受欢迎的只是其中很少的部分，再加上我们希望找到"刚发布不久"的受欢迎的游戏，所以就更少了。

图 14

笔者在从 11 月 15 日查到 11 月 12 日，终于发现一个收益等级达到 4 星半的游戏，这就是比较好的推广目标，如图 14 所示。

按游戏类型选择

小游戏跟手游最大的区别：观众在点击小游戏链接之后，就可以直接进入游戏，整个加载过程非常简单，也就意味着它获取用户的能力是最强的，因为用户不需要下载。而手游会麻烦一些，因为要下载、安装、登录、注册等。

小游戏获客门槛比较低，所以单价比较低。比如，做小游戏推广时，每获得一个用户，大概可以获得 3~6 分的收益，因此，单位收益率低。而手游获得用户的收益，几块钱甚至几十块钱都是可能的，所以如果操作得当，可以获得较高的收益。例如，如图 15 所示的"摸摸鱼"手游推广达人最高收益达到了 24 万多，不可谓不高。

在熟悉这个变现模式之前，建议先做小游戏推广，待账号有一定的粉丝量后，可以尝试做手游推广。

另外，如果粉丝定位为有一定消费能力的成人，可以尝试做手游推广。

图 15

按结算方式选择

"游戏发行人计划"中的任务分为"按播放量"结算，以及按"按游戏人数""按安装人数""游戏收入"结算等 4 种方式。

对于新号，由于没有粉丝基础，所以流量较低，并且极不稳定。在这种情况下，希望通过"按游戏人数"结算的方式进行变现极为困难，因为看视频的人都不多，又能有多少人去玩游戏呢？所以这类视频往往有几百上千的播放量，其收益也是 0。

选择"按播放量"结算，即便播放量不高，也多少会有些收益。这时的收益不在多少，哪怕只有几角、几元，对于刚刚起号的内容创作者而言，也是一种激励。

如图 16 所示，是创作者刚开始做"游戏发行人计划"发布的前两条视频。第一条视频是"按游戏人数"结算的，其播放量近 500，收益为 0，而第二条视频是"按播放量"结算的，其播放量为 4000 左右，收益为 11.29 元。

所以，在选择游戏的时候，一定要查看"结算方式"，选择类似于图 17 所示的"按播放量"结算的游戏。

图 16

图 17

游戏视频的 5 种常见创作形式

游戏录屏

游戏录屏即将自己玩游戏的过程录制下来，这是一种最简单、初级的视频制作方法。新手可以尝试，但如果要想爆款，基本上只能依靠运气。

游戏混剪

游戏混剪即利用热门背景音乐＋游戏介绍话术＋游戏视频素材，制作出一条介绍游戏的视频。背景音乐要选择当下热门的曲目，还要与素材画面风格契合，比如古风类手游适合搭配国风加节奏感强的音乐。话述文案则是点睛之笔，简单两三句就要突出游戏亮点，并引起用户的共鸣。游戏素材要展示游戏玩法、亮点，要能切中游戏用户的痛点。

要制作此类视频，可以从剪映 App 中寻找成熟的模板套用，如图 18 所示。

图 18

剧情二创

这种视频是以游戏主角为素材，将其相关画面通过重新配音或增加字幕，创作成为大家熟悉的剧情。

例如，从游戏中找到两个角色，将 A 角色模拟成为紫霞仙子，将 B 角色模拟成为至尊宝，然后借用大家都熟悉的大话西游的背景音乐与对白，使观众有耳目一新的感觉。

真人解说

真人解说是指一边玩游戏，一边以真人出镜的方式录制的视频。通过创作者夸张的表情、搞笑的语言或动作来对游戏做辅助讲解，获得较高的视频互动数据。如图 19 所示，账号"大皮游戏解说"是此类中的佼佼者，可以参考学习。

图 19

角色扮演

角色扮演指真人模拟游戏中的角色，特别适合 cosplay 玩家。如图 20 所示，账号"小暮 mumu"是此类中的佼佼者，大家可以参考学习。

图 20

新号变现的 6 个关键点

相比全民任务需要积累一定的粉丝才容易变现，游戏达人计划则是真正意义上的新号也可以变现，但要注意以下 4 个关键点。

做好账号包装

新号没有账号标签，所以最开始的几条视频，抖音就是通过账号的名称、头像、简介等信息确定推送人群的。因此，当上述三项均与游戏相关时，即便是新号，推送的人群也会相对准确，从而为变现打下基础。

» 账号名称最好是 XX 游戏、XX 的游戏日常等，重点是要有"游戏"二字。

» 头像最好是动漫或卡通人物、游戏角色、游戏设备，总之是二次元的，与游戏更匹配。

» 在简介中说明一下账号会给大家推荐游戏就可以了，比如"每天推荐精品小游戏，好玩也不要钱哦"。

如图 21 所示的抖音账号"游戏队长"，在账号信息方面既完整，又处处体现着"游戏"二字。

图 21

通过模仿快速渡过新人期

除非有一定的抖音运营及创作经验，否则建议新手通过模仿渡过新人期，而不是盲目创新。模仿的方法也很简单。进入"游戏发行人计划"页面之后，点击下方的"学院"图标，然后点击"榜单专区"选项卡，如图 22 所示。

在这里可以看到"优质内容榜""收益总榜""达人榜""机构榜"等不同的榜单，建议每一个新手至少把这些榜单上面的所有视频都刷一遍。一方面可以培养游戏类视频的创作感，另一方面可以在这里找到非常多的优质创作者，从而作为自己的对标账号。

以量取胜

建议新手每天最少完成 5 个游戏任务，从而实现广撒网、多敛鱼，通过数量去寻求得到爆款的机会。只要出现一个爆款，赚取的收益就足以弥补那些没有流量的视频所造成的损失。如抖音号"大熊爱玩小游戏"是粉丝数不到一万的新号，很多视频连 10 个赞都不到，但坚持不断更新，凭借着置顶的两条视频，其收益就达到了 7000 多元。

图 22

注意游戏类型的选择

这里的游戏类型并不是指小游戏或手游等，而是指游戏的玩法。按照游戏的玩法，游戏基本上可以分为益智、模拟、三消、对战、竞速、射击、动作、战略、合成、反应、棋牌等。不同的游戏玩法其实对应于不同的群体，例如，男性群体可能更喜欢玩射击、竞速、动作、战略等类型的游戏。为了保持账号的垂直性，建议创作者在初期每一个账号专注于创作某一个类型的游戏视频。通过矩阵化运营账号，每一个账号都有非常垂直的粉丝群体，这样才能增加粉丝的黏性。

图23

将游戏与熟悉的概念绑定

新号做"游戏发行人计划"不容易变现的主要原因在于粉丝太少，导致视频没有流量。由于"游戏发行人计划"中的游戏大部分为小游戏，其实质量并不高，也没有什么知名度，无法依靠"产品"本身获得流量。创作者可以考虑将游戏里的玩法或术语，与已经在众多游戏玩家中口口相传，大家已经非常熟悉的概念进行绑定。

比如，很多玩家对游戏的"出货率"这个概念很熟悉，很多手机游戏的社区也都会看到有人讨论"出货率"的问题，那么就可以针对"出货率"这个点，做一条短视频，突出某一游戏"出货率"高的特点，从而以熟悉的概念吸引住大量的观众。

如图23所示，推广的"武林闲侠"视频，其画面中一直出现"我怎么一抽就抽到了？"的字样，让观众认为该游戏的顶级角色"出货率"很高。

图24

与时事热点关联

游戏与时事热点貌似关联并不会太多，但其实不然。例如，在2021年6月16日世预赛亚洲区40强赛最后一轮比赛，国足3∶1战胜叙利亚，不少讲解足球游戏的创作者以此热点事件制作了相关视频，视频的前半部分讲解此热点事件，后半部分则顺势带出了FIFA足球世界游戏，如图24所示。

如图25所示为一条讲解台球游戏的视频，视频主要画面就是从相关视频中截取出来的丁俊晖出场，可以说制作成本非常低，但效果却非常不错。

图25

"游戏发行人计划"变现案例分析

此处以"迷宫球球"游戏为例，分析该游戏任务下收益排名第一的视频。其单视频收益金额已经达到6349.94元，如图26和图27所示。

图26

图27

认识音乐的重要性

对于此类画面非常简单的游戏，为了使视频更具吸引力，背景音乐是非常重要的一环。该视频中使用的音乐非常可爱，也不是主流的"街曲"，还没看明白游戏是怎么玩的时候，就被背景音乐吸引了。

甚至会有观众评论说"我是来听音乐的"，而且还有15人为该评论点赞，足以见得选择一首好听的音乐的重要性，如图28所示。

图28

创作者要明白，一旦音乐吸引住了观众，就会大大提高视频的完播率。因为音乐节奏是连续的，大多数人都希望听完一曲喜欢的曲目。

游戏效果很重要

想让一个游戏变得吸引人，游戏效果一定要拉满。所谓"游戏效果"，就是要让观众看完后觉得这个游戏要么有趣，要么解压，或者是画面特别吸引人。对于该案例这个游戏，画面效果比较平常，所以就要从"有趣"及"解压"这两点来考虑。而视频中数不清的小球掉入桶中不断刷新分数的画面，就给观众一种"解压"的视觉感受，如图29所示。

当然，想玩出这种效果可能不是一次就可以的，需要有耐心，多录几次，然后选择"游戏效果"最佳的素材进行制作并发布。

需要强调的是，如果游戏是以画面为重的，则尽量选择Boss战，或者敌人很多的画面进行素材录制。因为这样才能充分展示出游戏酷炫的特效，达到展示"游戏效果"的目的。

图29

直接进入游戏画面

需要先强调的是，并不是只有"开门见山"式的游戏视频才能成为爆款。但可以肯定的是，根据笔者观看过的数百个成功变现案例，大多数都是以"开门见山"——直接进入游戏画面这种方式录制的，所以这种方式定然有可取之处。

其实直接进入游戏画面最大的优势在于，可以有效缩短视频时长，并通过游戏画面迅速吸引观众。毕竟大部分抖音平台上的观众利用的都是碎片时间，希望观看节奏较快的视频，因此"开门见山"这种方式就更合适，避免观众还没看到游戏就跳出视频的情况发生。

重复做一个游戏任务

如果发现某个游戏的推广视频流量不错，就应该多做几条视频，从不同的角度来介绍其特色玩法。因为单靠一条视频，想成功变现不是不可以，但概率很小。通过对能够吸引观众的优质游戏（第一条视频有流量就证明有吸引力）进行反复推广，可以提高变现的概率。

比如，该案例中变现 6000 多元的视频，其实是创作者为这个游戏创作了五六个视频后，只有这条成了爆款，如图 30 所示。

图 30

第14章

适合于视频拍摄
爱好者的中视频
伙伴变现

认识"中视频伙伴计划"

"中视频伙伴计划"是由西瓜视频发起的，可以将一条大于 1 分钟时长、横屏拍摄的视频，同时发布到抖音、今日头条和西瓜视频，从而简化创作者的操作，并享受 3 个平台的播放流量分成。该计划虽然由西瓜视频发起，但是在抖音中参与该计划，并通过指定方式发布视频后，同样可以实现内容自动同步到今日头条和西瓜视频的目的，并赚取相应的流量收益。

理解短视频、中视频和长视频的区别

从视频长度进行分析

虽然国内的短视频平台，对于短视频的时长限制大多在 15 秒至 15 分钟。但事实上，从观看的感受来判定，1 分钟以内的视频更适合称为"短视频"。

中视频的时长虽然一直没有明确，但西瓜视频的总裁任利锋认为中视频应该定义在 1 分钟至 30 分钟。考虑到 1 分钟以内为短视频，那么中视频自然要求在 1 分钟以上，同时又要比电视剧或电影这种传统"长视频"要短，所以目前人们对 1 分钟到 30 分钟为中视频的说法是普遍认同的。

最后则是长视频，其在时长上的限定自然就是 30 分钟以上了。

从表现形式分析

绝大多数短视频以竖屏为主，这更符合观众刷短视频的习惯，如图 1 所示。而中视频和长视频则因为播放时间较长，并且在电视和电脑上播放的情况相对更多，所以更适合以横屏进行展示。

从内容角度进行分析

由于大部分短视频简单、节奏快，所以其内容以搞笑、娱乐、生活为主。

而中视频由于内容量更大，可以完整地阐述创作者的想法、观点，所以有很多科普类或知识性的内容。同时内容质量、制作时间和专业要求相对短视频来说更高。

长视频的内容则多为综艺、影视剧等。对比上述两类视频，长视频的内容以剧情为主，有完整的故事主线，并且质量更好，制作时间更长，专业性要求也是最高的。

图 1

从生产者角度进行分析

大部分短视频都是创作者一人制作的，制作短视频花费的时间和成本都比较低。长视频的生产者则更多的是专业机构，内容质量更高，制作所用的时间和成本都要远高于短视频。而中视频则介于二者之间，部分中视频由团队制作，但其难度与长视频相比还是要小不少。但中视频往往要求内容创作者的专业水平更高一些，这样才能将内容讲得清楚、透彻。

加入"中视频伙伴计划"的操作方法

"中视频伙伴计划"需要手动申请加入，具体操作方法如下：

（1）进入抖音，搜索"中视频伙伴计划"，点击界面上方的卡片，如图2所示。

（2）点击界面下方的"立即加入"按钮，如图3所示。

（3）绑定与抖音一同加入计划的"西瓜视频"账号，点击界面下方的"一键绑定"按钮，如图4所示。当在已登录的抖音上发布中视频后，将自动同步到此时已绑定的西瓜视频账号上。

图 2

图 3

图 4

（4）输入创建西瓜视频账号时的手机号，填写验证码后，点击"授权并登录"按钮，如图5所示。

（5）此时即完成加入"中视频伙伴计划"的申请。但要想正式加入该计划，需满足以下两个要求：

» 至少发布3个原创横屏视频。

» 视频累计播放量达到17000，如图6所示。

需要注意的是，只有通过此步骤进入"中视频伙伴计划"，发布的中视频才能享受流量收益。

图 5

图 6

进入后台查看"中视频伙伴计划"数据

加入"中视频伙伴计划"后，即可通过抖音后台查看视频播放数据及收益，具体方法如下：

（1）登录抖音后台，单击界面左侧"内容管理"分类下的"视频管理"选项。此时在界面上方会出现"中视频伙伴计划"，单击右侧的"去查看"按钮，如图7所示。

（2）此时会跳转至"西瓜视频"后台，并看到总收益，以及"西瓜总收益"和"抖音总收益"，如图8所示。

图7

图8

（3）单击界面左侧导航栏中的"内容管理"选项，即可查看已发布的内容，并对评论、点赞等进行管理。需要注意的是，加入"中视频伙伴计划"，并不意味着所有视频都必须同步到今日头条、西瓜视频和抖音3个平台。如图9所示的3条讲解图片后期的视频，当将其在抖音上展示时，如果以竖屏的方式观看，则界面比例会很小，观众根本无法看清具体的操作，在抖音发布这样的视频，不会获得较高流量。所以这3条中视频仅发布在适合横屏观看的西瓜视频。

图9

（4）单击界面左侧导航栏中的"数据分析"选项，选择界面上方的不同选项，即可查看视频的"概览""播放分析""互动分析""粉丝分析""权益分析"5大数据页面。如图10所示为"概览"页面，可查看播放量、评论量等数据。

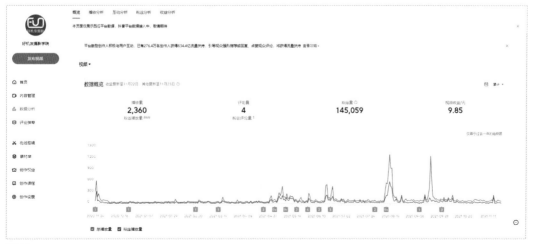

图10

与"中视频伙伴计划"收益相关的 5 个关键点

之前介绍的变现方式都有明确的收益计算方法，如根据售卖的商品进行结算，或者通过视频播放量或链接点击量进行结算。而"中视频伙伴计划"的收益计算方法是不透明、不固定的，类似于黑箱，而且是动态变化的。

根据视频时长进行动态变化

通常视频时长越长，流量分成的单价（每万播放量收益）越高。因此，时长为 1 分钟到 5 分钟的视频，其单价会比 15 ~ 20 分钟的单价低；而 15 ~ 20 分钟的视频，其单价会比 20 ~ 30 分钟的视频低。

这是因为大多数情况下，时长越长的视频，制作难度越高，而且势必会影响完播率，所以抖音提高其单价，以此激励创作者制作中长视频。

当然，笔者建议各位尽量把时长控制在 10 ~ 20 分钟，这样既能提升一定的单价收益，又较容易保持一定的完播率，属于在"中视频伙伴计划"中性价比较高的视频时长选择。

如图 11 中位于上方的视频，仅两个获利播放量就达到了 3.92 元的收益；而位于下方的视频，共 222 个获利播放量，收益才达到 3.29 元。其原因在于上方视频的时长达 19 分钟，而下方视频的时长仅 1 分多钟。

视频标题	总收益/元	西瓜创作收益/元	西瓜获利播放量
为什么许多摄影高手爱用框式构图？如何正确使用框式构图	3.92	3.92	2
如何通过11个不同技法拍摄花卉	3.29	3.29	222

图 11

根据观众的男女比例进行动态变化

平台会根据该视频观众的男女比例调整流量分成单价。女性观众所占比例越高，单价就越高。这是因为从大数据来看，女性的消费能力要明显高于男性观众。

根据完播率进行动态变化

视频的完播率越高，流量单价就越高，这一点与抖音平台短视频的推荐逻辑相同。因为完播率在一定程度上反映出观众是否喜欢、需要这类内容，而且一般完播率高的视频，其质量也越高，所以获得平台更多的鼓励也是理所应当的。

根据视频所属领域进行动态变化

视频所属的垂直领域越冷门，其流量单价就越高。因为平台当然希望内容百花齐放，从而满足更多观众的需求。而之所以冷门领域的视频流量单价高，也是为了吸引更多创作者丰富冷门领域的内容。比如，美妆教学、美食探店、生活 VLOG 这 3 类视频的内容量是从低到高排列的，那么其流量单价则属美妆教学最高。

根据视频播放量动态变化

流量单价不是固定的，而是会随着视频播放量的提高而降低。也就是播放量越高的视频，到最后的流量单价就越低。这对新加入的内容创作者而言是好消息，即便创作不出十万、百万播放量的视频，同样有机会获得不错的收益，进而得到激励，在未来创作出更优质的视频。从这一点可以看出，"中视频伙伴计划"不是那种只有头部账号才能赚到钱的活动，更多的是为了激励新人，扩大平台的中视频创作者阵营。

"中视频伙伴计划"变现常见的 4 大问题

为何发布中视频后没有收益

在申请加入"中视频伙伴计划"时需要完成任务，而在任务阶段发布的 3 条中视频是不会进行收益计算的。任务完成并审核通过后，再发布视频才能正常累积收益。

为何显示未完成申请任务

加入"中视频伙伴计划"前需发布的 3 条视频要满足以下要求：

图 12

» 必须通过"中视频伙伴计划"入口发布。
» 视频需要符合横屏、时长 ≥ 1 分钟并声明原创。
» 视频需"公开可见"。
设置为"仅我可见"的视频和已删除的视频都不会被统计。
其中任一条件未满足则不会被算作完成任务。

申请不通过怎么办

如果创作者加入"中视频伙伴计划"申请没有通过审核，基本都是因为被平台认定投稿视频不是原创。此时，需要在审核不通过后，至少发布一条原创横屏视频，才能在 30 天后，再次获得申请加入"中视频伙伴计划"的资格。获得资格后，需要再发布 3 条原创视频方能进入审核阶段。

删除或隐藏视频有影响吗

通过"中视频伙伴计划"可以在抖音发布视频后同步到西瓜视频和今日头条。但当在某一平台删除或隐藏视频时，均不会影响到其他平台。需要注意的是，在抖音平台隐藏或删除视频后，该视频在抖音平台产生的"中视频伙伴计划"收益将被取消，但在其他平台产生的收益仍存在。

"中视频伙伴计划"的更多规则可在抖音搜索"中视频伙伴计划"后，点击图 12 所示的横幅，再向下翻页，直至最后一页，点击图 13 所示的"活动规则"选项。

图 13

"中视频伙伴计划"变现的 3 大题材

由于"中视频伙伴计划"要求内容必须为"原创",所以对很多新手而言,第一个门槛就是不知道该做哪类题材。下面总结出 3 个适合新手的内容创作方向,无须特别的技能,即可创作相关内容。

生活纪实类

每个人在生活中都有自己的故事,将这些故事记录下来,就是很好的内容创作方向。这类视频的重点在于真实感,通常的做法是记录工作中遇到的人和事。虽然对自己而言,每天的工作不是那么有新鲜感,但对其他人而言,往往是从未踏足的领域。

再加上现在官方推出的新版剪映已经具备了模板推荐功能,进一步降低了内容创作门槛。以拍一段装修工人的工作纪实视频为例,只要照着他的模板拍摄,比如第一段 10 秒,跟大家说一下今天要去哪里干什么;第二段 15 秒,介绍一下这家人的情况;第三段 20 秒,讲解一下这家人对装修的要求,自己做起来有哪些难点。这样就能拍出一段真实感很强的原创生活纪实短片,并且很容易做出一个系列,如图 14 所示就是"家居安装米师傅"录制的记录安装过程的视频。

口播类

口播有 3 种常见做法。

第一种是唠嗑的形式,比较适合口才好的内容创作者。找自己的朋友,选个热门话题,两人边聊边录,然后从中挑有意思的片段,加上字幕,一条视频就做好了。

第二种是知识输入式,即一个人对着相机或手机讲述知识类干货。如图 15 所示的账号"羽森说"发布的视频,就是典型的通过干货内容吸引观众的类型。

第三种是"念稿"的形式,适合口才一般的内容创作者。提前写好稿子,通过提词器(用手机就行),在录制时照着读就可以了。当然,语气与内容的匹配,以及相应的情绪务必要到位。

图 14

图 15

影视混剪类

创作影视混剪类内容需要一定的影视审美及剪辑能力才可以做,所以门槛比上述两个题材要高一些。但由于此类内容的受众十分广泛,所以上限非常高,一部完整电影的混剪达到千万以上的播放量,对于一个粉丝量处于上游的影视混剪号而言不难达到,但目前竞争较为激烈。

"中视频伙伴计划"变现案例分析

此处以账号"羽森说"一条通过"中视频伙伴计划"变现5000多元的视频为例，分析其能够成功变现的原因。

抓住社会讨论热点

对于刚刚开始起步的新号，抓热点非常重要。因为在自身没有流量的情况下，只有去找那些有流量的话题，才能让自己的视频更有机会被别人看到。比如，该案例的视频是对"单休"及"双休"进行分析，而这也正是当时社会上进行广泛讨论的话题。感兴趣的人多，话题热度也很高，自然更容易获得高流量。

优秀的画面质量

优秀的画面质量可以给观众更佳的视觉体验，从而更容易在第一时间吸引到观众，并在一定程度上体现出内容创作者的专业性，更容易得到观众的信赖。

该案例的视频，无论是布光还是背景，都给观众一种"精致"的感觉，如图16所示，让观众在潜意识中就认定视频内容质量较高，进而起到提高视频播放量的目的。

当然，这种质感的画面往往需要一些专业的设备，比如单反相机、微单相机、常亮影室灯等。而对于没有这些高端设备的创作者，最起码也应该保证画面清晰，场景简洁。而这两点，即便是通过手机进行视频录制也可以做到。

图 16

个人观点引发讨论

选择热门话题制作的视频本身就容易引发讨论，但如果可以阐述自己的观点，则有机会让视频的互动率成倍增长，该案例正好属于后者。

该案例内容创作者提出了"单休"比"双休"不止少休息了一天，更重要的是因为没有额外的时间做自己想做的事情，导致个人发展速度会非常缓慢，迟早有一天会使自己严重透支，进而失去克服困难，以及创新的能力，从而无法从事高薪资的工作。

独特而有理有据的分析，不仅会让观众对内容创作者表示赞同，提高点赞率，还会引起更多的讨论。

在如图17所示的评论中，就有观众提到"宁愿工资少点，也要双休，多休息一天自己可以做很多事"。

图 17

第 15 章

适合于所有创作者
的全民任务变现

全民任务是什么

全民任务是一种零门槛的变现方式，哪怕是新建的账号，也可以参与完成全民任务。至于能否成功变现，则要看视频的播放量、点赞、评论等数据的表现。

全民任务接取方法

全民任务接取方法如下：

（1）打开抖音，搜索"全民任务"，点击上方的"全民任务"卡片，如图1所示。

（2）选择感兴趣的任务，点击"去参与"按钮，如图2所示。

（3）查看"任务玩法"制作要求，并点击"精选视频"选项卡，观摩并学习其中视频的拍摄，拓展思路，最后点击下方的"立即参与"按钮，如图3所示。

图1

图2

图3

全民任务变现的 4 个关键点

根据账号定位选择合适的任务

参与全民任务时发布的视频同样会影响账号标签。因此，如果不按照账号定位选择任务，拍摄不属于垂直领域的内容，则会在一定程度上导致视频受众不够精准，进而影响长期的发展。

另外，在标签已经形成的情况下，接取与标签受众不相符的任务，当视频发布后，也不会达成较好的数据指标，很难成功变现。

笔者建议在选择全民任务时，点击界面上方的"行业"选项，筛选出与账号所属领域相关的全民任务，如图4所示。从而既有利于提高账号内容的垂直度，又有机会获得任务奖励。

同时，通过界面上方的"奖励类型"和"任务类型"，还可以对全民任务做进一步筛选，方便创作者快速找到理想的任务，如图5和图6所示。

图 4

图 5

图 6

先账号、后任务

虽然全民任务是零门槛的，新号也可以接，但是在没有粉丝基础，以及明确的账号标签的情况下，很难让发出的视频有较高的流量。没流量，自然拿不到任务奖励。

因此，对新号而言，不要指望能通过全民任务这种方式拿到多少收益。而应该以积累账号人气、吸引更多观众为主要目标进行视频创作。

视频内容创作完成后，看一下全民任务，有没有"顺便"可以参加的，既给自己一个拿奖励的机会，又能多一个流量来源。

对于已经有一定积累的账号，则可以结合自身定位，为全民任务单独创作视频。在稳定流量加持，以及任务与账号所处领域相近的情况下，拿到奖励的概率是比较高的。如图7所示的抖音号"小张老师"，其粉丝数已经达到498万，再结合自身"老师"的定位，与"消炎镇痛膏"找到关联，实现了不错的宣传效果，如图8所示。

图 7

图 8

不要过于看重"相关性"

为起到更广泛的宣传效果,部分全民任务的"必选要求"非常简单,甚至只要在画面中出现一句文案,或者在标题中加一个指定的话题即可。对于这类任务,不要太看重"相关性"。哪怕所拍内容与任务几乎没有任何关联,也可以参与该任务。

这样做的好处是,哪怕没有获得奖励,也可以增加部分从该任务引入的流量。而缺点就是画面中增加的文案可能影响美感。

如图9所示的"我为贵州农产品打call"这个任务,其"必选要求"如下:

(1)添加指定话题"我为贵州农产品打call"。

(2)为视频添加指定字幕"我为贵州农产品打call"。

但打开"精选视频"选项卡,发现排名第一的视频内容跟贵州农产品其实一点关系都没有,是一段轮滑视频,如图10所示,甚至该视频并没有按要求在画面中出现字幕"我为贵州农产品打call",如图11所示,仅仅因为其流量是最高的,就可以排在第一位。

当所有想参加该任务的创作者打开"精选视频"选项卡后,"观摩"一下排在第一位的视频,再加上任务话题给的额外流量,哪怕该视频最终因不符合要求而没有获得奖励,其通过任务增加的流量其实就已经很有价值了。

图9

图10

图11

新手先考虑流量任务

全民任务的奖励分为流量任务和现金任务两种。建议先积累账号粉丝,再通过做任务变现。在账号建立初期,可以通过做流量任务提高粉丝积累速度。具备一定的粉丝基础后,再做现金任务,获得更高的收益。

另外,由于现金奖励的吸引力更大,所以更多账号,尤其是一些已经积累一定粉丝的账号,会选择做现金任务,这大大增加了此类任务获奖的难度。

而大号看不上的流量任务,给了新号机会,因此获奖概率相比现金任务提高不少。

参加任务要趁早

虽然全民任务一般会持续 10 天左右，并且在此期间所有人均可参与。但如果参与时间较晚，当该任务的相关视频已经在平台大量传播，多少会让观众产生审美疲劳，所以因"任务"带来的流量红利会大大减少。

另外，越早发布，视频在网络上发酵的时间就越长，获得更高流量、点赞量及评论量的机会就越大。而如果在任务临近结束时再发布，除非出现爆款，否则获奖概率几乎为零。

建议各位进入全民任务界面后，点击右上角的三个点图标，如图 12 所示。

然后开启"新任务提醒"，如图 13 所示。

当有新任务上线时，即可在第一时间收到通知。

图 12

图 13

全民任务的审核、结算与提现

全民任务的审核机制

投稿全民任务后，抖音官方会进行第一轮审核。审核结果将由"全民任务小助手"通知。如果审核没有通过，在通知上还会注明具体原因。完成修改后，可以再次投稿参加任务，但每天只能投稿一次。

参加任务的视频在一审通过后即会正常进入流量池，当其达到了一定播放量、点赞量、评论量或登上排行榜后，抖音会对其进行更严格的第二轮审核。如果第二轮审核通过，则会进入下一级流量池，获得更多流量。

全民任务结算机制

全民任务将在截止日期的后一天进行结算，结算完毕后，即可进行提现。

需要注意的是，通过第一轮审核的视频，并不意味着能获得相应的收益。是否能获得收益，还需要平台对该视频的播放量、点赞量、评论量等多方面因素进行考核，得出综合评分。综合评分越高，获得奖励的机会就越大，金额也越高。

全民任务提现的方法

在结算完成后，按照如下方法即可进行提现：

（1）进入抖音，先点击右下角的"我"图标，再点击右上角的■图标，如图 14 所示。

（2）点击"创作者服务中心"，如图 15 所示。

（3）点击"全民任务"选项，如图 16 所示。

（4）点击右下角的"我的"图标，然后点击"提现"按钮即可，如图 17 所示。如果提现不成功，可能是因为全民任务后台仍在结算，可在第二天进行提现。

图 14　　　　　图 15　　　　　图 16　　　　　图 17

全民任务变现案例分析

此处以全民任务"长兴长兴"为例，向各位分析获得最高收益 260.85 元的视频有哪些优势，如图 18 所示。

视频短小精悍

参加全民任务的视频进入的流量池与其他普通视频是相同的，所以抖音 App 同样会根据完播率、点赞率及互动率来判断该视频是否可以进入下一级流量池，获得更多流量。而获得更多流量的视频，自然能得到更多的奖励。

为了提升完播率，视频短小精悍是有效的方法之一。因为时长越长的视频，观众在观看过程中感到乏味而退出视频的概率就越高。而时长短的视频，则能在观众还在思考视频内容，或者被开头吸引想看更多画面时就突然结束了，大大降低了观众提前跳出视频的概率。

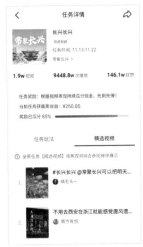

图 18

满足任务的"可选要求"

即便视频不满足全民任务的"可选要求"，依旧可以通过审核，并且同样有机会获得高流量，得到更多的奖励。但是，满足"可选要求"的视频，其获得更高流量的概率会大一些。

尤其是一些在制作上本就不够精良的视频，满足"可选要求"更加重要。

比如，在"长兴长兴"这个任务中，其"可选要求"之一为"添加湖州市-长兴县 poi"，如图 19 所示，也就是在视频中添加该地点的链接。

而排名第一的视频则满足该要求，在视频左下角出现了"湖州市-长兴县"POI，如图 20 所示。

笔者发现，在排名靠前的视频中，只有图 21 所示的排名第一的视频添加了这个 POI。

这虽然不代表满足"可选要求"才能获得更多奖励，但最起码说明满足"可选要求"对提高视频流量是有帮助的。

回复评论提高互动率

在前文已经提到，全民任务视频的推荐逻辑与普通视频是一致的。因此，互动率也是能否进入下一流量池的关键所在。排名第一的视频的创作者在评论区对多个评论进行了回复。积极的回复会让观众更愿意进行评论，进而形成良性循环，让视频的评论数量不断增加，从而有效地拉高视频的互动率，如图 33 所示。

重要的是传达情绪

其实"长兴长兴"任务排名第一的视频与第二、第三甚至更靠后的视频相比，其内容质量并不高。

但正是这样一条很简单的，只有短短六七秒的视频，却通过画面内容与标题，以及背景音乐，成功引起了观众对生活的向往，以及对过去的怀念。

与制作精良，但却像广告一样的冷冰冰的视频相比，这种视频更容易被观众接受。

比如，该视频的标题"可以把明天我们一起出去玩改成我们去约会吗？"就形成了一种情愫，一种好似初恋的感觉。

图 19

图 20

图 21

第16章

适合于爱车人士
的拍车赚钱计划
变现

全面了解拍车赚钱计划

什么是拍车赚钱计划

"拍车赚钱计划"是懂车帝联合抖音官方发起的汽车达人现金奖励项目。凡是拍摄指定车辆的视频，并通过任务入口发布视频后，平台会根据播放量、互动率、内容质量等多项指标综合计算收益。此变现方式对卖一手车或二手车及爱车的内容创作者而言非常合适。

0 粉能做拍车计划赚钱吗

在抖音中，确实有一些 0 粉就能参与的变现任务，而拍车赚钱计划就是其中之一。

但 0 粉能参与，并不意味着 0 粉能赚钱。抖音所有的变现方式，都建立在流量的基础上。而粉丝量恰恰是流量的重要来源之一。足够多的粉丝不会让你的视频条条都是爆款，但最起码每一条都有一定的播放量作为保证，所以变现赚钱就会容易很多。

虽然在运气的加持下，0 粉视频也有可能成为爆款，但概率太低。因此，0 粉做拍车计划很难赚钱，但只要坚持去做与汽车相关的视频，积累粉丝，提高账号垂直度，一到两个月变现是不成问题的。

拍车赚钱计划收益如何

拍车赚钱计划的收益可以在收益排行榜一目了然。

如图 1 和图 2 分别展示了两个月的收益榜，根据这些数据，可以肯定的是，拍车赚钱计划不能让创作者一夜暴富。

虽然 2022 年 2 月第一名收益达到了 118000 元，看起来很不错，但创作者在其他月份的收益并不高，比如，在 2021 年 12 月收益仅 7599 元。

所以将拍车计划作为副业还是错的。

同时，想靠几条视频就获得不错的收益也是不可能的，上榜创作者的投稿次数都不少，可见都是坚持长期参与该计划的。

图 1

图 2

不懂车，没车拍，能做拍车赚钱计划吗

笔者建议大家寻找自己感兴趣的领域，通过那个领域的变现途径赚钱是更好的选择。如果实在是不知道该拍什么，即使不懂车、没车拍，甚至不出家门，就坐在电脑前，也能做拍车计划视频。

具体方法就是：先确定要做视频的车型，然后去网络上搜索该车的图片、视频。为避免出现版权纠纷，可以在该车的官网下载或通过录屏使用这些素材。

然后，使用剪映套模板的方式来制作视频。利用这个方法，一天做十来条甚至几十条视频不成问题。有兴趣的读者，可以参考借鉴如图3所示的账号。

图 3

拍车赚钱计划参与方法

拍车赚钱计划是一种零门槛的变现方式，哪怕是第一天建新号，也可以参与该计划。

具体操作方法如下：

（1）进入抖音，搜索"拍车赚钱计划"，点击界面上方的"立即参与"按钮，如图4所示。

（2）简单阅读一下页面中的内容，对拍车赚钱计划有一个基本的了解，并点击右下角的"参与计划"按钮，如图5所示。

（3）在"任务广场"选择任务，其实就是选择视频中会介绍的车型，如图6所示。

图 4

图 5

图 6

（4）仔细阅读视频内容及发布规则，准备好视频后，点击"上传视频开始赚钱"按钮，如图7所示。

（5）点击右下角的"相册"选项，如图8所示。

（6）从相册中选择制作好的视频，点击右下角的"下一步"按钮。

（7）如果视频没有需要修改的地方，在图9所示的界面继续点击"下一步"按钮即可。

（8）进入发布界面后，不要删除自动在标题栏出现的话题，否则收益无法正常结算。建议再添加几个流量较高的话题，蹭一蹭热度。当然，话题要与视频内容相关。因为在第3步中选择的是极狐阿尔法S，这款车的智能驾驶部分使用的是华为的技术，并且系统使用的是鸿蒙系统，所以在话题中增加了"华为"。接下来点击界面下方的"发布"按钮即可，如图10所示。

图 7

图 8

图 9

图 10

拍车赚钱计划视频常用拍摄方法

实拍

实拍汽车是最常见的一类视频，通过创作者实拍汽车，对其外观、内饰、内部空间、储存、座椅、空调、音响等各项功能进行详细讲解与分析，如图 11 所示，创作者讲得明白，观众听得清楚，因此视频互动数据通常不错。

图 11

混剪

这是一种省时省力的视频制作方式，只需找到不同车型的视频甚至可以是 3D 渲染视频，再搭配性能、卖点介绍文字与热门音乐即可，如图 12 所示。

汽车的介绍视频通常是汽车官网提供的介绍型视频，也可以是汽车在展会上的花絮视频，或者新闻发布会的揭幕视频。一个有用的小技巧的是，如果有较好的外语基础，就不要只盯着国内的各个汽车官网，可以多浏览国外各大汽车网站，或者国外专业的汽车评测网站，通常能够获得更丰富的视频内容。

至于视频所需要的文字，除了可以从官网获得性能介绍类文字，还建议多上汽车介绍的综合类网站，查看汽车用户的真实评价，如果能从中找到"神评论"，则有更大概率引爆视频。

图 12

图文

笔者在前面的章节已经讲过，图文是抖音新扶持的内容形式，好的图文内容在流量上完全不输于视频内容。

创作者完全可以通过图文的形式为自己的账号引流或直接利用图文内容来变现，如图 13 所示。

图 13

拍车赚钱计划案例分析

下面以五菱宏光 MINIEV 为例，向各位介绍该车型下收益最高的推广视频，其收益达到了 5322.9 元，如图 14 所示。

挑选热门车型制作推广视频

对于一些销量比较差的车型，因为关注的人本来就少，所以即便制作了视频，其观众数量也不会很多。

而热门车型，如号称五菱宏光又一神车的"MINIEV"，不仅大卖，而且口碑也非常不错，就很值得选择。

选择这种热门车型制作推广视频，相当于借助了汽车本身的流量，这与做明星相关视频蹭流量是同样的道理，出现爆款的概率会高很多。

视频短小精悍

获得 5322.9 元的汽车推广视频，其时长只有 6 秒。正是因为视频很短，还没等观众完整阅读完视频上的文字，就已经播完了，其完播率一定会非常高，进而有利于该视频获得较高的系统评分，从而获得更多的流量。

值得一提的是，该视频所有画面均为静态图片，只需将这些图片拼接在一起即可，制作非常简单。

这也从一个侧面证明，视频质量高与能否获得高流量没有必然的联系，关键在于内容能否在短时间内迅速吸引观众的注意力。

文字内容指出关键点

在上文已经提到，该视频的所有画面均为图片拼接，所以在视觉上不会给观众多大的冲击力，也无法瞬间抓住观众。之所以视频能达到很高的完播率，除了视频时长短，还要依靠能够引起观众兴趣的文字。

比如，在该视频中，"燃油版 MINI""油耗 3.1 升"都是能够第一时间吸引观众的信息，如图 15 所示。

如果观众希望进一步了解该车型，自然会点击左下角的链接，或者针对这些关键点进行讨论。而无论哪种行为，都会提高该视频的互动率，同样有利于让视频得到更多流量。

图 14

图 15

第17章

适合于抖音达人
的星图广告变现

入驻巨量星图平台

星图平台是什么

"星图"是抖音官方为便于商家寻找合适的达人进行商务合作的平台，商务合作的类型可以是广告，也可以是账号运营或视频制作。当创作者在抖音、今日头条或西瓜视频平台上具有一定的粉丝后，即可入驻巨量星图平台，也被简称为星图平台。

入驻门槛

如前所述，当创作者在字节系各个媒体平台的粉丝量达到一定量级时，均可以入驻星图平台。但不同平台对于粉丝量级的要求也不一样。

例如，对于抖音创作者，要求其账号的粉丝数不低于 1000，对于今日头条及西瓜视频创作者，要求粉丝数（今日头条 + 西瓜视频粉丝总数）不低于 1 万，如果是抖音火山版的创作者，则要求粉丝数不低于 5 万。

由于星图平台的任务大多指定抖音创作者，因此下面讲述的内容都围绕着抖音平台。

入驻方法

（1）百度搜索"巨量星图"，点击带有"官方"标志的链接，如图 1 所示。

（2）点击网站右上角的登录按钮，点击"达人 / 创作者"按钮，如图 2 所示。

图 1

图 2

（3）根据自己主要粉丝所在的平台，选择媒体平台，如图 3 所示，并通过所选媒体平台的账号登录。如果账号达到入驻星图平台的要求，即可进入星图后台，如图 4 所示。

图 4

图 3

星图平台 5 种变现任务详解

抖音传播任务

抖音传播任务是指商家指定内容创作者，为推广某个商品拍摄并发布一条短视频，从而借助创作者账号的流量来让商品有更好的宣传效果。

如图 5 所示的短视频，即为 OLAY 桃花霜与抖音账号"糖一"合作，通过在视频中植入商品广告，并借助"糖一"抖音号的粉丝画像与 OLAY 桃花霜目标客户相符的特点，实现了精准投放，起到了不错的宣传效果。

这是许多抖音达人选择的主要变现方式，头部账号仅此一项年收入即可过千万，不少细分垂直领域的行业达人，也有许多收入在 30 万元左右。但要承接这一类任务，抖音创作者粉丝数要达到 10 万。

另外，这类广告由商家主动邀约，因此如果创作者的粉丝没有达到一定的量级，几乎没有任何机会。

如图 6 所示，是以客户的身份登录星图平台后所展示的页面。在这样的页面里，无论是按领域来进行筛选，还是按粉丝或按广告报价，客户基本上都可以找到符合自己定位或预算的创作者达人。

图 5

所有创作者达人的信息，包括粉丝量、传播指数、性价比指数等，都会在如图 5 所示的创作者达人主页中，详细展示。

这也提示创作者，在报价时不能想当然，需要与同行报价相互比较，从而以最高的性价比赢得商家的青睐。

例如，账号"小鱼海棠"是美妆类的头部账号，其广告报价为 20 秒内的视频广告 23 万元，那那么一般的创作者，广告至多只能够报到 10 万元甚至更低，如图 7 所示。

要进入这样的商家页面，方法是在登录星图平台时，选择客户身份，如图 8 所示。

图 6

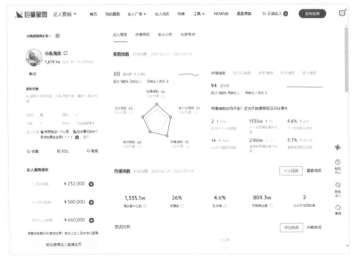

图 7

图 8

即合素材制作任务

所谓"即合素材制作任务"，即商家在星图平台发布视频需求，可以指派特定创作者进行制作，也可以让系统派单，创作者抢单，并由抢到此单的创作者制作视频。

制作好的视频不通过创作者抖音号进行发布，可由商家根据合作意向进行多渠道的商业性使用。

即合素材制作任务与抖音传播任何短视频投稿任务的主要区别在于，前者只负责制作视频，后者还需要在自己的抖音号上发布。因此，一些流量不是很高，但视频制作水平不错的抖音号，在"即合素材制作任务"上可以获得更多的变现机会。

从笔者加入即合素材制作任务的使用经验来看，商家发布的需求并不多，但在这个页面上有一个热榜功能值得大家使用和学习，在上面可以看到由平台搜集的最近发布在抖音上的，点赞率及完播率比较高的视频，这些内容对创作者比较有启发作用，如图9所示。

图 9

抖音短视频投稿任务

抖音传播任务是商家与内容创作者一对一合作，而短视频投稿任务则是商家发布一个视频任务，所有人均可投稿，属于一对多。在任务周期结束后，根据投稿视频的数据表现进行评奖，并将奖励结算给获奖的账号。

与抖音传播任务相比，短视频投稿任务给一些中小抖音账号提供了很好的展现能力的机会。

要承接此类任务，抖音创作者的粉丝数大于 10000。

可以在星图平台的"任务大厅"找到此类任务，如图 10 所示。

在这个页面上不仅能够看到任务的名称、金额、已瓜分金额，还可以通过打开左上角的"全部结算方式"下拉列表框，从中选择适合自己的不同的结算方式。

图 10

找到与自己的账号定位相符的任务后，单击"参与投稿"按钮后，可以看到任务详情，如图 11 所示。

选择"优秀投稿作品"选项卡后，可以查看可模仿或借鉴的优秀视频，如图 12 所示。

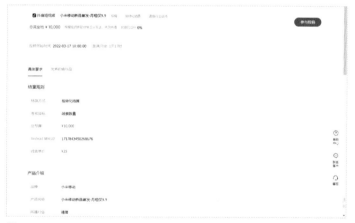

图 11

图 12

与动辄几十万的抖音传播任务相比，投稿任务金额的确低了不少，但创作者可以以量取胜，如图 13 所示为账号"硬核妈妈丽洁"的一次分享讲座，创作者在短短 150 天内，依靠投稿任务变现金额超过了 200 万元，因此切不要小看了投稿任务收益。

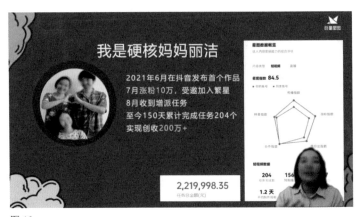

图 13

直播电商带货任务

商家可以在星图平台选择特定主播为自家商品进行带货。主播可以从中获得直播时长收益，以及购物车的商品佣金收益，如图 14 所示。

另外，商家也可以与主播进行专场合作，即按天或连续包天为主播提供报酬。

要承接此类任务，抖音创作者的粉丝数要大于 1000。

图 14

直播品牌推广任务

直播品牌推广任务与电商带货任务的区别：前者要求主播整场直播只做某品牌商品专门推广，而后者则混杂多种品牌的商品进行拼场直播。

相对而言，直播品牌推广任务需要主播针对品牌进行更全面的规划，而且在一定程度上代表了品牌价值，所以接受该任务的门槛也会更高。

如图 15 所示为商家能查看的直播推广报价页面。要承接此类任务，抖音创作者的粉丝数需要大于 1000。

图 15

星图平台任务开通方法

入驻星图平台后，不代表就能接取以上所有 5 种任务。每种任务有不同的承接门槛，而且达到门槛后，还需手动开通任务承接资格。

开通任务领取权限的方法

绑定媒体账号

无论开通哪种任务，首先要做的就是绑定媒体账号。进入星图平台后，点击界面上方的"绑定媒体账号"选项，如图 16 所示。随后选择绑定抖音账号即可，如图 17 所示。当然，如果希望承接其他平台的任务，也可进行绑定。但由于本书是讲解通过抖音平台变现的方法，所以不在此处进行详细讲解。

图 16

图 17

开通短视频类任务权限

（1）进入星图平台，点击左侧导航栏中"服务管理"分类下的"抖音服务管理"选项，如图 18 所示。

（2）点击界面上方的"短视频服务"选项卡，如图 19 所示。

图 18

图 19

（3）在界面下方，显示了两种短视频类业务，分别为"抖音短视频投稿任务"和"抖音传播任务"，如图 20 所示。点击"申请开通"（短视频投稿任务处于已开通状态）按钮，在满足上文所述条件的情况下，按要求提供信息即可。

图 20

开通直播类任务权限

（1）进入星图平台，点击如图 18 所示的"抖音服务管理"选项后，点击界面上方的"直播服务"选项卡，如图 21 所示。

图 21

（2）在界面下方有两种直播类业务，分别为"直播电商带货任务"和"直播品牌推广任务"，如图 22 所示。点击"申请开通"（直播电商带货任务处于已开通状态）按钮，在满足相应条件的情况下，按要求提供相关信息即可完成任务开通。

图 22

开通即合素材制作任务权限

（1）进入星图平台后，点击左上角的"达人营销"选项，并在下拉列表中选择"创意定制"选项，如图 23 所示。

（2）点击界面上方的"我的即合"选项，并在左侧导航栏中点击"服务管理"分类下的"即合服务管理"选项，如图 24 所示。

图 23

图 24

（3）在界面右侧点击"申请开通"按钮，并按要求补充信息即可，如图 25 所示。

图 25

了解变现任务操作流程

在星图平台，每种任务从发布到接单、制作，再到最终变现是有明确流程的。只有当流程中的每个环节都没有问题以后，才能成功变现。对内容创作者来说，了解任务变现流程可以明确不同阶段的工作内容，从而让变现更顺利，更有效率。

抖音传播任务变现流程

抖音传播任务变现是目前星图平台比重更大的变现方式之一。为了减少商家（客户）与创作者之间的纠纷，星图平台设定了详细的变现流程，如图 26 所示。

从"达人制作并上传脚本"到"客户确认脚本"之所以用虚线连接，是因为即便他们之间的"平台审核"没有通过，也不会阻碍客户看到达人上传的脚本。但脚本的"平台审核"如果有问题，会对达人上传视频后的平台审核结果有影响。而若此次（第二次）平台审核没有通过，则会中断流程，需要达人修改并重新上传视频。

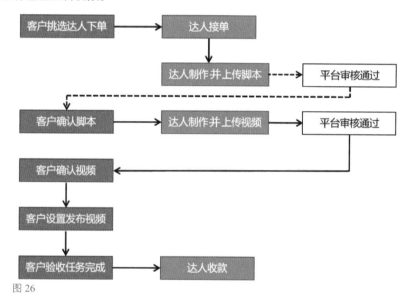

图 26

抖音短视频投稿任务变现流程

抖音短视频投稿任务的自由度相对更高，不管是对客户还是达人，其流程都更为简单。抖音视频投稿任务变现流程如图 27 所示。

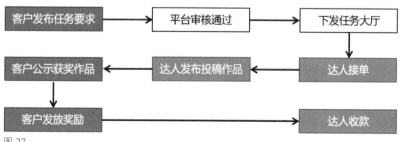

图 27

抖音直播任务变现流程

由于直播带货任务和品牌推广任务的区别只在于主播是带货多品牌商品还是带货单一品牌商品，因此二者在变现流程上几乎没有区别，所以统一进行介绍。

同样，从"主播制作并上传脚本"到"客户确认脚本"之所以用虚线连接，是因为无论平台审核是否通过，客户都可以看到主播上传的脚本。但如果平台对脚本的审核没有通过，则会对直播过程中的审查产生影响。直播任务变现的详细流程如图 28 所示。

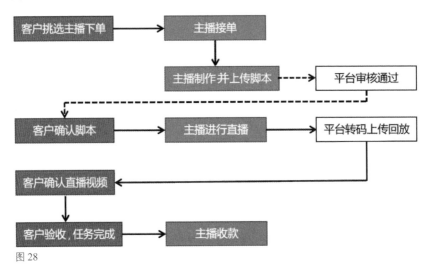

图 28

即合素材制作任务变现流程

创作者发布可以提供的素材拍摄服务，然后客户从中选择某项服务并下单，无论是客户还是创作者都有较高的交易自由度。

值得一提的是，客户在挑选服务下单后，还可以与创作者讨论价格。在达成一致后，达人可修改价格后再接单。另外，在达人发布可提供的服务后，如果有客户下单，则会在达人的星图后台出现提示，方便达人即时发现订单，具体流程如图 29 所示。

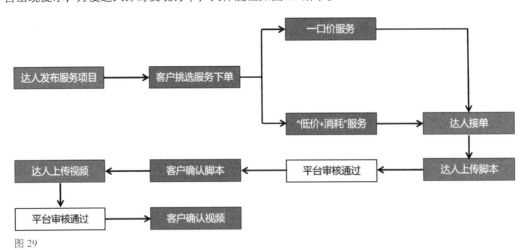

图 29

星图任务变现的 4 个注意事项

在通过完成星图任务进行变现时，无论是平台的相关设置，还是在与客户的沟通中都有一些细节需要注意，否则会影响到最终变现。

报价设置需符合要求

抖音为保障独立创作达人在星图平台的接单权益，根据该账号的接单能力，会生成建议报价区间。达人只能在该报价区间的 ±50% 范围内进行报价，一旦超出该范围，平台会限制接单权限。

同时，对于"抖音传播任务"中不同时长视频的报价，要遵循"视频时长越长报价越高"的原则，即 60s 以上视频报价 ≥ 21s~60s 视频报价 ≥ 1s~20s 视频报价。

如果没有按此要求设置报价，则会出现图 30 所示的价格提示。

另外，1s~20s 视频报价不得低于 60s 视频报价的 40%。如果不按此要求设置，则会出现图 31 所示的价格提示。

除了这些平台限制，达人也需要研究同行的报价。毕竟商家是在整个平台上寻找达人进行合作，因此比价是不可避免的。

图 30

图 31

实名认证信息要统一

为保证可以在星图平台正常提现，提现设置中的实名认证人，要与绑定的支付宝账号或银行卡实名人一致。

需要强调的是，"提现实名认证"目前无法修改。所以一旦因实名认证信息不统一导致无法成功提现，则只能通过修改支付宝账号或银行卡账号的方法，使其与提现实名认证统一。

进入星图平台，依次点击右上角的账号头像→"财务管理"→"提现设置"选项，即可对支付宝账号或银行卡账号进行绑定或修改，如图 32 所示。

图 32

不要忽视星图"福利"

星图平台为达到不同要求的达人设定了不同的等级，等级更高的达人可以获得更多的星图平台福利，包括广告位曝光、客户巨量星图页面展位、投稿收益保底卡、1对1精准客户推荐等。

进入星图平台，依次点击"我的星图"→"权益中心"选项，即可查看达人等级，如图33所示。

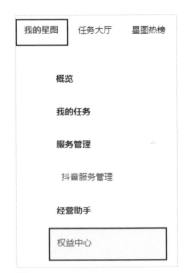

图 33

各位可根据表中列出的各等级对应要求，为自己设定目标，争取成为级别更高的星图达人，以提高收入。

值得一提的是，如果想达到更高等级，其前一等级的要求也需要满足。比如，想成为LV2达人，不仅要满足LV2一栏下的所有要求，还要同时满足LV1一栏下的要求。

注意星图合作"中介"

一些商家会委托中介在星图平台寻找合适的达人进行商品推广。而大部分中介的盈利方式都是从达人的收益中分一些返点费。因此，当有人联系自己时，务必先问清是不是中介。如果不是中介，按照个人预期收益正常走任务流程即可。如果是中介，就要谈清楚返点费，然后考虑是否提高一些任务价格，相当于变相让商家承担部分返点费。

当然，不要因为中介要收取返点费就拒绝合作，最终还是要看价格能否让双方都满意。

跟某一家中介顺利合作后，当中介再次承接相似的业务时，也会首先在熟悉的达人中选择。